Alchemy of the Mystical mind, Art therapy and Dance therapy

신비로운 마음의 연금술

미술치료 무용치료

김선명 · 신재균 · 최보결 공저

계축문화사

저자소개

김선명

단국대학교 죽전 문화예술대학원 문화예술경영학과 예술치료 전공 주임교수
한양대학교 대학원 보건학 박사
김선명심리상담연구소 소장
미술심리치료 수련감독자
예술심리치료 수련감독자
아동미술치료 수련감독자
(재)광화의료법인 러스크병원 자문교수
하워드힐병원, 꾸러기소아재활센터 자문교수
(재)용인시축구센터 유소년축구선수, 대전시티즌 프로축구선수 자문교수 외 다수

공저

예술치료의 이론과 실제(계축문화사, 2021)

논문 및 학술지

대학 운동선수의 스트레스 및 우울 수준에 따른 빗속의 사람(PITR)그림 반응특성 연구
회상요법을 적용한 집단미술치료가 치매노인의 인지기능, 우울 및 자기표현능력에 미치는 효과
집단미술치료가 대학 운동선수의 정서적 요인에 미치는 효과
집단미술치료가 대학 운동선수의 스트레스, 우울 및 자아존중감에 미치는 영향 외 다수

신재균

안동과학대학교 사회복지과 출강
원광대학교 대학원 보건학 박사
사단법인 한국미술심리상담협회 회장
마음터심리상담연구소 소장
미술심리치료 수련감독자

공저

임상미술치료이론과 실제(공동체, 2019)

논문 및 학술지

동적가족화에 나타난 유아등에 가족지각특성
조현병환자에 있어서 집단미술치료가 불안 및 대인관계에 미치는 효과

최보결

춤의 학교 대표
동덕여자대학교 무용학 박사
한국예술종합학교 출강
한국표현예술심리상담사
타말파프렉티셔너

수상
2020년 한국춤비평가협회 〈올해의 주목할 만한 상〉 수상
2019년 사)한국현대무용협회 Contemporary Dance Special상 수상
2018년 여성신문 주최 〈미래여성지도자상〉 수상
2016년 월간 몸지 주최 〈포스트무용예술상〉 수상
2012년 올해의 최고 전문무용인 최고상 수상
2010년 31회 서울무용제 '안무대상' 수상

저서
나의 눈물에 춤을 바칩니다(치유에세이/미다스북스, 2021)
움직이는 공감 수업(서울시 교육청)
자유 학년, 수업에서 일상으로(서울시 교육청)

논문
50+ 커뮤니티댄스 인식 연구
춤의 표현성에 대한 현상학적 고찰
무용 창작과정에서 상상력이 갖는 의미 연구
몸의 문화, 커뮤니티 댄스 – 왜 커뮤니티 댄스인가?
시네–댄스에 나타난 플래니터리댄스 의미 연구
힐링과 구원, 커뮤니티댄스를 탐색하다
춤의 사회적 기능 – 삶을 치유하는 춤
춤, 생명의 문화
몸, 나는 공감하고 싶다–자해 청소년을 위한 무용의 치료적 접근

박항률(1950~)

세종대학교 회화과 교수, 서양화가, 외교부 문화외교 자문위원 역임

책 표지 작품
1. 꿈 [Dream, Acrylic on canvas, 53.0 x 45.5cm, 2016]
2. 소년과 비둘기 [A young boy with a dove, 100.5 x 71.5cm, 2017]
3. 기다림 [Yearning, Acrylic on paper, 56.0 x 72.7cm, 2007]

머리말

오늘날 현대사회는 기술 만능의 복잡한 사회 환경 속에서 그 어느때 보다도 인간정신의 다양한 문제점들이 극명하게 드러나고 있는 시대입니다.

어떻게 보면 개인의 삶과 사회 집단에 있어서도 이러한 문제는 수많은 갈등을 야기하고 있습니다.

이러한 상황 속에서 미술치료는 제 갈등 문제를 해결해 줄 수 있는 좋은 계기를 준다는 점에서 매우 중요한 분야라고 생각합니다.

미술치료는 과거에 연금술이 금을 만들기 위해 다양한 재료를 화학적으로 결합시켜 끊임없이 연구했듯이 마음의 여러 문제점을 잘 조화시켜 이상적인 상태를 추구한다는 점에서 연금술과 유사하다고 말할 수 있습니다. 물론 과거의 연금술이 그 목적인 금을 만들지는 못했으나 그로 인해 무수한 새로운 화학적 발견을 가능하게 한 것처럼 미술치료도 끊임없이 인격의 가장 바람직한 상태를 추구하면서 인간 삶의 이상적인 조화를 모색해 오고 있는 것입니다.

기본적으로 미술치료는 시각예술로서 언어적으로 접근할 수 없는 무의식의 감정 표출을 용이하게 하며 더 나아가서 창조적인 창작활동을 통해 자신의 내면을 통찰함과 동시에 자신의 삶에 긍정적인 영향을 미치게 합니다. 즉, 미술작품을 만드는 활동을 통하여 얻어지는 창조적 과정이 인간의 내적 성장과 외적 발달의 통합과 균형에 도움을 주어 발달을 촉진하고 정서적 안정과 내적인 문제에 대한 성찰을 촉구하여 자존감과 대인관계를 향상시켜주는 역할을 하고 있습니다.

따라서 미술치료는 인간의 잠재력 개발 및 자아 본성의 회복 등을 통하여 이러한 사회적 문제에 대한 해결 수단의 하나로서 그 필요성이 더욱 증대되고 있습니다.

또한 동작 예술이라는 특성을 가진 무용은 심리치료와 결합하여 정서적, 육체적 통합을 돕기 위한 과정으로 신체적 움직임을 통해 정서적 이완 그리고 신체적 회복 및 대인관계 향상에 도움을 주고 있습니다. 이와 같이 미술치료의 무한한 가능성과 치유의 힘을 터득하여 우리가 예술로부터 받은 혜택을 주변과 나누고 소통하여 삶의 질이 건강하게 향상되기를 기대하는 마음으로 이 책을 출간하게 되었습니다. 출판을 승낙해주신 계축문화사 주영일 대표님과 편집을 위해 수고해주신 편집부에 감사드립니다.

2021년 8월 단국대학교 죽전에서
김선명

차 례

제1부

미술치료

제1장 미술치료

제2장 미술치료의 계획과 진행

제3장 미술치료의 매체

제8장 모델링 재료에 의한 미술치료 박스

제9장 모델링 재료에 의한 미술치료 소조

제10장 투사적 그림검사 HTP

제11장 투사적 그림검사 K-HTP

제12장 투사적 그림검사 KFD

제13장 투사적 그림검사 DAS

제14장 정신분석적 미술치료

제2부

무용치료

제1장 무용치료

제2장 소매틱 무용치료의 창조적 적용

제3장 힐링커뮤니티댄스의 이해

제4장 힐링커뮤니티댄스의 실제

제1부

미술치료

제1장

미술치료

1. 미술치료의 개념

예술의 의미를 언어사적으로 접근해 보면 라틴어의 아르스(ars), 기술, 재주, 직종에서 유래를 찾을 수 있다. 더 소급해 올라가면 고대 그리스의 테크네(techne)에서 유래된 말로 오늘날의 예술만을 의미하는 용어가 아니라 그 활동 형식에 비추어 보면 기술 영역에 속하는 것으로서 예술을 포함하여 수공업적 제작기술 전체를 뜻하는 말이다.

플라톤은 예술이 자연의 모방이라고 보았으며 아리스토텔레스는 "모방은 단순한 모방이 아니라 사물이 원래 그렇게 되어야 할 상태의 모방인 것이다."라고 하였다. 18세기 낭만주의 보알로는 예술을 내면적 감정의 표현으로 규정하였다.

또한, 쇼펜하우어(Schopenhauer)는 예술의 치유 효과를 역설한 철학자였는데 그는 예술이 인간을 해탈로 이끈다고 보았다.

미술치료(art therapy)라는 용어는 미술(art)과 치료(therapy)라는 두 가지 영역이 융합되어 탄생된 개념으로서 여기서 말하는 미술의 범위에는 단지 그림만을 의미하는 것이 아니라 공예, 디자인, 조소, 서예 등 미술의 전 영역이 포함된다. 또한 치료(therapy)는 그리스어 테라페이아(therapeia)에서 유래된 말로서 배려와 보살핌을 의미한다. 그러나 여기서 말하는 치료란 의사가 행하는 의술(medical treatment)이 아닌 치료의 개념이며, 사전적인 의미로는 약물이나 수술의 처치가 아닌 정신적, 신체적 질병의 치료를 뜻하며 내담자의 건강 상태가 부조화에서 조화와 균형 상태로 이동하는 것을 의미한다. 19세기 초, 예술과 의학의 결합으로 1803년부터 1813년 사이에 프랑스 의사 사드(Sade)는 정신질환자를 위한 하나의 치료 방법으로 춤추기, 음악 듣기, 오페라, 무용 공연, 긴장 완화를 위한 목욕하기 등의 내용으로 치료를 위한 예술 활동의 병행을 시작하였다. 19세기 말부터는 환자들과 작가들이 매주 정기적으로 문예 토론을 하면서 예술 활동이 치료에 통합되기 시작하였다. 예술이 치료적 도구로 쓰일 수 있었던 것은 첫째, 내담자의 자발적인 표현 수단으로서 예술 활동 자체가 인간의 가시세계를 의식 속에 불러일으킨다는 것과 둘째, 정서적 교감을 나누며, 매체와 상호작용을 하면서 감정을 느끼고, 자신에 대한 자각이 일어나 심리적, 신체적 역동성을 가지고 자신을 표현할 수 있도록 돕기 때문이라 할 수 있었다. 예술치료란 예술작업을 통하여 내담자의 갈등이나 정신적 장애를 진단하고, 예술 활동을 통해 심리적 증상을 완화 또는 치유하여 심리적인 안정을 찾는 과정을 말한다. 이러한 과정에서 무의식을 탐색하고, 그 속에 감춰있는 내면세계를 표출함으로써 카타르시스를 경험하고 마음의 안정을 찾게 된다. 또한 예술치료에서는 예술작품이 외부적인 상황의 묘사보다는 인간의 내면세계의 부정적인 감정을 음악, 미술, 무용, 연극, 사진, 영화, 문학 등과 같은 예술 활동을 통해서 상담이나 치료, 또는 정신건강 증진을 위해 활용되고 있다.

미술치료는 미술, 정신의학, 심리학, 대체의학 등의 다양한 학문과 유기적인 관련을 맺고 있으며 치료의 대상과 목표가 특정 질병의 유무가 아니라 인간의 행동과 심리상태가 조화롭고 건강한 상태로의 변화에 초점을 두고 있다.

미술치료라는 용어는 1961년에 「Bulletin of Art Therapy」의 창간호에서 울먼(Ulman)이 처음으로 사용하였는데, 이 논문에서 울먼은 "미술치료는 교육, 재활, 정신치료 등 다양한 분야에서 널리 사용되고 있으며, 어떤 영역에 사용되고 있든지 간에 공통된 의미는 시각예술이라는 수단을 이용하여 인격의 통합을 돕기 위한 시도이다"라고 제시하였다(Ulman, 1961).

먼저 미술과 치료가 지니는 각각의 의미를 살펴볼 필요가 있다. 미술치료에서 '미술'은 작품의 외적인 묘사가 아니고, 한 개인의 내면세계를 표현한 창작과정의 소산물이라는 점에 중점을 둔다. 따라서 예술성보다는 창작과정을 통해 작품에 내포된 심리상태와 상징성을 더 중요시 한다. 한편 미술치료에서 '치료'는 창작활동을 통해 그 증상이 경감되도록 지원하는 목표를 가지고 있다. 치료 방법으로는 내담자들의 호소내용을 경청하는 것, 내담자에게 맞는 치료를 적용하는 것, 증상이 경감이 되도록 도와주는 것, 자기 탐색과 인식, 자아 성장이 촉진되게 도와주는 것, 공감 능력이 증진되도록 도와주는 것 등이 포함된다.

한국미술치료학회(2000)는 "미술치료란 치료적 틀 안에서 비언어적 시각예술인 미술을 매개로 심신의 어려움을 겪고 있는 사람을 대상으로 그들의 미술작품을 통하여 심리를 진단 · 치료하기 위한 것이다"라고 정의하고 있다. 또한 이은진과 장선철(2008)은 "미술활동은 내담자의 무의식을 의식화하는데 매우 유용한 장르이며 음악, 레크리에이션, 무용, 문학 등과 같은 다양한 예술 분야 중에서 미술이라는 기법을 통해서 내담자를 이해하고 문제를 해결해 가는 심리치료 기법 중 하나이다."라고 정의하였다.

따라서 육체적, 정신적, 심리적, 사회적, 영적인 상태를 포괄적으로 평가하고 건강한 상태로 이끌어주는 효율적인 치료법 중의 하나로서 대체의학 발전에 중요한 역할을 할 잠재력을 지니고 있다(김선현, 전세일, 2006). 또한 미술이 '인간을 위한 예술'로서 치유적 역할을 할 수 있다는 관점을 갖게 되면서 미술치료는 인간의 병에만 초점을 두는 것이 아니라, 인간의 잠재력, 성장 가능성을 개발하는 자기 경험과 자기 본성을 회복할 기회, 즉 인간의 건강한 힘을 재발견하고 병을 예방하는 차원에서도 치료의 의의를 찾고 있다(정여주, 2003).

1) 미술치료와 미술교육

예술학의 미술과 인문 · 사회과학 분야에서의 치료 또는 심리치료라는 용어의 합성어인 미술치료(Rubin, 1999)는 두 가지 학문 분야가 통합되어 기존에 없던 새로운 전공이 만들어진 것으로서 미술은 명사로 또는 형용사로 사용되기도 한다. 미술치료는 "증거기반의 연구결과를 토대로 미술이란 매체를 통해 심리치료를 하는 학문"으로서 미술치료의 정체성을 치료에 두고 있는 것으로 미술치료는 사회과학적 성격의 학문이다(장연집, 2002). 미술교육 또한 미술의 본질적인 측면에서 치유적 속성을 가졌다고 하더라도 미술치료에서의 속성과 다르다고 할 수 있다. 미술치료에서는 미술 활동과 작품 그 자체를 목적으로 하지 않으며 미술과 관련된 활동이 내담자의 심리치료를 목적으로 활용되는 도구가 된다. 그래서 미술치료에서의 미술은 내담자의 미술작품을 지칭하기도 하지만 그 작품을 창작하는 과정과 미술치료사와 함께 소통하는 과정을 모두 포함하여 지칭한다.

또한, 미술치료에서의 치료 미술은 내담자가 혼자서 하는 미술작업을 통하여 치유가 되는 것을 뜻하는 것이 아니라 미술치료사와 함께 소통하는 관계 속에서의 미술 활동을 말한다.

무엇보다 미술 활동은 치료적 도움을 주고 있으며 미술교육이 미술치료와 일치하는 것은 아니지만, 미술치료에서 미술교육자의 이론과 연구를 도입하는 등 미술교육 방법은 미술치료 프로그램의 기초가 되었다.

2) 미술치료와 미술교육의 공통점과 차이점

(1) 미술치료와 미술교육의 공통점

① 미술교육과 미술치료는 개인의 삶과 자아의식을 풍요롭게 만들어 개인의 성장을 도와주는 역할을 한다.

② 자신의 생각과 감정을 표현하는 시각적 이미지를 중시한다.

③ 적절한 자극을 통하여 아동의 성장발달에 효과적인 역할을 한다.

④ 사람들의 정서발달에 중요한 의미를 부여한다는 측면이 있다.

⑤ 미술을 통하여 내면의 문제나 희망, 창의적인 생각을 안전하고 자유롭게 표현할 수 있어서 다른 접근방법에 비해 효과성이 높다.

(2) 미술치료와 미술교육의 차이점

① 미술치료

㉠ 내담자에게 맞는 미술치료 프로그램과 매체를 적용한다.

㉡ 미술 매체와 환경은 내담자의 정서적 환경과 심리적 상황에 따라 결정된다.

㉢ 치료과정에서 내담자의 창조적, 주관적인 경험을 중요시 한다.

㉣ 내담자의 내적 갈등을 해결하기 위해 갈등 상황의 감정을 표출하게 하여 심리증상을 완화하거나 치유하는 치료적 목적을 가지고 있다는 것이 미술교육과 다른 점이라고 할 수 있다.

② 미술교육

㉠ 교육적 목적을 뚜렷하게 가지고 있다.

㉡ 아동의 일반적인 발달에 따른 목표 단계화가 가능하다.

㉢ 교사의 계획된 주도하에 실행되며 결과를 중시한다.

㉣ 타인과의 작품 비교 및 객관적 평가를 받는다.

㉤ 미술교육의 목표에 따른 재료와 환경을 결정한다.

㉥ 창의성과 인지적 능력의 성장을 촉진시킨다.

㉦ 자아표현과 심리적인 표출의 한 측면으로 의미 있는 활동이다.

미술치료와 미술교육 이 두분야의 차이점을 굳이 구분한다면, 미술교육은 심미교육에 목적을 두는 것이고, 미술치료는 치료라는 목적이 있다.

3) 미술치료의 두 차원

(1) 치료적 차원

치료적 차원이란 정신적 문제가 있는 환자를 대상으로 그 증상을 완화, 치료하려는 목적으로 미술치료를 적용하는 방법이다. 치료적 차원의 증세로는 불안증, 정신지체, 우울증, 심각한 자살충동, 히스테리, 강박관념, 정신분열증, 유아기 장애, 대인기피증, 애착 증세, 노인병(우울증, 중풍 등), 중독증(약물, 알코올) 등이 있다. 그 외에도 출소자들과 같이 사회에 적응해야 하는 사람들, 안정과 요양이 필요한 사람들과 재활적 의미에서의 장애인들(신체장애와 정신지체)이 치료적 차원에서의 미술치료의 대상이 될 수 있다.

(2) 예방적 차원

예방적 차원에서의 접근은 일반적인 사람을 대상으로 현재의 갈등적인 요소들 감소시키며, 더욱 긍정적인 자아상을 발전시킬 수 있도록 미술 활동을 적용한다. 즉 치료적 차원의 접근은 드러난 문제를 최대한 줄이려는 것이라 한다면, 예방적인 차원의 접근은 문제를 발생하게 하는 원인을 줄이려 하는 것이며 나아가서 긍정적인 요소를 더욱 발전시키려는 것이다. 치료적 차원에서는 발생한 문제를 해결하려는 것이 초점이라면, 예방적 차원에서는 문제 자체의 발생을 예방하기 위하여 현재는 문제가 없지만, 차후 문제가 될 가능성이 있는 원인을 감소하게 하여 문제의 발생을 예방하려는 것에 초점을 두고 있다. 실제로 그림 그리기는 그 자체로서도 중요한 의미를 부여할 수 있는데, 사람들은 무의식의 그림을 그림으로써 자율적 표현의 출구를 경험하고, 그림을 그리는 과정은 치료 영역이 아니라도 예방적 차원에서 억압, 불안을 감소시키며 더 나아가 자아 성숙의 기회를 제공해 준다. 또한 그림을 그림으로써 내적 심상들과 접촉하여 자연스러운 개성화 과정이 진행된다. 그러므로 예방적 차원의 미술치료는 치료대상을 환자에게 국한하지 않고 어린이부터 노인에 이르는 다양한 연령층을 대상으로 한다.

2. 미술치료의 발달

1) 미술치료의 기원과 역사

인류가 지구상에 처음 출현한 시기는 지금으로부터 600여만 년 전으로 추정되며 아프리카 케냐 지방에서 출현한 오스트랄로피테쿠스가 최초의 인류였다. 이들은 도구를 사용할 줄 알았으나 그림을 그리지는 못했던 것으로 보인다. 인류가 최초로 그림을 그렸던 시기는 호모 에렉투스 때였던 것으로 생각된다. 그렇다고 해서 이들이 그림을 남긴 것은 아니다. 다만 이들이 거주했던 것으로 보이는 약 40만년 전의 프랑스 니스에 있는 구릉 유적지 테라아마타에서 물감의 원료가 되는 노간주와 주황색 물감 덩어리 등이 발견되어 그림을 그렸다고 짐작할 뿐이다. 이후, 호모 사피엔스 사피엔스에 이르러 비로소 본격적인 회화가 등장한다(임두빈, 원시미술의 세계, 2001).

이들이 그린 첫 그림은 후기 구석기 시대인 3만5천년 전에서 부터 1만년 전 사이에 그려진 프랑스와 스페인에 산재한 동굴벽화들이다. 쇼베(Chauvet), 쿠냑(Cougnac), 페쉬메를(Pech Merle), 니오(Niaux), 에카인(Ekain), 알타미라(Altamira), 라스코(Lascaux) 동굴벽화 등이 인류가 최초로 그린 회화작품들인데 그 수준 높은 예술성으로 인하여 오늘날까지 많은 화가들을 감탄케 하고 있다. 연구결과 이들은 그림을 생명을 잡아 가두는 주술로 생각하여 사냥에서의 다수확을 기원하는 목적으로 그림을 그렸던 것으로 판단된다(임두빈, 2001).

이 당시 후기 구석기 시대의 원시 인류는 그들이 생존하는데 필요한 식량을 구하기 위한 절실한 목적에서 동굴벽화를 그렸던 것임을 알 수가 있다. 미술의 이러한 역할은 시대가 바뀌면서 점차 변화되어 인간 삶의 다양한 필요에 따라 그 영향을 넓혀 온 것을 볼 수가 있다.

알타미라 동굴벽화 (스페인 북부 칸타브리아)
후기 구석기 시대

라스코 동굴벽화 (프랑스 도르도뉴)
후기 구석기 시대

미술은 인간 삶의 총체성이 예술로서 그 시대의 역사적, 문화적, 정신적 상황을 반영하는 중요한 정신문화의 하나이다. 미술 활동은 원시시대의 동굴벽화에서부터 오늘날의 미술교육과 미술치료에까지 적용되고 있으며 모든 인간은 창조적인 미술 활동을 통하여 심리적, 미적 카타르시스를 경험하게 된다. 앞에서도 언급되었듯이 선사시대의 미술은 삶과 생존을 위한 주술적 역할을 가지고 있었으며, 20세기 초에 이르면서 표현주의 화가들은 미술을 자신의 내적 욕구와 감정을 표현하는 예술로 보았고, 이후 초현실주의 화가들은 신비와 무의식의 세계에 대해 주목하기 시작하면서 가시적인 세계보다 눈에 보이지 않는 세계의 불가사의를 표현하기 위해 자동기술법과 우연의 방법을 이용한 다양한 접근을 시도한 바 있다.

그러나 미술을 통해 인간의 내면을 응시하면서 미술의 치료적인 힘을 연구하는 학문적 역사는 그리 오래되지 않았다.

미술을 심리치료의 도구로 이용한 시도는 각 나라마다 다르나, 1886년 이탈리아 미술교육학자 리치(Ricci)의 '어린이의 예술'에 대한 저서 출간, 1892년 프랑스의 정신과 의사 트라디유(Tradieu)의 정신병 환자의 그림을 소개하는 저서 및 미국의 미술교육학자 바네스(Barnes)의 '어린이 그림 연구' 출간 등 1901년 프랑스 정신과 의사 레자(Leja)의 정신병자 미술의 세가지 유형 제시 등 아동과 정신병 환자들의 그림 분석을 시작으로 미술치료가 시작되었다. 미술치료는 19세기 초반, 독일의 정신과 의사들이 미술 활동을 작업치료라는 포괄적인 한 부분으로 환자의 치료에 미치는 예술적, 정서적 효과로 받아들이면서부터 시작되었다. 19세기 후반 유럽에서는 산업화의 발전으로 노동과 생산 형태가 급변하면서 환경에 적응하는데 어려움을 겪게 되었고, 사회에서 개인의 존재는 점차 수단화되고 소외되어가는 상황에 직면하게 되었다. 따라서, 인간성의 변질, 정신병리적 현상이 증가하면서 미술치료의 필요성이 증대되었고, 정신병원에 입원해 있는 환자들의 그림 분석을 통해서 미술 활동이 환자들의 심리를 파악하는 중요한 단서를 제공하고 있음을 발견하게 되었다.

또한, 그 시기에 심리학, 미술, 문학 분야에서는 무의식에 대한 관심이 높아지면서 예술적 표현을 통하여 인간의 내적 세계를 이해하고 분석하는 시도가 활발해졌다. 독일의 정신과 의사 프리츠혼(Prinzhorn), 정신분석가 로샤(Rorschach) 안나 프로이트(Anna Freud)도 환자들의 그림을 연구하였다. 융(Jung) 또한 그의 분석심리학에서 환자의 그림을 분석하여 치료에 적용하였고, 이러한 시도들은 미술치료의 학문적 기초가 되었다.

미국에서의 미술치료는 1907년 정신과 병동에서 환자들이 미술가의 지도아래 미술 활동이 시도된 것을 시작으로 미술치료의 출발점으로 보고 있으나, 심리치료적 관점의 연계는 1940년대 초반으로 미국에서 유럽의 정신과 의사들이 미술표현에 대한 정신병리학적 작업이 활발하게 소개되었다.

미술치료는 미술, 심리학, 정신의학이 융합되어 성장하고 탄생하게 되었는데, 미술치료의 태동에 영향을 준 시대적 사조와 변화의 물결은 18세기 이후로 볼 수 있다. 이처럼 직접적인 영향을 준 미술사조는 낭만주의, 표현주의, 초현실주의 및 아웃사이더 아트라고 할 수 있다.

(1) 낭만주의(Romanticism)

18세기에서 19세기 중엽까지 유럽의 예술 운동으로 객관적인 묘사보다 주관적인 표현을 중시하였고, 이성보다 감정에 우위를 두었으며 매우 다채로운 정신세계를 표현한다는 점에서 미술치료에 상당한 영향을 미치고 있는 유파라고 할 수 있다.

William Turner,
전함 테메레르(1838)

Eugene Delacroix,
민중을 이끄는 자유의 여신(1830)

(2) 표현주의(Expression)

20세기 초기에 독일을 중심으로 일어난 예술 운동으로 문학상의 자연주의나 예술상의 인상주의에 대한 반동으로 일어났으며, 작가의 내면적, 주관적인 감정표현에 중점을 두었다. 또한, 시대적인 암울한 상황과 맞물려서 불안하고 우울한 인간의 내면이 표현되었다.

Edvard Munch,
마돈나(1894-1895)

Paul Klee,
피쉬 매직(1925)

(3) 초현실주의(Surrealism)

1920년대 초 프랑스를 중심으로 전 세계에 퍼진 예술사조로 1924년 앙드레 브르통의 '초현실주의 선언'으로 시작되었다. 정신의학을 전공했던 앙드레 브르통은 프로이트의 정신분석학에 깊은 관심을 가지고 있었는데, 그가 초현실주의 혁명을 위한 하나의 해결책으로 '무의식의 탐험'을 제시했던 것은 프로이트의 학문적 배경에서 영향을 받은 것이기도 하다(김선명, 1995) 제1차 세계대전 후, 다다이즘의 예술 형식 파괴 운동을 수정, 발전시키고 비합리적인 잠재의식과 꿈의 세계를 탐구하여 표현의 혁신을 꾀한 예술 운동이다. 이를 중점적으로 초현실주의는 인간의 무의식, 꿈과 같은 세계를 연구하고 다양한 표현기법을 구현하게 된다. 이성의 속박을 벗어나서 비합리적인 것이나 의식 속에 숨어 있는 비현실의 세계를 즐겨 표현하였고, 제1차 세계대전 이후, 다다이즘(dadaism)에 이어서 일어난 회화, 시 등의 예술혁신 운동으로 무의식의 세계를 그대로 기록하는 자동기술법을 중요한 기법으로 삼았다. 당시 프로이트는 무의식이야말로 자유롭게 하는 힘의 보고라고 여겼고, 예술의 원천이라고 믿었다. 프로이트의 자유연상기법을 차용하여 원시적인 날 것의 상태에 도달하기 위해서 떠오르는데로 즉각적으로 그리는 오토마티즘(outomatism)기법이 창안되었다. 문학에서는 브르통, 아폴리네르, 엘뤼아르, 미술에서는 달리, 마그리트, 에른스트, 탕기, 마숑, 도밍게즈 등이 있다.

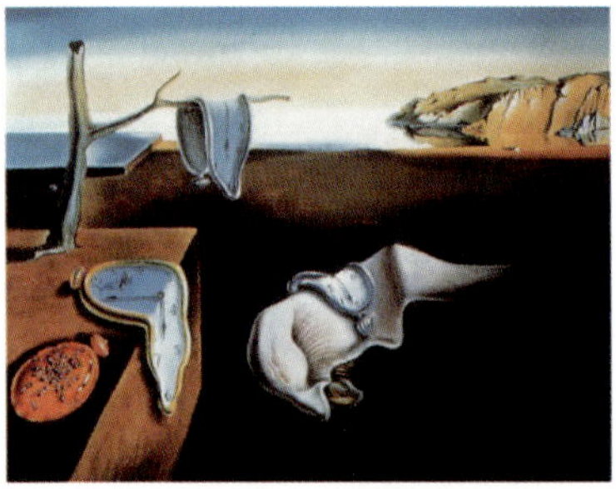

Salvador Dali,
기억의 집념(1931)

Rene Magritte,
인간의 조건(1933)

(4) 아웃사이더 아트(Outsider Art)

아르브뤼(Art Brut) 가공되지 않은, 순수 그대로의 예술, 1945년 정신질환을 앓는 환자들의 창작 작품을 조사하던 장 뒤 뷔페가 이들의 작품을 지칭한 것으로, 미술교육을 받지 않은 이들이 미술 제도 바깥에서 창작을 하는 것을 이르는 말이다.

Henry Darger

Jean Dubuffet, 스마일 얼굴(1948)

3. 정신분석적 미술치료

1) 프로이트(S. Freud)

정신분석적 미술치료는 정신분석학을 창시한 프로이트(1856~1939)를 중심으로 한 정신분석가들이 사용하는 자유연상법이나 꿈의 해석, 성 본능의 이론 등 주로 무의식 세계의 탐구 등을 기법으로 사용하는 것으로서 미술을 통하여 심리적 갈등을 표출하고 해결하는 데 있다.

1870년 후반, 프로이트는 요제프 부로이어(Josef Breuer)와 환자 안나 오의 히스테리를 치료하기 위해 대화 치료(talking cure)와 최면술을 사용하였는데, 연구를 통하여 잊어버렸던 기억을 되살리는데 기억이 영화필름이나 그림책을 보듯이 나타난다는 것을 발견하게 되었다. 프로이트와 브로이어는 1895년 안나 오의 사례를 바탕으로 『히스테리 연구』를 저술하였다. 두 정신분석 학자는 그녀를 치료하는 과정에서 완전히 무의식적으로 진행되었지만, 정신병을 일으킬 수 있는 원인이 있고, 무의식 깊은 곳의 원인을 환자 스스로 인식하게 하면 병증이 완화되거나 해소된다는 것을 알게 되었다. 또한 1885년 파리의 살페트리에르 정신병원에서 프랑스 신경과학자 쟝 마르탱 샤르코(Jean martin charcot), 베른하임(Pierre bernheim)에게 최면 및 암시에 관한 연구를 하였는데, 특히 베른하임의 '후(後) 최면암시' 이론에 영향을 받는다. 거기서 그는 환자의 의식 밑에 갇혀 있는 아픈 경험의 상처를 최면으로 끌어올려지는 것을 확인하였고, 인간에게는 의식에 나타나지 않는 심적 과정이 있다는 사실을 깨닫게 되었다. 이 방법을 '정화' 또는 '이야기 치료법'이라고 하였다(김선명, 1995). 그는 샤르코와의 공연과 브로이어의 협업에서 직접 임상을 관찰한 결과, 억압을 발견하게 되어 이것이 훗날 정신분석의 초석이 되었다.

이러한 관점에서 초기의 프로이트 학파 치료자들의 치료 방법은 억압되어있던 마음의 상처나 무의식의 내용을 의식화하는 것이 신경쇠약 등의 증상으로부터 회복될 수 있는 길이라고 하였다. 그 이유는 자유연상을 통해서 무의식의 세계를 그림으로 표현하는 것이 효과적이고 그림을 심리분석 도구로서 사용하였으며 아동의 경우에도 자유연상이 원활하지 않으므로 그림을 이용한 의사소통이 언어보다 용이하였다. 환자가 표출한 원인의 본질과 무관하게 그 소재를 중심으로 치료자는 분석작업을 하고 환자가 가능한 자유롭게 자신을 표현하게 한다. 그럼으로써 환자의 기능을 방해하는 것과 내면의 갈등을 파악한다. 이러한 치료에서는 전이가 중요한 도구이다. 전이는 환자가 치료자에 대하여 지각하고 반응하는 상징적인 방법으로 환자와 치료자가 함께 과거의 미해결된 갈등에 근거한 왜곡된 지각의 정체를 밝혀내는 것을 도와준다.

프로이트는 최면술 사용을 그만둔 후에도 그의 환자들에게 내면세계의 표현을 영상이나 그림(visual image)을 통하여 표현하게 함으로써 환자의 내적 상태를 정확히 파악하여 치료하고자 했다.

2) 융(C. G. Jung)

분석심리학의 창시자인 칼 구스타프 융(1875~1961)은 프로이트의 제자이자 프로이트의 이론을 자신의 이론에 접목시켜 분석심리학을 발전시켰다. 융 학파의 치료자들은 내담자들에게 꿈이나 환상을 시각적으로 표상하도록 하였다. 특히 자신의 개인적 위기를 그림이나 조소활동을 통해 생동감 있는 통찰을 얻었으며 융은 무의식으로부터 나온 심상을 그려내고 채색하는 것이 중요한 역할을 했던 능동적 심상화 기법에 대해서 많이 논의하고 있으며, 내담자의 그림은 종합적으로 해석되어야 한다고 하였고, 그림을 지적, 감정적으로 이해해야 한다고 하였다. 그의 분석적 미술치료는 프로이트와 달리 인간의 심상을 임상적 자료로 사용하기보다는 내담자의 개인적 요소와 원형적 요소를 종합하는 방식으로 내담자와 치료자의 상호통찰과 이해의 자료로서 사용하였다.

융의 미술치료 이론의 특징은 '상상 과정'과 '상징화 과정'을 중요시하며 동시에 무의식에 그려진 그림을 의식에 연결시켜주는 '대화 과정'과 '해석 과정'을 강조하는데 있다.

융의 분석심리학에 근거한 미술치료의 치료 효과는 형상화, 상징화, 대화, 관계라는 네 가지 과정의 상호작용과 영향에 있다. 각 과정에 대한 내용과 효과 요인은 다음과 같다.

첫째, '관계의 과정'에서 중요한 것은 치료적 신뢰 관계를 조성하는 것으로 치료자와 내담자 사이의 긍정적 모성 영역을 이룰 수 있는 분위기를 만들어야 한다. 이것은 그림을 그리는 사람이 치료자의 긍정적 힘에 관여하면서 자신을 자기 그림에 대한 능동적 조형자이자 자기 운명임을 경험함으로써 그림에 몰두할 수 있게 하는 수용적 분위기이다.

둘째, '대화 과정'에서 중요한 것은 공감적 대화 분위기를 통해 의식과 무의식의 내용을 연결하는 그림에서 이미 조형화된 메시지를 재차 의식하는 것이다.

그것은 형상화된 과정을 정신적 과정으로 투시할 수 있도록 대화를 발전시킬 수 있는가 하는 문제에 달려있다.

셋째, '상징화 과정'에서 중요한 것은 그림을 그리는 사람이 그림을 그리기 전과 그리는 동안에 일어나는 자신의 심상을 통해 무의식의 소재와 다양한 경험, 그리고 그 안에 작용하는 힘과 위력을 접하게 하는 것이다.

넷째, '형상화 과정'에서 중요한 것은 빈 화면의 구성에 색과 형태로 상징을 만드는 작업이다. 이는 길들여진 모형으로부터의 탈 구조화 과정이 포함된다. 전이된 의미에서 포괄적 자기 표현으로서, 개인의 외적이며 내적인 영역을 조직하는 것이다.

4. 미술치료를 정립한 학자들

미술을 심리치료적 관점과 연계하여 인식하게 된 것은 1940년대 나움버그(Naumburg)와 1950년대 크레이머(Kramer)에 의해서 미술치료가 새로운 영역으로 발전되었다.

1) 나움버그(Naumburg) : 심리치료 안에서의 미술치료(Art in Therapy)

나움버그는 뉴욕의 독일계 유태인의 집안에서 1890년에 태어나 뉴욕에서 성장하였다. 초기에는 미술교육자로서 활동하면서 심리학, 특히 그 당시만 해도 희귀했던 정신분석을 공부하여 프로이트와 융 그리고 설리반(Sullivan)의 영향을 많이 받았다. 나움버그는 초기에 융의 이론에 영향을 받았고, 후에 프로이트의 정신분석 지향적 미술치료에 착수하게 되어, 1914년 뉴욕의 월든학교(Walden school)를 창립하였다. 그녀는 학교를 정신분석학의 원칙 아래 운영하면서 학교의 모든 교사들에게 교육 분석을 받게 했고, 프로이트의 이드(id) 심리학을 기초로 하여 그림을 통하여 무의식을 의식화하는 것을 중심사상으로 하여 어린이들이 그림 표현을 자유롭게 할 수 있도록 하였으며, 미술교육의 한 방식으로서 자발적인 그림(spontaneous art) 그리기를 시도한 후 그것을 '역동적 접근의 미술치료'로 개발하였다. 또한, 뉴욕 정신분석학교에서 행동장애 아동의 미술치료를 시행하면서 임상경험을 넓혔고, 후에 성인 미술치료에서도 이러한 기법을 적용하여 1941년에는 신경증 및 정신증이 있는 클라이언트들에게 정신역동적 접근의 심리치료 모델을 정립하였다. 그녀는 1950년 뉴욕대학교와 사회연구를 위한 뉴스쿨에서 미술치료를 가르치다가 1983년 사망하였다.

나움버그는 치료자와 내담자 사이의 치료적 관계 형성과 전이와 역전이의 해결, 자유연상, 자발적 그림표현과 그 해석, 그림의 상징성 등을 중시하였다. 학자들은 나움버그의 미술심리치료(Art psychotherapy) 이론을 심리치료 과정 과정 중에서 그림을 매개체로서 이용하는 방법의 '심리치료 안에서의 미술'(Art in therapy)로 구분하기도 하였다.

나움버그의 정신분석 지향적 미술심리치료에서의 미술의 장점은 첫째, 말보다는 그림으로써 자신에게 일어나는 내적 욕망이나 꿈, 환상을 직접적으로 표현하도록 한다. 둘째, 무의식을 그림으로 투사하면 언어적 표현보다는 검열 기능을 약화시키기 때문에 치료과정이 촉진된다. 셋째, 그림으로 나타난 것은 영속성이 있어서 내용 자체가 망각에 의해 지워지지 않으며 그 내용을 부정하기 힘들다. 넷째, 전이 문제가 더 쉽게 해결된다. 즉, 내담자의 자율성은 자신의 그림을 해석할 수 있는 능력에 의해 고무된다.

2) 크레이머(Kramer) : 심리치료로서의 미술(Art as Therapy)

크레이머는 나움버그보다 25년 이후 1916년 8월 29일 오스트리아 비엔나에서 태어났으며 비교적 자유분방한 예술적 가족 분위기에서 1931년 화가 디커 브랜다이즈(Dicker Blendise)에게 회화 수업을 받으며 자기 비판적 훈련과 창의성과 감각을 활성화하는 방법을 배웠고 정신분석가들과 친숙하게 지냈다.

유태인이였던 그녀는 1차 세계대전에서 모든 가족을 나치 캠프에서 잃고 1938년 미국으로 이주하여 파란만장한 삶을 살았다. 뉴욕에 정착하여 살아가면서 미술가로서의 자신의 특기를 살려 어린이집 등에서 미술을 가르치다가 월트윅(Waltwick) 학교에서 미술치료사로 일하게 되었다. 이 학교에서 8~13세 비행 남학생들을 만나서 특별히 아동의 미술표현이 가지는 심리적인 측면에 관심을 갖게 되었던 것이 미술치료사가 된 동기라고 알려져 있다. 크레이머는 자아심리학의 영향을 받았고 아동미술치료에 많은 연구를 했고, 미술교육학자로서 미술치료를 미술 교육적 관점으로 중요시하였다. 1950년대 미술 활동의 창조적인 행위에 치료적 가치를 두고 프로이트의 승화이론을 바탕으로 미술치료사는 내담자가 만든 작품을 해석하는 것이 아니라 그의 무의식 세계를 표출하도록 도와주는 것이 목적이며, 내담자는 미술의 창조적인 과정을 통해 자기표현과 승화, 자아성숙의 통합과정을 돕는 것으로서 '심리치료로서의 미술(Art as Therapy)'의 창조적인 측면을 강조하였다. 즉, 미술작업과정에서 자신의 원시적 충동이나 환상에 접근하면서 갈등을 재경험하고 자기 훈련과 인내를 배우는 과정 속에서 갈등을 해결하고 통합한다는 것이다(한국미술치료학회, 1997). 이러한 생각은 전술한 바와 같이 자아 심리학의 통찰을 사용함으로써 프로이트의 견해를 뛰어넘고 있다. 그러나 창의적 과정에 존재하는 치료적 과정을 이해하는 데는 프로이트의 성격이론에 근거하고 있다. 크레이머는 초기에 미술치료를 다음과 같이 정의하였다. 미술은 인간 경험과 동일한 것을 창조함으로써 인간 경험의 영역을 확장시키는 수단이며 예술가는 자신이 경험하고자 하는 것을 선택, 반복할 수 있다. 긴 역사를 통해서 미술은 인간의 본능적인 충동과 사회적 요구 간의 갈등을 해소하도록 도움을 주었다. 그러나 슈퍼에고와 이드의 상반된 욕구는 영원히 해결하기 어려운 것이었다. 미술치료자들은 성격이 혼란된 사람들에게 유용한 창조적 경험을 가능하게 하였다. 요컨대, 크레이머의 견해는 미술 그 자체로 심리치료에서 미술치료자가 공헌하고 있다고 설명하였다. 크레이머는 알버트 아인슈타인 의과대학의 정신의학 분야의 예술치료 자문위원, 조지 워싱턴대학의 강의 교수를 역임한 바 있으며 뉴욕대학교의 예술치료 대학원 과정을 설립하여 부교수로 재직하다가 2014년 2월 22일 사망하였다.

3) 울먼(Ulman) : 통합적 입장

미술작가로서 활동해 온 울먼은 1950년대 초반에 정신병원에서 일을 시작했을 때, 미술치료사로서가 아니라 미술 교사의 자세로 일했다고 술회하고 있다. 특히 크레이머가 지은 어린이 커뮤니티의 미술치료『Art therapy in a children's community』라는 책을 읽고, 울먼은 정신분석과 미술적 통찰 사이의 미묘한 관계를 실감하였으며 정신분석적 방법으로 내담자들을 치료할 때, 대다수 내담자들은 그림에 내포된 상징적 내용을 말로써 표현하려 하지 않는 것에서 발견하였다. 즉, 그림에서 그들의 작업으로부터 가치 있는 것을 얻을 수 있다고 생각을 하였다.

울먼은 나움버그의 '심리치료 안에서의 미술'(Art in Therapy)과 크레이머의 '치료로서의 미술'이란 용어를 포함하는 정의를 내리기 위해서 노력해 왔고, 미술 과정은 일반적인 성숙 과정에서처럼 충동과 통제, 공격과 사랑, 환상과 실제, 무의식과 의식 사이에서 필연적으로 갈등하는 요소들을 통합하는데 일반적인 위협은 미술의 통합적인 특징을 인정하는 것이었다. 즉, 성격 내에서 반대하는 힘을 단합시키거나 개인의 욕구와 외부 세계의 욕구를 화해시키는 힘이라고 하였다. 미술치료의 실행에 있어서는 두 측면의 적용 타당성을 인정하였다. 임상가로서의 자신의 생활에서 울먼은 치료로서의 미술을 사용하는 경우에는 미술심리치료를 사용했고, 미술심리치료가 통하는 곳에서는 치료로서의 미술을 사용하여 이 둘 간에 서로 융통성 있는 선택을 했다. 즉, 그녀는 나움버그와 크레이머의 정신역동 지향적 미술치료를 통합하면서 쟁점 부분에 관해서는 융통성을 부여하고 있다고 볼 수 있다.

울먼은 내담자의 작품이 예술이냐 아니냐를 논하는 것보다는 대상에 따라서 상동적인 표현이나 강박적 표현도 허용되어야 한다고 했다. 말하자면, 때로는 예술적 성취감을 중시해야 하고, 나움버그의 미술작품이 치료에 관련이 있다는 '치료적 측면'과 크레이머의 미술활동이 치유의 과정이 될 수 있다는 '창조적 측면' 모두를 포함하여 미술치료를 독립된 분야로 발달시켰다. 또한, 1962년에는 최초로 '미술치료 학술지' 「Bulletin of Art Therapy」를 출간하였으며 1969년에는 미국미술치료협회(AATA: American Art Therapy Association) 설립에 큰 기여를 하였다(한국미술치료학회, 1997).

4) 정신분석학과 미술치료를 통합한 루빈(Judith A. Rubin)

루빈은 나움버그의 후예임을 자칭하는 정신분석학적 미술치료의 지도자로서 미국 공인 정신분석학자이자 미술치료사이다. 1970년대부터 미국미술치료 협회장을 역임하고, 피츠버그 의과대학 교수 및 관련 단체 대표를 지내면서 지칠 줄 모르는 애정으로 평생동안 미술치료의 발전을 위해 헌신적으로 일한 현존하는 정신분석학적 미술치료의 대표자이다.

루빈(1987)은 나움버그가 내담자의 예술을 "상징적 언어"의 형태로 본다는 것에서 그녀의 역할이 아직도 언어적 모델의 정신분석학적인 관점에 머물고 있다고 지적하면서, 정신분석 또는 정신분석적 치료에서 내담자는 가능한 한 자유롭게 자신을 표현하고 나서 치료자와 내담자는 더 효율적으로 기능하는 것을 방해하는 것, 즉, 내재화된 갈등을 이해하기 위한 작업이 병행되어야 함을 강조한다. 크레이머와 윌슨(Wilson)이 특정한 정신분석학자들의 개념이나 이론을 미술치료 상황에서 나타나는 내담자들의 작품을 해석하는 것을 중심으로 이끌어 나갔다면, 루빈은 현대 정신분석학적 심리치료 개념에 입각한 치료 과정 위주로 이끌어 나갔다는 것에서 임상가들에게 실제적인 도움이 된다고 볼 수 있다.

루빈은 정신분석에서 미술 매체가 가지는 치료성에 대해, 첫째, 자유연상의 효율적인 기법, 둘째, 효율적인 저항 극복, 셋째, 전이 · 역전이의 창조적인 대면 등 세 가지로 집약하였다. 루빈은 대상관계 심리학이라는 후기 정신분석학적 미술치료의 선구자로서 아직도 활발하게 활동하고 있다. 그는 생의 초기발달 단계에서 어머니를 위시한 주위의 대상들과의 관계에서 성격이 형성된다는 대상관계 이론에서 보는 인간의 심리적인 문제를 미술치료가 적절하게 다룰 수 있다고 보는데, 그 이유는 생의 초기의 대상관계는 언어 차원의 것이 아니고 비언어적인 차원이라는 것, 그리고 적절하지 못했던 모-자 관계 및 기타 대상관계를 예술작업을 통하여 회복할 수 있다는 것이다. 따라서 대상관계 심리학에서 미술이나 미술작업은 상실된 초기 대상 및 대상관계를 대처한다고 보고 있다.

5) 미국 독일 영국의 미술치료

그밖에도 미국에서는 미술가이며 심리학자인 레비(levy), 미술치료를 대학 과정에 도입한 레빅(levick)과 로빈슨(robbins), 랜드가튼(landgarten) 등이 1950년대와 60년대를 거쳐서 미술치료 발전에 기여하였다. 미국의 경우는 각 예술치료가 독립적인 노선을 지키다가 1985년부터 미술, 무용, 음악, 연극 등의 예술치료협의회가 만들어졌다. 반면, 독일은 2차 세계대전 중 히틀러의 예술과 정신분석의 탄압으로 인해 향정신약이 정신과 치료에 주도적인 역할을 하면서 미술치료는 정체되었고, 60년대에 들어서면서 미술치료에 대한 재고가 이루어지게 되었다. 인지학의 창시자인 슈타이너(steiner)사상에 영향을 받은 퓌츠(putz)는 1964년 예술을 치료적 도구로 사용하여 인간의 교육에 기여한다는 미술치료라는 개념을 처음 사용하였다. 독일은 1980년대에서야 미술치료사가 직업으로 인정받게 되었고, 미술치료적 개념은 미술교육적 개념에서 유래되었다고 할 수 있다. 그 이후 독일은 게슈탈트 치료적 관점, 인지학적 관점, 정신분석적 관점을 지닌 학자들에 의해 다양한 미술치료의 노선을 걷고 있다.

영국의 미술치료 발전에 기여한 미술치료가 힐(hill)은 2차 세계대전 중 군요양소에 내담자로 있으면서 스트레스를 극복하기 위해 그림을 그리기 시작하였다. 힐은 미술활동을 통한 치유적 체험을 함으로써 미술의 치료적 역할을 사회에 알리는데 헌신하여 1946년 영국의 국립정신과 병원에서 최초 미술치료사로 인정받게 되었으며 그 이후 미술치료사의 배출이 이루어졌다. 영국 또한 미술치료사의 교육제도가 없었기 때문에 1970년대에 들어와서 미술교육과 미술치료가 분리되었다. 그럼에도 불구하고 영국의 보건복지부에서는 1980년까지 공식적으로 미술치료를 작업치료에 편입하였다가 1997년에서야 미술치료를 독립된 직업으로 인정하였다.

6) 우리나라의 미술치료

우리나라에서는 1960년대부터 정신건강 전문가들과 예술인들에 의해 예술치료를 시행해 오고 있다가, 1982년 11월 15일 한국임상예술치료학회가 창설되었다.

한국임상예술학회를 시작으로 한국에 예술심리치료가 처음 도입될 당시만 하더라도 '예술심리치료'는 임상심리와 정신의학 분야에 관심이 있던 몇 몇 인사들이 임상 현장에 국소적으로 활용하던 수준에 머물렀다. 한국임상예술학회는 처음부터 예술 분야를 총망라하여 그 정의를 "그림, 조형, 공예, 음악, 무용, 사이코드라마, 인형극, 시, 독서 및 기타 여러 가지 창조적 행위와 표현활동을 통한 예술요법의 각 분야를 위시하여 예술표현 정신병리학 및 병적학 분야의 많은 종류와 여러 차원에 걸친 각종 활동을 포함한다."고 학회보 제1권(1983)에서 밝히고 있다. 1990년대 초 심리학과 특수교육 분야에서 미술치료에 대한 연구가 시작되었으며, 1992년 한국미술치료학회가 창립되면서 본격적인 연구가 시작되었고, 한국미술치료학회를 기점으로 한국음악치료협회 등 관련 기관 및 학회들이 발족되면서 각기 다른 독립적 행보를 이어갔다. 1990년대 후반에 이르러서야 미술치료 분야가 점차 심리치료의 일환으로 확산되기 시작하였고, 2000년대에 들어서 대학에 학부와 석 · 박사 과정이 개설되면서 대학과 연구소에서 전문 미술치료사를 배출하기 시작하였다. 이후 20년 이상의 시간이 지나는 동안 미술

심리치료 관련 협회나 학회 역시 양적인 팽창과 더불어 질적인 성장을 이루며 안정적인 자리매김을 하였다.

미술치료 도입 초기에는 주로 정신병원의 환자들이나 발달장애 아동을 대상으로 심리치료가 실시되었으나 최근에는 아동부터 노인에 이르기까지 다양한 대상에게 미술치료가 실시되면서 대체의학의 한 분야로 자리매김을 하였다. 병원에서 뿐만 아니라 재활, 상담, 특수교육, 노인시설, 사회교육 및 자기성장 프로그램 등에서도 널리 적용되어 발전되고 있는 것은 미술이 '인간을 위한 예술'로서 치료적 역할을 할 수 있다는 관점을 갖게 된 것이라 할 수 있다.

5. 미술치료의 치료적 특성

미술치료는 미술 매체를 통해 자신의 무의식을 자연스럽게 표출할 수 있도록 도와주는 등 많은 특성이 있으므로 치료의 효과도 다양하게 입증되었다. 즉, 로살(Rosal, 1996)은 미술치료는 미술 매체를 통해 자신의 내면과 외면의 모습을 묘사할 수 있고, 내면의 생각과 느낌을 알 수 있으며, 개인적인 상황과 사회적인 상황을 그림으로 표현함으로써 문제해결 능력을 증가시킨다고 하였다. 모든 미술 활동이 그렇지만, 미술작업을 통해 집중력이 높아지고 기억력과 정서적인 안정을 찾을 수 있으며, 창조적인 작업 속에서 알파파의 패턴이 높아지게 된다. 또한, 미술 활동은 뇌 혈류를 원활하게 증가시켜 우울한 감정을 감소시키며 스트레스 호르몬인 코티졸을 낮추고 세로토닌을 증가시킨다(조정옥, 2019). 미술치료는 미술 매체를 통하여 내면의 무의식을 표현하기 때문에 방어가 적고, 긴장과 불안을 완화시켜 준다. 또한, 조형 활동을 통해서 개인의 갈등을 해소하고 동시에 개인의 내적 세계와 외적 세계 간의 부조화를 조화롭게 통합시켜준다. 아울러 미술치료는 심상 표현과 창조적 활동을 통하여 스트레스를 감소시키고 의식적, 무의식적인 메시지를 전달하여 갈등적 요소를 치유하는데 매우 효과적이라고 할 수 있다(김선명, 2021).

6. 미술치료의 장점

Naumburg(1958)는 정신분석 지향적 미술치료에 있어서 네 가지 장점을 언급하였

제2장

미술치료의 계획과 진행

1. 미술치료의 적용대상

미술치료는 생리적 · 심리적 발달의 원인으로 인하여 언어를 통한 의사소통이 어려운 내담자를 위해 시작되었다. 보편적으로 미술치료에 대한 거부반응이 없으나 미술에 대한 흥미가 없거나 방어가 심한 내담자는 적합하지 않을 수 있으며 심리진단, 사회 부적응자, 발달장애 아동을 상담하거나 치료할 경우는 매우 유용하다.

더욱이 창의력이나 상상력, 내면의 표현 및 구체화 등이 또한 치료적 효과가 있음이 증명되어 인격의 성숙, 자아성찰, 사고 또는 행동양식의 변화 등을 필요로 하는 사람들이 미술치료를 통해 도움을 받고 있다. 유사 자폐, 정서장애, 학대, 자폐성향이 없는 발달장애의 경우 미술치료를 통해 큰 효과를 기대할 수 있으며 자폐증이나 ADHD 등 환경적 요인보다는 생물학적 요인이 많이 작용하는 장애의 경우는 미술치료가 조기교육이나 약물치료 등과 함께 적용될 경우 효과가 좋다.

또한, 미술치료는 발달장애 아동뿐 아니라 삶에 지친 성인, 청소년 등 장애 유무와 상관 없이 다양한 연령과 계층, 성별과 관계 없이 도움이 필요한 모든 대상이 받을 수 있다.

선행연구나 연구자의 임상 경험 등을 종합하여 적용대상의 예는 다음과 같다.

정신질환자[정신분열증(조현병), 우울증, 공황장애, 강박장애 등], 심신장애인(시각장애, 청각장애, 지체부자유, 정신지체, 정서장애 및 행동장애, 학습장애, 중복장애,

언어장애 등), 비행청소년(폭력,절도), 이혼(별거)부부, 가족관계 개선, 근친상간, 성폭행, 섭식장애(대식증, 신경성 식욕부진 등), 약물이나 알콜 중독, 학업부진, 입시 및 시험불안, 교유관계 및 인간관계 개선, 자아성장 프로그램, 산업상담, 주의력결핍장애, 집단따돌림, 학교 거부아동, 노인치매, 노인상담, 신체질병자의 심리안정 등

2. 치료의 물리적 환경

치료실은 안정적이고 내담자의 감정을 자유롭게 표현할 수 있는 공간이어야 한다. 그래서 적절한 공간과 충분한 채광, 다양한 미술 도구가 준비되어야 하며 미술 활동은 책상뿐만 아니라 바닥이나 벽에서도 활동할 수 있기 때문에 바닥과 벽은 청소하기 쉬워야 하며 물은 쉽게 사용할 수 있는 공간이어야 한다. 교구장은 내용물이 보일 수 있는 것으로 준비해 내담자가 아동인 경우 스스로 재료를 선택하게끔 한다. 하지만 산만한 아동이나 발달이 늦은 아동은 재료를 대상자에게 맞게 계획하고 적용해야 한다.

또한, 개인치료실과 집단치료실의 구분과 작품을 보관할 수 있는 보관시설 및 전시장이 마련되어 내담자의 작품을 잘 보여지는 전시회로 활용할 수 있어도 좋다. 이는 내담자에 대한 존중감을 표현하는 것으로서 내담자의 작품 초기부터의 변화과정을 쉽게 알 수 있기 때문이다.

3. 미술치료의 시간 구성

치료 목표나 대상, 방법에 따라 다양하게 결정되는데 보편적으로는 주 1~2회 정도 실시하며 상황에 따른 융통성이 있어야 한다. 아동의 경우는 1회 50분에서 60분 정도이고, 성인의 경우는 60분에서 90분 정도로 실시된다. 총 회기는 내담자의 상황과 환경에 따라서 달라지는데 평균적 12회에서 길게는 6개월, 1년 기간으로 치료 프로그램을 시행하기도 한다. 그러나 시간은 내담자의 집중력이나 성향, 그날의 상황에 따라서 조절될 수 있으며 성격적으로 경직되고 강박적인 내담자의 경우는 특별히 시간제한을 두지 않고 작품의 완성 시간을 기준으로 할 수도 있다. 이들의 경우에 시간에 대한 강박적 생각이 미술 활동에 방해가 될 수 있기 때문이다. 반면 충동적이고 무절제한 내담자의 경우는 시간제한과 자기 통제가 가능한 재료를 사용하도록 한다. 치료자는 내담자를 치료하

면서 시간이 종결되기 전 미리 “앞으로 10분 정도 남았습니다. 지금부터 작품을 마무리 하세요.” 라고 전달하여야 한다. 이러한 언급은 내담자들로 하여금 시간을 조절해 갈 수 있는 능력을 제공하고, 당황하거나 불안하지 않도록 도와주는 작용을 한다.

4. 내담자의 저항

1) 내담자가 과도한 언어화를 나타내는 경우

내담자의 과도한 언어화는 위협적인 재료, 특히 심상적인 형태로서의 자료에 대한 억압을 암시할 수 있다. 오른쪽 뇌의 기능을 자극하는 감각적 구성요소와의 결합이 필요하다.

2) 내담자가 언어화의 결핍이 심할 경우

인물사진을 오려낸 꼴라주나 글이 적힌 풍선에 매달린 물체에 대한 심상을 그리게 하고 이러한 심상에 대한 언어적 인지요소를 결합함으로써 저항을 감소시킨다. 또는 떠오른 심상을 하나 선택한 후 하나의 단어적 연상을 글로 적게 한다. 내담자가 그 심상에 대한 명확한 명칭을 모르는 경우도 있을 수 있다.

반면에 언어화의 결핍은 또 하나의 저항일 수 있다. 이 경우에는 인물 사진을 오려낸 꼴라주나 글이 적힌 풍선에 매달린 물체에 대한 심상을 그리게 하고 이러한 심상에 대한 언어적 인지요소를 결합함으로써 저항을 감소할 수 있을 것이다.

3) 내담자가 과도한 운동적 요소를 보일 경우

만약 과도한 운동적 요소가 나타날 경우에는 바로 시각적 표현을 하지 말아야 하는 단서를 제공한다. 일반적으로, 시각적 표현은 과도한 정서적 또는 운동적 활동이 나타날 경우에는 금해야 한다. 때로는 과도한 정보의 흐름을 통제하기 위하여 나무, 플라스틱과 같은 매우 저항적인 재료를 사용할 수 있다. 덜 극단적으로 나타날 경우에는 회기마다 구조적인 미술치료를 통하여 저항을 감소할 수 있다.

4) 저항이 일어나는 경우들

(1) 치료사가 미술 활동을 불편해하거나 미술 매체가 부실할 때
(2) 치료사가 열중하지 않거나 치료에 미술을 사용하는데 기술이 부족할 때
(3) 개인적인 이유, 걱정, 불신, 억압 등으로 거부할 때
(4) 내담자가 너무 방어적이거나 공포감이 높을 때
(5) 큰 종이와 많은 재료가 부담되거나 자신감을 갖지 못할 때
(6) 신뢰감과 안전감을 느끼도록 시간이 충분히 주어지지 않았을 때

5) 대처 방법

(1) 구체적으로 지시한다.
(2) 다른 그림이나 이미지를 보여주어 동기부여를 제공한다.
(3) 간단하고 쉬운 것부터 실시할 수 있도록 환경을 조성한다.
(4) 손도장 찍기 등 간단하고 쉬운 것을 다른 표현을 덧붙여 간다.
(5) 치료자가 시범적으로 서툰 그림을 그려서 아동의 그리기 욕구를 향상시킨다.

5. 미술치료의 유형

내담자의 흥미, 태도, 특성, 문제 등을 잘 파악하여 미술치료의 기법을 적절히 적용시켜야 하며 단위프로그램은 대상자의 수에 따라 개인 미술치료와 집단 미술치료로 구분할 수 있다.

1) 개인미술치료

어떤 심리치료의 이론(정신분석적 모형, 융 학파의 분석적 모형, 현상학적 모형, 게슈탈트(Gestalt) 모형, 인간중심 모형, 행동적, 인지적, 발달적 미술치료 모형)을 기본 관점으로 하느냐에 따라 그 진행 절차에 차이가 있으며, 치료자의 역할에 따라 비지시적 형태, 지시적 형태, 혼합 형태가 있을 수 있다. 대체로 주 1회 내지 2회가 적당하고

치료시간은 45분에서 50분이 적당하며 더불어 지속적인 개별 부모상담과 소그룹 부모교육을 실시해야 한다. 치료 중도에 작품을 끝내지 못하는 것은 좋지 않고 시간이 끝나기 몇 분전에 작품을 정리할 시간을 인식시켜 주는 것이 필요하다.

2) 집단미술치료

집단심리치료에 미술을 도입한 것이다. 여기서의 목적은 집단의 한 일원으로서의 개인적인 책임이며, 치료자와 내담자, 집단 상호간의 교류 가운데서의 통찰이고, 나 자신의 이미지를 시각화한다는 회화적 특수성에 의해서 내담자와 치료자는 내담자의 정신세계를 정확하게 파악할 수 있다.

6. 미술치료의 구성 방법

미술치료의 구성은 내담자가 주제와 재료를 자유롭게 선택하는 비지시적 방법과 치료자가 주제와 재료를 제공하는 지시적 방법이 있다. 이 방법들은 집단의 크기, 치료시간, 내담자의 성향, 치료의 진행단계 등에 따라 다르게 적용되는데 대체로 치료 기간이 장기적이고 내담자의 자아능력이 신뢰성이 있을 때 비지시적 방법이 적합하다.

반면 지시적 방법은 치료 기간이 단기적이거나 내담자의 자아능력이 미성숙할 때, 또 치료 초기에 시작의 어려움이 있거나 미술에 대한 고정 관념(훌륭한 미술결과물에 대한 집착)이 강할 때 매우 유용하다. 그러나 지시적 방법은 내담자 수준에 적합하지 않은 프로그램 선택에 대한 치료자의 책임이 무겁다. 이것은 발달 수준의 경우뿐 아니라 내담자의 현 심리적 단계에 맞지 않은 프로그램의 경우를 말한다.

일반적으로 미술치료에서는 어느 한 가지 방법만으로 구성하기보다 지시적 방법과 비지시적 방법을 함께 구성하는 경우가 많다.

7. 미술치료의 진행순서

미술치료는 먼저 아동을 진단(평가)하고 치료 목표를 세워서 치료 시간을 갖게 되는 것으로 이루어지는데, 미술치료의 진행순서는 도입 · 활동 · 토론의 순서대로 진행된다.

도입 부분에서는 서로 친밀해가면서 편안한 분위기가 조성되도록 한다. 여기에서는 긴장 이완을 위해 호흡법이나 음악을 사용하기도 한다. 전반적 설명이나 규칙에 대한 오리엔테이션도 이 때 이루어져야 할 일 중의 하나이다.

활동 부분에서 알맞은 재료의 선택이 중요한데, 시간이나 아동의 성향에 따라 다르게 적용될 수 있다. 주어진 시간에 완성할 수 있는 재료가 제공되어야 성취감을 느끼게 된다. 또 아동의 성격이 경직되었다면 이완을 촉진할 수 있는 물감, 핑거페인팅, 물기가 많은 점토가 효과적이고, 충동적이고 공격적인 아동이라면 행동의 통제가 용이한 색연필, 사인펜 같은 딱딱한 재료가 좋다. 이것은 내담자의 성격과 반대되는 재료를 제공하여 그의 내면세계에 억압되어진 부분을 재통합하는 기회를 주기 때문이다. 그리고 한 가지 재료에만 너무 고착되어 있는 아동에겐 좋아하는 재료부터 시작하여 조금씩 첨가되고 확산되어 갈 수 있도록 하는 것이 바람직하다. 또한, 자아 기능이 미성숙한 경우에는 동시에 너무 많은 재료를 제공하여 혼란을 초래하지 않도록 해야 한다. 다양한 재료를 사용하고 미술 활동을 하는 것이 좋을 것이라는 치료자의 욕심은 아동에게 도움이 되지 않는 경우가 있다.

활동 부분에서 치료자가 주의해야 할 일은 너무 많은 질문을 하여 내담자가 미술 활동 자체에 몰두하는 것을 방해하지 않도록 하는 일이다. 미술 활동은 무의식과 의식을 오가면서 자연스럽게 이루어지는 것이기 때문에, 잦은 질문이나 치료자의 개입은 그 흐름을 끊을 수 있다.

토론 부분은 내담자와의 대화를 말하는 것인데, 아동이 느낌을 표현할 수 있는 시간이다. 기분이나 마음 상태를 말로 표현할 수 있는 것이 이때 이루어지게 되고, 작품 내용을 매개체로 은유적인 대화가 되기도 한다. 아동에게 직접적으로 자신이 마음을 표현해 보라고 요구하는 것은 어렵지만 아동이 자신의 그림을 이야기하는 것은 훨씬 쉽고 편안하게 할 수 있기 때문이다. 대체로 이 시간에 이루어지는 토론 내용은 다음과 같다.

첫째, 작품을 시작할 때와 만들 때 그리고 끝날 때의 느낌은 어떠한가?
둘째, 어떤 부분이 마음에 드는가, 어떤 이유인가?
(내담자의 자아존중감을 높이고 긍정적인 부분과 태도를 연결시켜 볼 수 있다)
셋째, 마음에 안 드는 부분이 있는가? 수정해 본다면 어떻게 수정하겠는가?

(만족 못하는 부분을 언어적으로라도 정리하여 그 실패감을 어느 정도 정리시킬 수 있고, 실제 생활과도 연관되어 생각해 볼 수도 있다)

넷째, 그림 요소 간에 상관관계는 어떠한가?

(내담자의 내면 세계의 통찰을 도울 수 있고, 집단미술치료에서는 집단원간의 상호관계를 생각할 수도 있다)

다섯째, 그림에 나타난 소재나 상의 느낌이 어떠한가?

(예를 들어, 아동이 사자를 그렸다면 그 사자의 성격이나 말, 느낌에 대해 이야기하는 방법도 있다)

이 시간은 아동 스스로 자신의 작품을 다시 살펴보면서 자신을 느끼는 시간이 되며, 치료자가 작품 안에서 아동에 대한 더 많은 정보와 느낌을 얻는 시간이 된다. 미술은 언어보다 검열이 작기 때문에 갈등을 표면화 시키지 않고도 은유적으로 대화를 할 수 있다. 그래서 자기표현에 대한 위협을 느끼지 않고 안정적으로 대화를 할 수 있도록 도울 수 있다. 또한 방어가 너무 심한 아동이나 자아가 약한 아동은 지나친 평가나 진단이 부담스러울 수 있으므로 주의해야 한다. 이것은 아동의 자유로운 표현을 방해한다.

8. 미술치료의 접근법

미술치료는 진단만 내리는 것이 아니라 치료 과정도 포함된 영역이다. 따라서 미술치료의 프로그램을 크게 진단 프로그램과 치료 프로그램으로 나누어 보면 다음과 같다.

1) 진단적 접근

아동은 그림을 통해 자신을 표현하고 자신에 대해 말할 수 있다. 아동들의 본래의 마음은 그림을 통해 자연스럽게 나타나는데, 자신이 느끼지 못한 성격과 고민도 그대로 옮겨질 때가 많다. 즉 마음이 슬프면 얼굴에 그늘이 드리우는 것처럼 현재의 갈등이나 고민이 반영된 그림은 바로 마음의 얼굴이 된다. 미술치료사는 이것을 아동이 보내는 신호로 받아들이고 아동과 같이 비밀을 하나하나 풀어나가는 자세로 진단해 나간다면 치료에 도움이 될 것이다. 미술치료는 모든 사람을 대상으로 한다. 어린이든 직장인이든 장애인이든 누구나 미술치료의 대상이 된다. 그렇다면 이런 다양한 사람들을 한 가지 기준으로 설명하거나 단정 짓는다는 것은 매우 위험한 일이다. 미술 결과물 하나만을 가지고 일대일 대응법으로 '이런 양식의 그림은 이런 아동이다.'라고 절대적으로 단정 지을 수 없다는 의미이다. 그래서 진단을 할 때는 그 대상의 연령, 상황, 특성을 고려해야 하며, 언어화시키는 작업이 반드시 필요하다. 이것이 밑바탕이 되어 있을 때 미술치료가 진단을 위해 쓰이게 되는데, 그 방법에는 지시적 방법인 투사검사와 일반적인 미술 검사, 자유화법 등이 있다.

(1) 투사 검사

① HTP (집, 나무, 사람 검사)

집, 나무, 사람 검사는 1948년 벅(Buck)이 프로이드의 정신분석학을 바탕으로 만든 검사인데 나중에 헤머(Hammer)와 코피츠(Koppize)에 의해 더욱 발전되어 아동의 심리검사에 유용하게 활용되어 오고 있다. 이 검사는 A4용지 4장과 연필, 지우개 등을 사용하여 일정한 검사 방법에 의해 실시되는데 그림만 그리는 것이 아니라 각각 그림에 대한 20가지 질문을 하여 그림에 보충된 자료를 얻는다. 이 검사에서 집 그림은 대체로 가정생활과 가족 관계에 대한 것을 반영할 수도 있지만 집 자체가 자아상의 상징이 될 수 있다. 나무는 개인 성장의 변화 과정을 사람 그림은 자아상에 대한 것을 더욱 잘 반영한다.

② K-HTP (동적 집, 나무, 사람 검사)

한 장의 종이에 집, 나무, 사람을 다 같이 그리는 것으로 요소간의 역동성을 잘 알 수 있다. 클라이언트에게 "집, 나무, 그리고 어떤 행동을 하는 사람의 전체 모습을 그리시오. 사람의 전체 모습을 그릴 때 만화나 혹은 막대기 모양의 사람은 그리지 마시오."라고 말한다.

③ KFD (동적 가족화)

동적 가족화는 가족이 무언가 하고 있는 그림을 그려 보는 것인데, 가족의 역동성 및 아동이 가지는 가족에 대한 감정을 반영해 준다. 동적 가족화는 기존의 가족화 검사에 움직임을 첨가하여 번스(Burns)와 카프먼(Kaufman)에 의해 정신분석학과 융

이론을 바탕으로 발전된 검사인데 가족의 역동성을 파악하기가 더욱 용이하다. 이 검사도 A4용지 1장과 연필, 지우개 등을 사용하여 일정한 검사 방법으로 실시한다. 변형된 형태로는 동적 사업화, 동적 종교화, 학교 생활화 등이 있다. FDT(가족화 검사)

현재 가족을 나타내는 것으로 가족 구성원을 그린 순서, 화지에서의 크기, 위치, 분포, 상태, 가족 구성원의 생략과 과장 등의 특징에서 부모나 구성원 간의 관계를 파악하는 것이 목적이다.

④ LMT (풍경 구성법)

처음엔 정신분열증 클라이언트에 모래상자 놀이치료의 적용이 가능한 예비 검사로 사용되었으며 진단 및 치료 과정에 도움을 준다(테두리를 사용하였는데 이것은 클라이언트에게 줄 수 있고 저항을 줄일 수 있다는 장점이 있다.). A4크기의 종이에 강, 산, 밭, 길, 집, 나무, 사람, 꽃, 동물, 돌 등 10가지를 차례로 그리게 한다. 마지막으로 아동 자신이 그리고 싶은 것을 그리게 한 후 색칠을 하게 한다.

(2) 그림 진단

그림으로 진단할 때 중요하게 관찰하여야 할 부분은 결과와 더불어 활동 과정이다. 그림 분석은 크게 전체적인 평가와 형태적 분석, 내용적 분석, 태도적 분석이 있다. 먼저 전체적인 평가에서는 그림의 첫인상을 중요시하고, 그림이 얼마나 조화롭고 짜임새가 있는가, 구조는 잘 되어 있는가? 이상한 것은 없는가에 주목한다. 나음 형대적인 분석에서는 그리는 시간, 순서, 크기, 위치, 필압, 스트로크, 대칭성, 방향, 상세함, 음영, 생략과 왜곡, 투명성 등이 있다. 예를 들면 그림 그리기를 시작함에 있어서 시간이 오래 걸리는지, 바로 들어가는지를 본다거나, 무엇부터 그리는가? 무엇을 그릴 때 가장 어려워하는가? 그렸다 지우기를 반복하는가? (자신감 저하, 양가감정을 가진 대상이 있을 경우에 해당이 되는 경우가 많다) 등을 본다.

그림을 다 그린 후에는 전체적으로 그림의 크기와 필압, 그림의 위치, 선의 특징을 관찰해야 한다. 작은 그림은 에너지가 작고 환경에 대한 부적응을 필압이 약하면 억제가 높은 아동이라고 본다. 그리고 세부 묘사에 집착하는 부분은 없는지, 대칭적으로 그리지는 않는지를 봐야 한다. 과도한 상세함은 외부와 적절히 통합이 되지 않는다고 보며 생략과 왜곡은 그 부분의 갈등을, 투명성은 인격 통합의 상실과 현실 검증력의 상실로 본다. 보통 화면 구성의 경우는 그림이 위에 치우쳐져 있으면 공상적이고 이상적이라고 진단하며 불안정하거나 우울한 경우 하단에 치우치고, 위축되고 과거 지향적이면 좌측면, 미래지향적이며 성공 지향적일 때 우측면에 그림이 그려져 있다고 볼 수 있다. 다음, 내용적 분석에서는 특히 강조된 것이 없는지, 전경과 배경이 공간성이 어떠한지, 그림 요소들과 상관관계, 색채, 상징을 다룬다. 태도적 분석에서는 어떤 재료를 선택하는가? 활동하는데 어려워한다거나 시작하기 어려워하는가 등을 본다. 이 모든 것은 아동 개인에 따라 각기 다르게 해석될 수 있어 그림의 진단은 아동의 개인성을 고려하지 않고 일률적으로 해석되어서는 안 된다.

따라서 가장 중요한 것은 아이의 설명과 의도, 느낌을 충분히 듣고 위의 모든 것을 종합적으로 해석해야 하는 것이다. 예를 들어, 똑같은 빨강을 사용하더라도 조화롭게 칠해졌을 때와 이중적으로 칠해졌을 때, 거칠게 표현되었을 때가 모두 해석이 달리 되며, 빨강에 대해 아동이 어떻게 느끼는지에 따라서 해석이 달라지기 때문이다. 이와 같이 활동 과정과 아동의 설명이 가장 중요한 진단의 근거라고 볼 수 있다.

2) 치료적 접근

많은 사람들이 미술치료의 영역 중에서도 특히 미술치료의 프로그램이나 기법에 대해 궁금해한다. 그리고 그 프로그램을 사용하면 정말 아동이 변화가 있는가를 알고 싶어 한다. 실제로 미술치료에는 다양한 프로그램이 있는 것은 사실이지만 아동의 변화를 위해서 '어떤 프로그램을 적용했는가?' 프로그램을 적용한 이유가 중요하다.

종이서부터 연필, 나무, 꽃잎, 각종 폐 활용품 외, 이 세상의 모든 재료가 미술 매체로 활용될 수 있다. 즉, 미술치료의 재료는 무궁무진하며 유에서 무를 창조할 수 있는 융통성과 독창적이고 창의적인 분야이기 때문이다. 그러기 때문에 미술치료 프로그램은 매우 광범위하고 다양해질 수 있다. 그래서 미술치료의 기법을 알기 전에 클라이언트에게 적용되어야만 하는 분명한 목적이 있어야 하며 때에 따라서 순발력 있게 미술치료 프로그램을 제시할 수 있어야 한다.

예를 들어, 점토 활동은 다양한 신체 활동으로부터 모양 만들기, 사람 만들기에 이르는 과정까지 활용되는데, 같은 점토를 가지고도 발달 단계에 따라 아동 성향에 따라 다르게 적용되며, 얼마든지 응용, 변형되어 시행될 수 있다. 따라서 치료 방향이 분명히 제시되어야 그 목적 아래에서 가장 적절한 프로그램을 적용할 수 있게 될 것이다.

미술치료 프로그램을 시기별, 발달단계별로 나누어 일반적인 몇 가지를 살펴보면 다음과 같다.

(1) 시기별 프로그램

① 초기

초기에는 관계 형성단계이기 때문에 치료사와 아동이 친밀감을 형성할 수 있는 프로그램들이 제시되어야 한다. 또 미술에 대한 흥미 유발과 재료에 대한 감각을 키워주어야 한다. 놀이나 게임을 적용하고 자연스런 신체 접촉이 일어날 수 있도록 하는 것이 필요하다.

애칭을 표현하는 작업은 자신이 갖고 싶은 이름이나 듣고 싶은 이름을 정하고 소개하는 시간을 가진 후에 그 애칭을 그림으로 표현하는 기법이다.

테두리 기법은 용지에 테두리를 그어서 주는 방법이다. 내담자에게 공포나 부담을 줄일 수 있어 많이 사용하는 방법이다.

스타터 시트(starter sheet)는 그림 그리는데 저항이 있거나 공포를 줄여서 그림 그리기를 자극하는데 사용한다. 종이에 치료자가 직접 잡지에서 얼굴 사진을 오려 붙여 주거나 부분 사진을 주기도 한다. 무의식과 유희시기 그리고 상징 직관적인 형상화 시기인 6세 이전에 나타나는 난화이야기법은 게임을 하며 난화를 그려나간 후 이야기를 만드는 것인데 친밀감 형성에도 크게 도움이 된다. 눈을 감고 낙서하듯 난화를 그리다가 형상을 찾아내어 이야기를 만드는 방법도 있다.

그림으로 대화하기는 치료자와 내담자가 한 가지 색을 선택하여 말이 없이 그림으로만 대화를 주고받는 방법이다. 친밀감 형성과 상대방의 감정을 이해하는데 도움이 된다.

점토 활용은 긴장의 이완에 도움이 되고, 음악을 들으며 점토를 자유롭게 뭉치고 두드리며 만들기, 눈감고 촉감의 느낌을 살려 만들기, 릴레이식으로 점토 돌려가며 만들기, 칵테일 파티(둘 이상의 집단에서 각자 만들고 싶은 것을 만들어 종이 위에 구성한 다음, 말없이 조형물을 움직여 가며 자신과 상대방의 감정을 이해하는 일) 등 여러 가지 방법으로 활용된다.

풀 그림은 정서의 안정과 이완 등에 효과가 있다. 거부나 저항이 심한 아동에게나 퇴행이 필요한 성인에게도 유용하다. 작업의 촉진과 스트레스 감소에도 쓰인다.

자신의 장점 표현하기는 자신의 장점을 손 본뜨기나 상자를 이용하여 표현하는 것인데 자신에 대한 긍정적인 부분을 발견하고, 집단 미술치료에서는 상호 간의 이해에도 도움이 된다. 이외에도 자유화법이나 갈겨 그리기, 그림 완성하기 등 다양한 프로그램이 있다.

② 중기

이 시기는 표출 단계이기 때문에 자아 개념과 표현력을 향상시킬 수 있는 프로그램이 제시되는데, 발산이 충분히 이루어질 수 있도록 해야 한다.

자화상은 충분한 시간을 주고 그릴 수도 있고, 자신의 특정적인 모습을 중심으로 재빨리 그릴 수도 있다.

거울은 자신의 얼굴을 거울에 비추어 보면서, 다양한 표정을 지어 보고 그려 보는 것이다. 상징은 나를 상징할 수 있는 것을 그려보거나 만들고, 대화하는 방법이다.

은유화법은 자신을 나무, 동물, 냄새, 꽃 등 다른 것으로 표현해보고, 의인화시켜 이야기해 보는 방법이다. 아동들의 경우는 '내가 만일 변신한다면?' 혹은 '다시 태어난다면 무엇으로 변해 있을까?' 등으로 접근할 수도 있다. 내가 아는 나와 다른 사람이 아는 나는 자신의 외면과 내면을 통찰하여 자신을 새롭게 정립하고 인식하기 위한 프로그램이다.

나의 과거, 현재, 미래는 자신의 모습을 다시 한번 돌이켜 보고 자기 인식 및 개념을 형성한다. 콜라주로 표현하는 방법도 가능하다.

광고는 나 자신을 광고하는 광고지를 만드는 것이다. 정서는 하나의 그림 안에 반대되는 정서를 표현해 보는 것이다. 상황 설명이 주어지기도 한다.

인물 콜라주는 다양한 정서를 표현하고 있는 인물 사진을 붙여 보고 그 인물이 하는 말을 상상하여 이야기해 보는 방법이다. 내가 되고 싶은 얼굴과 버리고 싶은 얼굴은 가면으로도 표현할 수 있고 그림으로도 가능한 방법인데, 자기 욕구를 인식하고 내면 안에 수용되지 못하는 부분을 통합하는 기회로도 와줄 수 있다.

인생 곡선그리기는 자신이 살아온 인생을 돌아보면서 시기별로 감정이나 만족도를 표현해 보는 방법이다. 그래프도 가능하고 콜라주나 그리기 등으로도 응용할 수 있다.

신체 본뜨기는 큰 화지에 몸의 외곽선을 따라 그리고 그 몸을 꾸며 보는 것인데, 좋아하는 것과 싫어하는 것을 덧붙인다거나 필요한 것을 덧붙이는 식으로 응용될 수 있다.

③ 말기

말기에는 자발적이고 적극적인 표현을 유발시키고 현실 의식을 높일 수 있는 프로그램이 제시된다. 또한 상호작용을 활발하게 하는 활동이 요구된다. 종결기는 변화를 관찰할 수 있는 기법을 사용하기도 한다. 전시회를 열어 그동안 진행되어 온 과정을 정리해 보는 시간을 가져 보는 것 또한 의미 있을 것이다.

내가 나에게 바라는 것 · 남이 나에게 바라는 것은 현실상에서의 나를 인식하고 외부 세계와의 연결점을 찾아준다. 나의 미래를 표현하기보다 미래지향적으로 긍정적인 삶을 생각해 볼 수 있도록 돕는다.

색 물총놀이는 색의 혼합을 통해 참여자의 응집력과 상호작용을 자극시키고 발산에도 도움이 된다. 이것은 초기나 중기에 써도 좋다.

돌려 그리기는 내가 그린 그림 위에 다른 사람의 그림이 덧붙여 그려지도록 하는 게임이다. 초기에도 효과적인 프로그램이고 상호이해와 사회성에 좋다.

말과 그림은 각자 한 장의 그림을 그린 후, 차례대로 한 사람씩 자기의 그림을 보지 않고 언어만을 사용하여 설명하고 다른 집단원이 그 설명을 듣고 그림으로 그리는 것이다. 다 그린 후 얼마나 비슷하게 그려졌는지 알아본다.

만화 이어 그리기는 초기에도 좋은 프로그램으로 만화를 한 칸씩 차례대로 그려나가는 것이다. 그 그림과 내용이 어떻게 이어져 갈지 모르기 때문에 흥미롭고 상대방의 의도와 감정을 이해하는데 도움이 된다.

선물 주고받기는 상대방에게 필요한 것들을 그려주거나 잡지에서 오려 붙여 주는 것인데, 집단 안에서의 나를 존재감을 인식하고 친밀감을 형성하는 데도 좋다.

종결기에 사용하기 좋은 프로그램이다.

전지그림은 참여자들이 다 같이 한꺼번에 전지에 그리는 것인데, 집단의 역동성과 사회성에도 도움을 준다.

나에게 상장주기는 프로그램을 종결하면서 자신에게 좋았던 점이나 잘해 준 것에 대해 상장을 만들어 주는 것이다. 성취감이나 자아존중감, 자기 정리에 도움이 된다.

(2) 발달 단계별 접근

아동을 대상으로 하는 미술치료에서 발달단계는 매우 중요하다. 아동의 현재 발달 수준에 맞는 프로그램을 제시함으로써 아동의 인지 및 정서의 발달을 도울 수 있다.

0세에서 2세 수준의 영아기에는 신체 경험을 통해 다양한 근육 지각과 감각 수용의 변별을 할 수 있게 할 뿐 아니라 자신에 대한 기본적 의식이 생길 수 있는 프로그램이 제공되어야 한다. 저항이 적은 재료부터 출발하여 자연스럽게 확대되어야 하며 자신의 움직임과 흔을 가질 수 있도록 하여 마음 놓고 탐색할 수 있게 하는 것이 중요하다. 이 시기는 물과 흙 곡식 등 전 미술 재료를 가지고 할 수 있는 놀이가 좋고 점토 활동 및 풀 놀이도 유용하다. 크레용이나 컬러 펜을 이용한 선 놀이도 중요한 프로그램 중의 하나가 된다.

2세에서 6세 수준의 유아는 자신과 사물의 변별, 상징화 능력의 발달, 자율성의 발달 등을 목표하는 시기이다. 명확한 개념을 심어주기 위해 모방 놀이와 연상 놀이를 적용해야 할 시기인 것이다. 이 시기의 유아는 정서의 기복이 심하고 조절력이 약하다. 자신과 주변에 대한 인식을 가지는 신체의식 프로그램과 주변 탐색 프로그램이 적용된다. 그래서 이때는 사물 찍기나 콜라주 기법과 같은 활동이 유용하다.

7세에서 12세에 해당하는 아동기는 집단의식을 발달시키는 것이 가장 중요한 과제이다. 다른 사람의 감정에 관심을 가지며 자기 통제력을 발달시키고, 선택하고 결합할 수 있는 능력을 길러야 하는 시기인 것이다. 이들에게는 집단 미술치료의 프로그램이 유용하게 쓰일 수 있다. 집단 프로그램에는 공동 화지에 다 같이 협동화 그리기, 색물총놀이, 돌려 그리기, 얼굴 그림 그려주기, 데칼코마니 합쳐 구성하기 등 다양한 프로그램이 해당된다.

9. 미술치료사의 역할과 윤리

1) 미술치료사의 역할

미술치료사는 미술 매체를 잘 다루고 동시에 내담자가 미술활동에 흥미를 가질 수 있도록 돕는 자이다. 미술치료사의 역할은 내담자의 성향, 치료 목표, 치료 기간에 따라 다르지만 크게 정서적 지지자와 기술적 보조자의 역할로 나누어 볼 수 있다.

정서적 지지자란 내담자의 마음의 흐름에 치료자가 맞추어 나가는 것을 뜻한다. 즉 작품의 내용을 수용하면서 아동의 마음을 느껴야 하는 것이다. 이와 같이 아동의 감정을 같이 느껴 주는 것이 바로 '공감'이다. '수용'은 내담자의 감정이나 행동을 받아 주는 것을 말하는데 만약 그림을 통해서 한다면 시각적 표현을 언어적 표현으로 바꾸어 주는 것도 한 방법이다. 공감과 수용의 태도는 내담자로 하여금 자신이 어떤 표현을 해도 치료자가 관심을 가지고 받아 주리라는 확신을 갖게 한다. 이러한 확신은 편안한 마음으로 새로운 표현을 시도할 수 있게 도와줄 수 있다. 다시 말하면 정서적 지지자로서의 미술치료사는 내담자에게 실제 생활에서도 새로운 시도를 해볼 수 있도록 도움을 준다는 말이다.

또한 기술적 보조자는 내담자가 미술 매체를 사용할 때 기술적으로 좌절하지 않도록 도와주는 역할이다. 이때 치료자는 내담자가 기술적으로 능력이 부족한 상황인지, 아니면 치료자에게 습관적으로 의존하는 상태인지를 잘 관찰해야 한다. 그리고 치료자는 내담자가 거부하면 기다려 주는 자세를 가져야 한다. 이같이 치료자는 의도적으로 내담자가 스스로 선택하고 표현할 수 있게끔 해야 하는데, 특히 부모의 간섭이 심한 아동은 거짓 자아(예를 들어 남에게 맞추어 주는 자아)가 발달되었기 때문에 더욱 그러하다.

미술치료는 내담자로 하여금 자기 자신의 내면에서 일어나고 있는 것을 관찰하고 알아차리는 자의식의 깨달음을 갖게 한다. 미술치료를 통하여 치료자가 내담자의 자의식을 갖도록 돕는 것은 기다림이 요구되는 인내의 작업이며 끊임없이 자의식을 가지고 자기 안의 문제를 객관화시키는 힘을 키울 수 있도록 도와주는 역할을 하는 것이다.

2) 미술치료사와 내담자와의 관계

(1) 미술치료사와 내담자는 전문적인 관계를 형성

(2) 미술치료사는 내담자의 내적 세계와 접촉을 시도

(3) 미술심리치료사와 내담자는 두 사람만의 독점적인 관계를 유지

(4) 미술심리치료사와 내담자는 충고나 제안이나 압력이나 강요 등이 없는 자유로

운 관계를 형성

3) 미술심리치료사와 내담자의 관계형성 과정

(1) 1 단계 : 시험하기 단계
(2) 2 단계 : 신뢰하기 단계
(3) 3 단계 : 노출하기

4) 미술심리치료사가 갖추어야 할 인성적 자질

(1) 민감성을 갖추어야 한다.
(2) 미술심리치료사는 항상 허용적이어야 한다.
(3) 미술심리치료사는 의사소통 능력을 지녀야 한다.
(4) 미술심리치료사는 인내심이 필요하다.
(5) 미술심리치료사는 양가감정에 응할 수 있어야 한다.

5) 미술심리치료사에게 요구되는 전문적 자질

(1) 수용하는 자세가 필요하다.
(2) 미술심리치료사는 내담자의 감정을 잘 반영하는 능력이 있어야 한다.
(3) 미술심리치료사는 내담자에 대해서 공감하는 자질이 필요하다.
(4) 미술심리치료사는 내담자의 직면하기 능력을 키워줄 수 있어야 한다.
(5) 미술심리치료사는 통찰하는 능력이 있어야 한다.

6) 통찰을 위한 전문적인 태도

(1) 우선 치료사는 자기를 최대한 억제해야 한다.
(2) 통찰은 일정한 조건에서 해석을 해야 한다.
(3) 마지막으로 통찰은 내담자가 수용하는 것이 중요하다.

7) 좋은 치료사가 되기 위한 다섯 가지 방법

(1) 슈퍼비전을 받아야 한다.

미국의 유명한 정신과 의사 얄롬은 그의 책 집단정신치료의 이론과 실제에서 슈퍼비전 없이 계속해서 경험만 쌓는 것은 오히려 그 치료사에게 좋지 못한 습관이 굳어지게끔 할 수 있기 때문에 효과적이지 않다고 했다. 슈퍼비전을 받지 않고 2년간 경험을 쌓는 것보다는 슈퍼비전을 받으면서 6개월간 경험을 쌓는 것이 훨씬 더 역량 있는 치료사를 만든다고 주장했다.

(2) 자신의 치료회기를 녹음하고 축어록을 풀어야 한다.

대개 슈퍼비전을 받으면 자신의 치료 회기를 녹음하고 녹음내용을 글로 풀어오라고 한다. 자신이 어떤 말을 하고 어떻게 개입했는지 녹음하지 않고 그저 설명하듯이 말로만 이야기하는 것은 별로 도움이 되지 않음을 뜻한다. 알게 모르게 자신을 방어하면서 이야기하기 때문이다. 그래서 실제로 어떠한 말들이 오갔으며 어떻게 반응했는지, 녹음해서 축어록을 풀어야 한다. 목소리만 녹음하는 것도 도움이 되고 비디오로 찍어서 자신의 치료회기를 보는 것도 매우 도움이 된다(녹음된 내용의 비밀보장은 기본이다)

(3) 역할 연기를 통해 부단히 연습해야 한다.

실제 상황이 아니라 하더라도 공부하는 사람들끼리 짝을 이루어서 치료사-내담자 역할을 해보면 매우 도움이 된다. 내담자가 되어 보는 것도 의미 있는 경험이고 치료사가 되어 보는 것도 그러하다.

(4) 실제로 자신이 치료에 참여한다.

치료는 제대로 이해하기 위한 조건이기도 하다. 먼저 자신이 치료받는 것은 더할 나위 없이 소중한 일이다. 실제로 환자를 치료하는 것은 천천히 해도 된다. 그러면 나 자신을 먼저 치료하는 것이 좋다.

(5) 치료에 관한 책과 논문을 읽고 생각한다.

사람들의 심리적 문제를 파악하고 해결하기 위해서는 선임 치료사들이 어떠한 방식으로 어떠한 효과를 보았는지에 대해 많은 책과 논문을 읽어 보는 것이 도움이 된다. 책에서 깨달음을 얻을 수 있을 것이다.

제3장

미술치료의 매체

1. 미술치료 매체의 이해

매체(medium)라는 용어의 범위는 미술에서 회화, 조각 등 예술 표현의 수단 혹은 수단에 쓰이는 재료를 통틀어 지칭하는 것이다. 미술치료에 있어서 미술 재료의 역할은 매우 크다. 내담자 중 아동의 미술 활동에 있어서 재료는 더욱 중요시된다. 아동은 끊임없이 새로운 작품을 표현해 내어 사물의 본질로 차츰 접근해 나가는데, 이는 매체의 지각과 그 처리하는 특성에서 기인함을 알 수 있다. 찰흙으로 재현된 나무가 연필 드로잉으로 재현된 나무보다 더 다양한 표정을 지니고 있는 이유는 매체와 그의 사용 방법에 있는 것이다. 각각의 매체는 그 고유성과 공통성을 동시에 지니고 있어 대상을 표현하는 재료로서뿐만 아니라 그 자체의 물성을 그대로 나타낸다. 이러한 물성의 탐구는 미술의 역사에서 재료의 혁명으로 불리는 오브제(Object)의 등장에서 처음 시도되는데, 이는 기성품이나 폐품으로까지 확대된 표현양식을 보였다. 그후 오브제 콜라주를 자주 사용한 초현실주의는 인간의 무의식을 작품 속에서 보여주었다.

미술을 통한 전달력은 이용 가능한 매체에서는 물론 그 표현 기법에 따라서도 모양이 갖추어진다. 내담자가 어떤 재료를 선택하고 선호하는가에 대한 문제는 미술치료를 하는데 있어 중요한 단서가 된다. 따라서 미술치료사가 미술 활동을 적용하고 이해하려면 매체의 특성과 사용법, 매체의 장단점 등에 관한 풍부한 지식과 경험이 필요하다.

미술치료사들은 다양한 미술 활동 매체들을 심리치료에 적용하며 이러한 미술재료는 치료시간, 공간, 내담자의 성향 등에 따라서 융통성 있게 적용한다. 특히 미술치료사는 내담자가 작품이 완성되지 못하였을 때 느끼는 미해결된 느낌이 없도록 주어진 시간에 완성될 수 있는 재료를 선별하여 제공하여야 하는 것을 잊지 말아야 한다.

일반적으로 미술치료사는 구조화된 매체보다는 덜 구조화된 매체를 그리고 복잡한 매체보다는 단순한 매체를 선호하는 경향이 있다. 그 이유는 단순하고 덜 구조화된 매체일수록 내담자의 심리적인 투사에 용이하며 내담자의 감각을 자극시키기 때문이다. 단순한 매체는 스스로 작품을 완성할 수 있는 가능성을 더 높여주고 내담자가 작품 활동을 하면서 자신감과 성취감을 느낄 수 있게 해주어야 하기 때문이다.

1) 미술치료 매체의 중요성

① 미술 매체는 심상을 시각적으로 이미지화하는 중요한 도구이다.
② 내담자는 복잡한 매체보다 단순한 매체를 더 선호하는 편이다.
③ 치료사는 좋은 품질의 매체를 선정해야 한다.
④ 치료사는 재료의 특성과 효율성을 알아야 한다.

2) 매체 선택의 일반적 사항

① 폭넓은 정서 표현이 가능한 매체
② 창조적 표현을 촉진시키는 매체
③ 내담자의 특성에 맞는 매체
④ 다양하게 표현하는 것이 가능한 매체
⑤ 정돈과 보관이 용이한 매체
⑥ 치료사가 잘 다룰 수 있는 매체
⑦ 실용적인 매체

3) 치료를 위한 표현 목적별 매체

① 내담자가 쉽게 접하는 재료로서 비교적 거부반응 없이 사용 가능한 매체

② 세부적인 선적 묘사가 가능하고 생각을 구체적으로 표현할 수 있는 매체

③ 전신을 움직이는 역동적인 활동을 유발하고 내담자의 내적 욕구가 발산되는 매체

④ 내담자들이 동적 활동을 통해 흥미가 향상되며 자유롭고 대담한 표현이 되는 매체

⑤ 새로운 물질과 표현 결과에 의한 호기심과 탐구심이 제고되어 미술 활동에 적극적으로 참여하게 하는 매체

⑥ 오감의 감각을 느끼고 인식하게 하는 매체

⑦ 재료의 형태, 색깔, 느낌 등을 통해 내담자의 내면을 자유롭게 표출하는 매체

⑧ 재료를 사용하며 느끼는 성취감으로 활동에 독창적 표현을 증대시키는 매체

⑨ 장식적 활용성의 우수함과 내면의 욕구를 자유롭게 표출할 수 있는 매체

2. 미술치료 매체의 심리 촉진과 통제

가장 낮은 통제 ←	젖은점토	그림물감	부드러운점토	오일파스텔	두꺼운펠트지	꼴라주	단단한점토	얇은펠트지	색연필	연필	→ 가장 높은 통제
	1	2	3	4	5	6	7	8	9	10	

통제를 기준으로 한 미술 매체의 특성(Landgarten, 1987)

미술 매체의 선택에서 두 가지 중요하게 고려할 점은 심리촉진과 통제다. 내담자의 자발성을 촉진하기 위해서는 충분한 작업공간과 아울러 친밀감을 줄 수 있는 다양한 재료가 준비되어야 한다. 특히 내담자의 성격은 재료를 선택할 때 주의 깊게 고려해야 할 부분이다. 미술 매체 중 물감, 핑거페인팅 그림물감, 물기가 많은 점토는 감정이완과 퇴행을 촉진시키는 매체의 특성으로 경직되고 저항적인 내담자에게 주로 적용하며 충동적이고 자아경계가 불분명한 내담자에게는 충동적 성향을 더욱 심화시킬 수 있어 적용을 자제한다.

반면 연필, 색연필, 사인펜과 같은 딱딱한 재료는 긴장감과 충동적 성향을 통제하기 위한 재료로 쓰인다. 이처럼 내담자의 성격과 반대 성향의 재료를 제공하는 것은 그의 내면세계에 억압된 부분을 재통합하는 기회를 줄 수 있기 때문이다.

통제의 정도가 낮은 매체는 임상치료 초기에 감정을 이완하고 친밀감을 조성하며 라포를 형성하는데 용이하며 통제의 정도가 높은 매체는 세밀하고 정교한 작업과 집중도를 요하므로 임상치료시 초기에 사용하기 보다는 어느 정도 회기가 진행된 이후에 사용하는 것이 바람직하다.

또한, 너무 많은 양의 재료나 도구는 내담자를 질리게 할 수 있다. 이 점에서는 내담자에 따라 서로 다르므로 치료사는 개인의 욕구에 민감하게 반응할 줄 알아야 한다. 특히 쉽게 찢어지는 종이나 잘 부서지는 분필과 같은 심리적 좌절감을 유발시키는 재료는 사용을 자제해야 한다. 일반적으로 내담자는 다른 도구가 필요한 매체보다는 낱개로 된 소묘 매체를 더 쉽게 다루는 경향이 있다. 즉, 연필은 쉽게 조작하지만, 물감 등의 채색재료는 기법적인 어려움을 겪는다. 물감을 마구 칠하는 것과 같은 행동은 심하게 억압되어 있는 내담자에게 활기를 불어넣을 수도 있을 것이고, 아니면 물감의 번짐이나 흐름 때문에 아주 겁에 질리게 할 수도 있다. 때때로 미술 매체를 바꿔 주는 것은 환기성을 주어 타성에 빠져있는 내담자를 촉진시켜 줄 수 있다. 미술 매체의 특성에 따라 어떤 효과를 낼 수 있느냐를 고려하여 선택해야 한다. 미술치료사는 내담자의 특성에 따라서 친밀감을 형성하고 흥미를 부여할 수 있는 재료, 욕구 표출이 용이한 재료, 정서적 안정감을 주는 재료, 자발성 향상에 도움을 주는 재료가 무엇인지 연구해야 한다.

미술치료는 치료사와 내담자(환자) 그리고 미술작업이라는 세 가지 요소로 이루어진다. 즉 미술 매체를 통해서 미술작품을 만들어가는 과정으로 이루어진다.

미술치료에서 매체는 작품을 구성하고 표현하는데 필수적인 도구로, 치료사는 매체를 통해 내담자와 만나고 심리적, 신체적, 사회적 안녕에 긍정적인 변화를 제공한다. 내담자/환자는 매체를 통해 자신을 표현하고, 인식하고, 통찰해 나아가며 카타르시스를 느낀다. 그러기에 미술치료사는 치료에 앞서 다양한 매체의 특성과 도구 사용에 대한 지식과 작업 과정에 충분한 경험을 하여야 한다. 왜냐하면 내담자/환자의 증상 및 상태에 따라 매체의 선정이 다르고 상황에 따라 기술적인 문제를 도와줄 수 있어야 하는데, 치료사는 자신이 능숙하고 자신 있는 간단한 매체를 선호하는 경향이 있기 때문이다. 내담자/환자 스스로가 선호하고 수용한 매체일수록 내담자/환자의 참여도와 집중력을 높일 수 있다. 집중이 이루어졌다면 치료는 성공한 것이 되는 것이다. 치료사는 내담자의 지각 운동능력과 미술 매체의 난이도를 인식하고 있어야 한다.

3. 미술치료 매체의 종류와 특징

1) 평면(건식)매체

평면매체는 '그리기'를 포함하는 평면 활동을 표현하며 회화, 찍기, 염색 등을 할 수 있는 미술재료를 말하며, 건식매체와 습식매체로 나눌 수 있다.

평면(건식)매체는 콩테, 연필, 목탄, 색연필, 사인펜, 마커펜 등이 있다.

평면(건식)매체는 구하기 쉽고 더불어 친숙함이 있다.

(1) 연필

매체로서 연필의 장점은 남녀노소를 불문하고 가장 친숙하고 쉽게 구할 수 있는 재료이다. 그림의 밑그림이나, 크로키, 드로잉, 소묘 등 다양하게 쓰이며 독립적인 작품을 연출할 수 있다. 반면에 가장 흔한 재료이기 때문에 호감이나 흥미를 느끼는 매체는 아니다. 그러나 연필은 다른 어떤 매체보다 가장 기본적이고 중요한 매체이다.

발달적, 감각적인 측면에서 손과 눈의 협응력과 집중력을 향상시키는데 탁월하다.

연필의 필압은 내담자의 성격이나 특성 등을 파악할 수가 있어 진단검사에 사용된다.

통제성이 가장 강한 재료로서 정서적 충격을 경험하였거나 과잉행동을 하는 아동에게 에너시 수준을 낮추고 분노를 감소시키는 경험을 제공할 수 있다.

(2) 목탄

목탄은 부드러운 매체로 명암 표현이 용이하며 연필보다 강한 효과를 나타낸다. 반면 연필보다 세밀한 표현에 어려움이 있다. 손으로 문질러 번짐 효과를 낼 수 있고 식빵이나 헝겊으로 지울 수 있다. 명암이나 재질감을 나타낼 수 있어서 감정적인 표현이 가능하다. 작품을 완성 후 보관시 정책액을 뿌려준다.

(3) 색연필

매체로서 색연필의 장점은 쉽게 구할 수 있고 휴대가 간편하며, 연필처럼 누구에게나 친숙한 매체이다. 색연필에는 유성색연필과 수성색연필이 있다. 유성색연필은 선묘를 하기에 부드럽고 채색에 사용한다. 수성색연필은 물을 묻혀 문지르면 수채화 효과를 낼 수 있다. 크레파스보다 덜 번지면서 더 무르기 때문에 섬세하고 정교한 표현이 가능하지만 강한 색 표현은 어렵다.

색연필은 인지적인 기능, 자기조절 능력, 섬세한 운동감각과 정서적인 경험을 강조하는, 구조적이며 통제적인 매체이다.

(4) 파스텔

파스텔은 소묘와 회화의 성질을 함께 갖고 있는 독특한 매체로, 손의 감각을 직접적으로 전달해주는 채색 도구이다. 파스텔의 색채는 부드럽고 포근하며 화려하고 매력적인 느낌을 주며 색채 질감을 표현하기에 좋으며, 화지 위에 그린 그 순간 효과가 바로 나타난다. 풍부한 색채는 내담자의 감성을 자극하여 심리적 감정 상태를 자연스럽게 표현하도록 유도한다.

파스텔은 쥐는 힘의 정도에 따라 색의 농도를 조절할 수 있어 내담자/환자의 통제력을 미세한 부분까지 관찰할 수 있다. 손에 잘 묻기 때문에 이를 꺼려하는 내담자/환자들에게는 주의하여 사용하여야 한다. 부주의 시 잘 부러지기 때문에 매체에 대한 실패감을 맛볼 수 있다.

부드러운 매체인 파스텔은 내담자의 긴장을 이완시키는 효과가 있다. 파스텔은 접착력이 없기 때문에 내구력이 떨어지며 정착제로 정착시켜 주어야 한다. 색을 혼합하기 어렵고 지나치게 덧칠하면 탁하고 어두운색이 나타난다. 세밀하고 정확한 표현에는 어려움이 있다. 파스텔 그림 위에 수체화물감을 사용하여 파스텔화를 표현할 수도 있다.

(5) 크레용/크레파스

크레용과 크레파스는 매끄럽고 부드러우며 사용이 용이하고, 채색과 그리기를 동시에 표현할 수 있는 매체이다. 크레용은 크레파스와는 달리 뭉개짐이 적어 선의 표현이 정교하고 세밀한 표현이 가능하다. 반면 크레파스보다 채색의 분위기가 선명하지 않아 내담자의 만족도가 떨어진다. 크레파스는 크레용보다 부드럽고 진하며 착색이 잘 되고 혼색을 만들기도 용이하다. 긁어내기, 문지르기, 겹침, 열 가하기 등 다양한 효과를 낸다. 그러나 크레파스는 손에 잘 묻어나고 부스러기가 생기며, 잘 부러지는 단점이 있다.

(6) 싸인펜/마커펜

싸인펜/마커펜 촉감이 부드럽고 색상이 선명하며, 통제가 용이해서 자아기능이 약한 사람에게 잘 어울리는 매체이다.

색채에서 수성싸인펜이 더 선명하며 유성싸인펜은 색이 가라앉는 듯한 느낌을 준다. 싸인펜은 가볍게 미끄러지듯 그려지는 매체의 특성으로 인해 그리기 활동에 많이 사용되며, 그릴 때는 아트지처럼 표면이 매끈한 화지가 좋다. 싸인펜은 끝이 뾰족하기 때문에 정밀한 표현에 좋으며 세밀하게 그릴 수 있는 반면 명암 표현에는 어려움이 있다.

마커는 원래의 색이 겹치면 진해져서 명암을 낼 수 있는 장점이 있다. 반면 마커로 그린 그림은 쉽게 탈색하는 경향이 있고, 칠하는 즉시 건조되지만 수정이 불가능하다.

싸인펜/마커는 그리기와 꾸미기 재료로 다양하게 사용되며, 때로는 면봉과 만나 밑그림 재료가 되고 때로는 꼴라주의 재료도 되며, 때로는 크레파스와 만나 스케치재료가 된다.

2) 평면(습식)매체

평면(습식)매체에는 수채화 물감, 아크릴 물감, 먹물 등이 있으며, 습기가 있는 평면 작업이 가능한 도구를 의미한다.

(1) 수채화 물감

색조를 물의 양으로 조절할 수 있으며, 겹치기, 뿌리기, 번지기 등 다양한 기법을 구사할 수 있다. 건조가 빠르고 유동성을 지니고 있기 때문에 순간적인 감정을 표현하고 발산하는데 효과적이다. 투명함을 가지고 있으며, 그림을 그리고 건조된 후에 색이 더 밝아지는 특성이 있다. 미술치료에서 밀가루 풀, 면도크림, 비눗물 등 다양한 재료에 결합하여 작업이 가능하고 바탕 채색 및 석고, 점토 작품의 채색에도 사용된다.

(2) 아크릴 물감

아크릴 물감은 수채화 물감과 유화 물감의 장점을 동시에 가지고 있으며 속성 건조하는 수용성 물감이다. 접착성이 강해 캔버스 외에도 어느 정도 흡수성이 있는 재료라면 어디든지 잘 부착된다. 내수성을 지니고 있어서 건조 후에 물감을 덧칠해도 아래의 색이 녹지 않는다.

아크릴 물감의 속건성의 특징은 작업을 하는 동안 생각이나 감정을 재빨리 표현해야 하므로 집중력을 요하는 매체이며, 아이디어와 감정이 그대로 살아 있을 때 작품제작을 마무리 할 수 있다. 작업을 하는 중에 실수를 하였더라도 덧칠하여 수정이 가능하기 때문에 실패에 대한 부담감을 줄여주고 상실감을 감소시켜 준다.

(3) 먹물

동양인에게 있어서 먹은 단순히 검은색의 차원을 넘어 그 이상의 가치로 보았으며 자연이 지닌 만물의 색상을 암시하였다. 수묵화는 자연을 정신적으로 바라보고 색을 느끼고자 하였다. 이러한 먹물의 속성은 그 향을 통해 억압된 기억들을 떠올리게 해주며 내면의 심리를 표현할 수 있게 하는 미술치료 매체로서 화지에 스며드는 자연스러움을 통해 작업에 집중하게 해준다. 또한 면의 여백에서 느껴지는 농담을 통해 감정의 이완을 경험하게 한다.

3) 입체(건식)매체

입체(건식)매체는 우드락/폼보드, 나무, 비누, 꾸미기 재료 등이 있으며 주로 조형물을 만드는데 사용한다.

(1) 우드락/폼보드는 입체 작품을 만드는데 주로 사용되며, 크기와 모양 색 등을 원하는 대로 선택할 수 있는 장점이 있다. 우드락은 쉽게 자를 수 있으며 문양을 표현하여 판화로도 활용할 수 있다. 폼보드는 단단하고 잘 부러지지 않는 특성이 있다.

(2) 자연소재인 나무는 친밀감을 주는 메체로서 자유롭게 조형할 수가 있고, 나무재

질을 살려 공작할 수 있고 촉감을 느낄 수 있다.

(3) 비누는 재질이 부드러워 조각칼을 이용해 입체 조영물을 만들 수 있다.

4) 입체(습식)매체

입체(습식)매체에는 점토, 대용점토, 석고붕대 등이 있다.

(1) 점토

점토는 다른 어떤 재료보다 친근하며 매력적인 매체이다. 점토작업은 원초적이고 감각적인 성질이 강한 매체로 내담자에게 자연스럽게 퇴행을 촉발하게 한다. 점토는 손으로 직접 만지고 주무르며 자신의 생각과 느낌을 다양한 형태로 구체화 시킬 수가 있어 내담자에게 만족감과 더불어 삶의 활력을 느끼게 할 수 있다. 점토의 점성과 가소성의 성질의 특성으로 인해 내담자의 감정과 경험을 재구성할 수 있으며 수용하고 통합이 가능하게 한다. 뿐만 아니라 점토는 유아의 소 근육 발달, 의사소통 능력의 신장, 정서적인 긴장해소, 집단 활동에의 참여, 창의성 발달에 효과가 있다.

유사 점토는 지점토, 밀가루 점토, 컬러점토, 클레이, 델타 샌드 등이 있다.

점토는 유연하므로 어떠한 형태든 자유자재로 조형할 수 있으며 부착과 제거가 용이하다. 특별한 시설이나 기술을 요하지 않으며, 재료를 반복하여 사용할 수 있고 이차원적인 활동에서 삼차원적인 소조활동까지 할 수 있다. 힘껏 쥐고, 두드리고, 굴리며 형태를 만들려는 충동에 의해 인간의식의 깊이를 끌어내게 한다. 또한 점토를 통한 미술치료 과정은 그들의 치료적이고 창조적인 필요에 의존하는 촉각과 시각 기능 모두를 끌어낸다.

(2) 대용점토

① 지점토

지점토는 형태를 만들어 건조 후 수채물감이나 포스터 컬러 등으로 색채 표현이 가능하다. 물에 쉽게 풀어지기 때문에 점토에 비해 접착성이 강하고, 건조가 빠르며, 마르면 가벼워지는 장점이 있다.

② 유성점토

상온에서 늘 부드러우면서도 일정한 크기를 유지하는 인공 점토를 일컫는다.

다양한 색이 있고 굳지 않기 때문에 여러 번 사용할 수 있다. 그러나 가격이 비싸서 충분한 양으로 작업하기 힘들고 낮은 기온에서는 딱딱해지는 단점이 있다. 유성점토는 무엇에 사용하든 무엇을 하건 매력적으로 보이며, 아름다운 색상을 가지고 있는 다루기 쉬운 매체이기 때문에 성공적인 결과를 촉진시킨다.

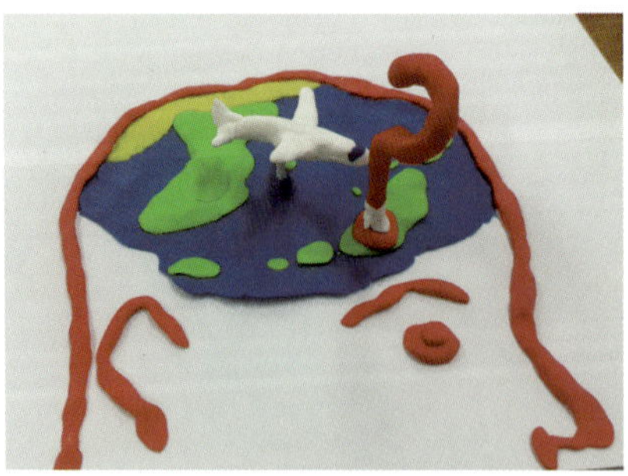

③ 밀가루 반죽

밀가루 반죽은 아동과 함께 다양한 색과 향을 만들 수 있는 재료이다. 밀가루에 식용유와 소금, 물을 적당량 넣고 반죽을 한다. 식용유는 작업을 할 때 손에 묻지 않기 위해서 소량을 넣는 것인데 너무 많이 넣으면 손이나 지지대가 되는 바탕에 묻어 나온다. 소금은 조형 작업을 하고 난 후 건조시킬 때나 밀가루 반죽을 보관할 때 부패되지 않게 하기 위해 넣는다. 밀가루 반죽은 비닐봉지에 넣어 냉장고에 보관하면 여러 번 사용할 수도 있다. 촉감이 부드럽기 때문에 조작하기 쉬워 나이 어린 아동에게 적합하다.

(3) 석고 붕대

석고 붕대는 손 본뜨기나 가면 만들기 등 인체의 본을 뜨는 조형제작에 활용하기 좋은 매체이다. 제작하기 쉽고 건조가 빠르며 건조 후에는 재질이 단단하게 변한다. 그러나 치료사가 먼저 사전에 충분히 작업을 숙련하지 않으면 실패(신체 부위의 조형)감을 맛볼 수 있다.

5) 비정형매체 및 기타매체

(1) 자연물

주변의 자연에서 쉽게 구할 수 있는 매체로 나무류와 곡물류 등이 있다. 자연물 매체는 내담자의 생각을 자유롭게 표현하고 감수성을 풍부하게 하고, 호기심과 창의성을 유발하게 하며 자연과의 일체감을 느끼게 한다.

(2) 밀가루 풀/면도크림/생크림

밀가루 풀을 영 · 유아들에게 사용하는 경우는 치료사가 직접 만들어 쓰는 것이 좋다. 영 · 유아들에 특성상 호기심으로 입에 넣을 수도 있기 때문이다. 같은 이유로 색을 섞어 활동하고자 할 때는 물감보다 식용색소를 이용하는 것이 좋다. 면도크림의 경우는 영 · 유아에게는 부적합하므로 생크림으로 대용하여 작업을 하여도 좋다. 또한 색이 손에 착색될 우려가 있어 핸드크림을 바르고 작업 응하게 하는 것도 고려해 볼 사항이다. 손에 묻히기를 싫어하거나, 옷에 묻을까봐 걱정하는 경우도 있으므로 비닐 장갑이나 앞치마를 이용하는 것도 고려할 수 있다. 통제력이 낮으므로 누구나 사용하기 용이하며 흥미를 유발하는 매체이다. 밀가루 풀보다 면도크림이나 생크림이 부드러운 느낌이 더 강하다. 농도의 가감에 따라서 치밀한 착화도 가능하다.

풀이 마르면 종이가 변형되므로 작품을 보관하고자 할 때에는 두꺼운 종이나 우드락을 사용하는 것이 좋다. 래포(rapport)형성 및 심리적인 긴장이완에 좋고, 정서적 안정과 스트레스 해소, 작업의 촉진 효과가 좋다.

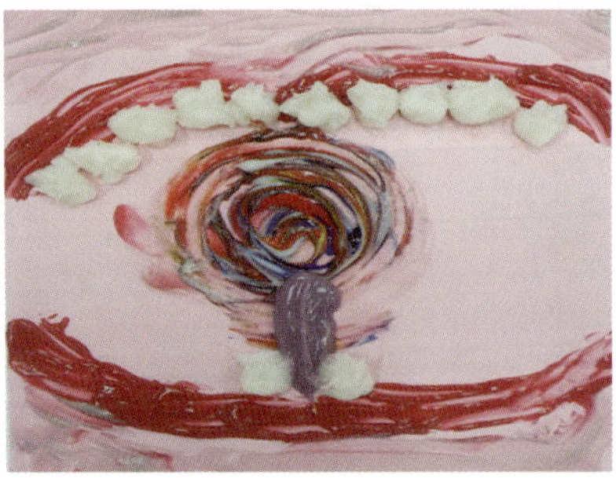

(3) 한지

조각보 만들기

한지는 한국인 정서가 담긴 전통매체로 다른 매체에 비해 쉽게 자를 수 있고 찢기, 뭉치기, 접기, 꼬기, 덧붙이기, 번지기 등의 다양한 효과를 나타낼 수 있고 편안함을 줄 수가 있어 긴장과 저항의 이완효과와 심리적 안정감을 느낄 수 있다. 아동에게는 흥미와 창조감을, 노인에게는 향수와 친근감을 주는 매체이다.

(4) 박스

박스는 오늘날 중요하게 다루어지는 매체 기법 중 하나이다. 박스의 치료적 기능은 고유의 상징적 잠재력을 지니고 있으며, 공간을 조각해내도록 돕는 하나의 틀로서 내용물들의 보호, 내담자를 보호하는 비밀의 저장, 각양각색이면서 모순된 적대적인 것들의 통합, 정서적으로 다양한 물건들의 보호, 외부와는 구별되는 내부공간의 창조, 성격의 양극성을 하나로 통합하도록 기회를 제공한다.

(5) 인형

인형 매체는 정신신체장애와 사회부적응 내담자들에게 고통의 경감과 재활을 위한 치료로 서구에서 널리 사용되고 있다. 인형을 만드는 작업을 통해 언어적 자극 놀이와 창의적 활동, 자신의 감정과 생각을 표현하는 자극과 동기를 유발한다. 인형은 현실과 환상 사이의 가교역할을 하며 둘 사이를 안전하게 왕래하도록 도와준다. 유아들은 상징적인 인형 놀이를 통해 자신의 사고, 감정, 환경과 경험 등을 투사적으로 표현한다.

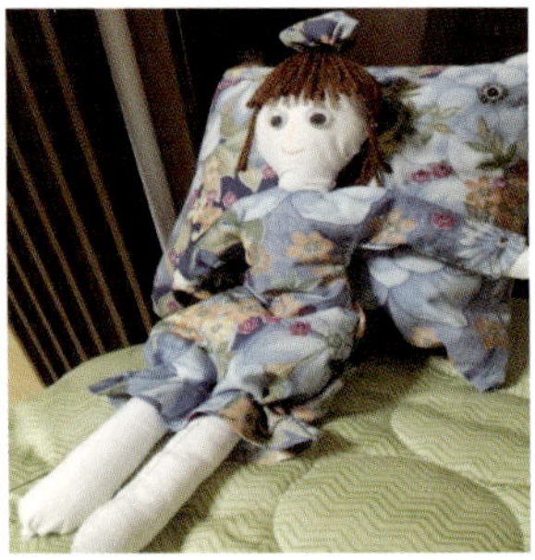

4. 미술치료를 위한 매체의 활용

1) 종이류

① 잘게 찢어진다.
② 평평하게 접는다.
③ 둥글게 구부리고 만다.
④ 겹쳐서 붙인다.
⑤ 날카로운 도구로 표면을 긁는다.
⑥ 뭉치거나 구긴다.

2) 물감류

① 붓이나 나이프 등 도구로 칠한다.
② 손가락으로 칠한다.
③ 발바닥으로 찍는다.
④ 크레파스와 함께 사용하여 물과 기름의 반발성을 이용한다.
⑤ 풀과 섞어 붓 손가락 등으로 그리거나 칠한다.

3) 점토류

① 쥔다. 뭉친다, 짓누른다.

② 굴리거나 비빈다. 두들긴다.

③ 만다. 접는다. 비튼다.

④ 떠낸다. 붙인다. 뭉쳐서 던진다.

⑤ 빚는다. 뜯어낸다. 긁어낸다.

⑥ 선으로 그려 새긴다.

4) 헝겊, 끈 종류

① 다른 물체를 묶거나 매단다.

② 묶어서 이어가거나 짠다.

③ 손으로 찢는다.

④ 꿰맨다.

⑤ 접거나 포갠다.

5) 철사(금속)류

① 구부린다.

② 자른다.

③ 다른 물체를 지지한다.

④ 물체와 물체를 연결한다.

⑤ 구멍을 뚫는 도구로 사용한다.

⑥ 뭉쳐서 입체를 만든다.

6) 목재류

① 조각을 조립한다.

② 도구를 이용하여 조각한다.

③ 염료를 이용해 칠한다.

④ 그리기 등의 바탕재료로 사용한다.

⑤ 두드려서 소리를 낸다.
⑥ 그을린다.

7) 대나무

① 길게 쪼개거나 얇게 벗긴다.
② 불에 그을리거나 착색한다.
③ 입체물의 지지대로 사용한다.
④ 구멍을 뚫는다.

8) 유리

① 그리기 칠하기
② 바탕 재료로 사용한다.
③ 투명성을 이용한다.
④ 입체물의 지지대로 사용한다.

5. 미술치료를 위한 매체 활용의 유의점

1) 재료 활용을 계획 함에 있어 내담자가 용도, 특성, 사용법 등을 이미 알고 있는 기본적인 재료부터 사용하도록 한다.
2) 치료 진행 과정에서 적절하게 새로운 재료를 소개함으로써 내담자의 재료 활용 범위를 넓혀가야 한다.
3) 종이, 크레파스, 색연필, 물감 등 비교적 안전하고 기본적인 재료는 내담자가 자발적으로 사용할 수 있도록 쉽게 손닿을 수 있는 곳에 위치시킨다.
4) 내담자의 상황에 따라 작품 결과에 가변성이 크기 때문에 내담자의 장애 유형 및 정도, 치료목표 및 진행 상황 등에 따라 재료선택에 세심한 주의를 기울여야 한다.
5) 회기별 사용 재료의 수는 내담자의 수용 능력을 고려하여 결정해야 한다.
6) 내담자의 생활 주변에서 쉽게 발견할 수 있는 친근한 재료를 활용하여 두려움이

나 거부감이 없는 자신의 감정을 표출할 수 있도록 해야 한다.

7) 질이 좋은 재료를 활용해야 한다.

8) 표현재료에 변화를 주어야 한다.

9) 위생성과 안정성이 보장되는 재료를 활용해야 한다.

6. 매체에 대한 미술치료사의 태도

내담자의 완성된 작품은 정성스럽게 다루어져야 하는데 이는 치료사뿐만 아니라 내담자에게도 그렇게 인식되어야 하는 부분이다. 작품뿐만 아니라 재료까지도 잘 보관하는 것은 한정된 재료를 유용하게 쓰기 위함일 수도 있겠지만 내담자에게 재료의 가치를 전달해주는 또 다른 이유가 있다.

미술의 매체나 도구는 작업 과정에 필수요소이기 때문에 매체의 비중이 가볍지 않다. 치료사는 내담자에게 가장 만족스러운 표현활동이 될 수 있도록 도와주기 위해서 매체를 다루는 방법을 알고 있어야 한다. 매체에 대한 일반적인 지식이 없이는 내담자의 미술작업 과정을 제대로 도와줄 수 없기 때문이다.

미술 매체는 활동 과정에서 내담자에게 탐구와 발견의 경험을 제시할 수 있는 긍정적인 측면이 있다. 그러기 위해서 미술치료사는 내담자가 치료적 장면에서 미술 매체를 탐구할 때 심리적으로 안정되어야 한다. 미술 매체를 다루는 기술적인 요소가 부족하여 작품이 완성되지 않을 시 내담자가 계획한 목표를 달성하지 못하고 혼란을 경험할 때도 치료사는 안정감을 유지하여야 한다. 인간에게는 조화로운 방법으로 자신의 경험을 체계화시키는 일반적인 욕구가 있으므로 매체를 탐색하는 어느 순간에 창조할 욕구가 발현하게 될 것이다.

또한 미술치료 과정에서 새로운 미술 매체를 접할 때 내담자에게서 자주 일어나는 '장난' 과 같은 놀이적인 요소에 대해서도 하나의 탐색 과정으로 본다. 예술의 본질 속에는 유희적인 요소가 내포되어 있고 정신역동적 치료에서는 무의식적인 심리상태를 평가하는 데 하나의 단서가 될 수 있다.

미술 매체를 수단으로 작업 과정이 이루어질 때 미술치료사가 중요시하는 두 가지 측면을 생각해 볼 수 있다. 먼저 미술 매체는 여러 가지로 촉발될 수 있는 내재된 에너지가 있으며 미술작업 과정의 유연성 있는 미술 매체는 작업 활동에 활력소가 될 수 있다. 작업 중에는 항상 유발될 수 있는 여러 가지 가능성이 있다는 것을 인식하는 것도 미술치료사에게는 유용한 가치가 된다. 목탄 소묘를 할 때 손바닥으로 문질러 번지는 효과를 주듯이 유화 물감이나 아크릴 물감에 대해서도 손을 이용한 자발적이고 충동적 행동을 보일 수 있을 것이고, 이는 치료에 도움을 줄 수 있는 유용한 태도로 볼 수 있을 것이다. 다음으로 미술치료사가 고려해야 할 것은 미술 매체를 적절하게 사용하는지 하지 않는지에 대해 주의를 기울이는 일이다. 미술작업 과정에 나타나는 얼굴 표정이나 재료를 다루는 신체적 움직임, 적극성과 신중함, 개방감 등은 행동적 특징을 매체와 연관 지어 생각해 볼 수 있고, 이는 미술매체를 통한 행동과 연합되어 나타나는 현상으로 볼 수 있다.

다음과 같은 측면에서 미술 매체를 다루는 내담자의 반응을 살펴볼 수 있다.

- 매체에 대한 접근을 두려워하는가?
- 매체에에 대한 저항을 하는가?
- 매체를 바로 접근을 하는가?
- 매체 선택에 곤란을 겪는가?
- 매체를 쉽게 다루는가?
- 매체를 다룸에 있어서 파괴적인가?
- 매체를 자주 바꾸는가?
- 매체를 다룸에 있어서 신체적 문제점은 있는가?
  (예; 정확하게 보지 못함, 떨리는 현상, 틱 증상 등)

난화(亂畫 : 낙서화)에 의한 미술치료

1. 난화(亂畫: 낙서화)의 심리적 의미

인간은 삶의 초기에 무슨 형태로든지 그려보려는 행동을 하는 단계를 거치게 되며 성인이 되어서도 우리는 낙서 그림을 종종 그리게 된다. 그것은 초조감을 느끼는 경우이거나 자기 혼자만의 자유로운 세계를 가지게 되었을 때 남들이 알아볼 수 없다는 심리적 안정감에서 심리적인 욕구나 갈등을 해소하는 하나의 방법이다. 이런 연유로 치료 현장에서 난화는 내담자의 무의식을 저항감 없이 표출시키고 내적인 욕구나 갈등을 해소하며 심리적 안정감에 도움을 주는 유용한 방법으로 사용할 수 있다.

난화(Scribble)란 '휘갈겨그리기, 극적거리기'라는 낙서화의 의미를 가지고 있으며, 생애 초기 미분화 내지 유아기에 보이는 그림 형태로서, 미술치료 초기에 내담자의 저항이나 불안을 감소시키고 치료에 대한 흥미와 친밀감을 형성하는 치료적 활동과 진단적 도구로 사용되는 정신분석적 미술치료 기법으로 '낙서' 또는 '낙서 그림'을 말한다.

이 시기에는 유아의 운동신경 조절에 대한 욕구의 표출이라는 점에서 초기의 난화는 목적의식이 없는 놀이가 되는 동시에 곧 그들의 정서나 희열을 나타내는 것으로 볼 수 있다. 예컨대 외견상으로는 아무렇게 목적 없이 마구 선을 그리게 된다. 이때는 종이에만 그리는 것이 아니고, 담, 벽, 방바닥, 유리창, 책상, 책 등 닥치는 대로 그리는데, 이러한 특징을 심리학에서는 기능적 쾌락이라고 부른다. 즉, 무언가 목적으로 그리는 것이 아니라 그리고 싶은 욕구, 그 자체의 표현이고 즐거움이다. 이런 현상에 대해 정신분석학자들은 무의식적인 표출인 난화는 부모의 관심을 끌려는 욕구가 작용한다고 하였다. 아무렇게나 그은 선에는 아동이 '엄마' '아빠'라는 의미를 부여하게 되고, 이시기에는 언어와 부합된 심상이 실마리가 되어 표현활동의 세계가 전개되기 때문이다.

이와 같은 유희 본능은 곧 그들이 성장함에 따라서 창작 표현의 기제로 이행되며 그것이 예술성이나 인격 형성에 수반될 승화, 조절, 투사, 상징화, 퇴행, 도피의 작용에 의해 마침내 완전히 향할 수 있는 기조를 이루게 된다. 그러므로 난화를 그리는 내적 세계를 억압하거나 지나치게 성인들의 요구를 강요해서는 안 된다.

그것은 정신적으로나 신체적으로 운동신경의 조절을 불가능하게 하므로, 정서적으로 운필의 조절 욕구를 상실하게 하고, 심리적으로는 표현력의 결여, 신체적으로는 운동신경을 지배할 수 있는 능력이 저해되므로 결과적으로 미술을 통한 성장과 표현의 정상 단계를 이룩할 수 없게 되는 것이다(김동연, 1990).

나움버그(Naumburg, 1966) 스크래블(Scribble)과 위니캇(Winnicott, 1971)의 스퀘글(Squiggle) 모두 치료사와 내담자의 라포형성에 유용한 방법으로서 회기의 초기에 사용하기에 좋은 기법이다. 낙서를 한다는 가벼운 마음에 심리적 저항감을 줄여줄 수 있고, 게임 하듯이 작업을 하면서 내담자 스스로가 어느 한 시점에서 자신의 문제를 인식하게 해준다. 난화를 시행할 경우, 매체의 제한은 없으나, A4용지나 8절 도화지 그리고 색연필이나 싸인펜이 적당하다. 화지에는 직선이나 곡선을 자유롭게 그리며 내담자가 어려워하면 치료사가 먼저 시범을 보여주는 것도 좋다. 선이 그려진 화지를 이리저리 돌려보면서 떠오르는 이미지를 찾아본다. 찾은 이미지에 색칠을 하여 구체화시킨다(선이나 그림을 추가할 수 있다). 반복하여 여러 개(2개 이상)의 이미지를 완성한 후, 그 이미지에 대한 이야기를 나눈다. 이미지들을 연결하여 하나의 이야기를 나눈다.

종이에 테두리를 그리고 2명(치료사, 내담자)이 서로 번갈아 가면서 같은 색으로 선을 그리고 한 명씩 숨은 그림을 찾아서(치료사가 먼저) 이야기를 나누는 방법이 있다.

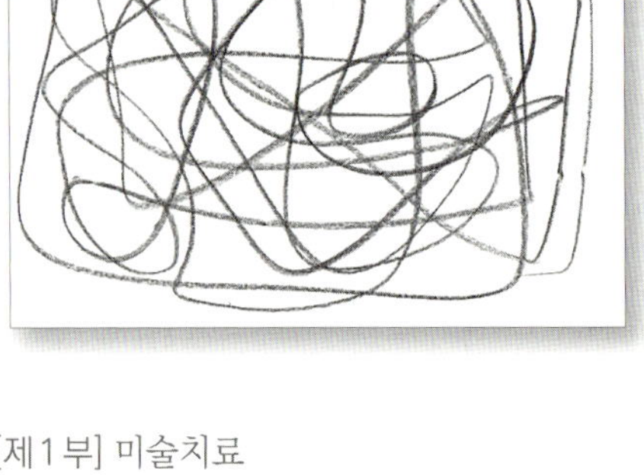

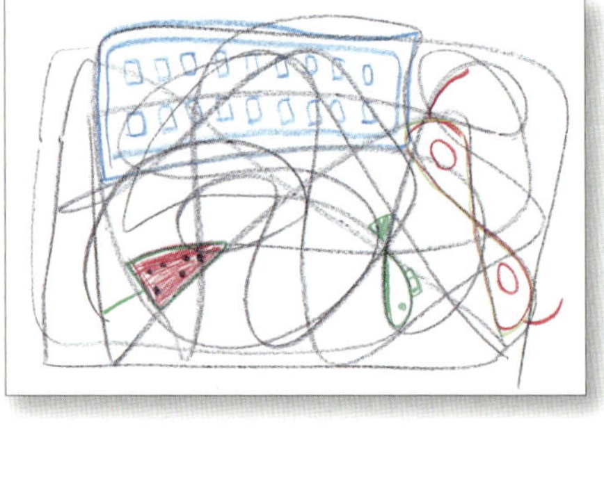

2. 난화 치료의 연구동향

1) 난화를 통한 미술치료의 발전

연상을 통하여 개인이 상동적 형태의 표현에서 벗어나 개인적으로 중요한 의미를 지닌 주제를 찾는 데 도움을 주는 방법의 모색이 필요하다.

난화는 심리치료의 한 방법으로 고착된 사고방식과 상동적 표현을 변화시키는데 사용되어 왔으며 이 방법은 자신의 신체를 이용하여 부드럽고 크게 움직여서 허공에 그림을 "그리는 것"으로써 움직임을 그리게 된다. 그다음 눈을 뜨고 그림이 어떤 형태를 연상시키는지 그림을 완성한다. 이러한 그림은 아동의 초기 난화와는 조금 다르다고 할 수 있다.

이 방법은 몇 개의 조직된 활동을 기초로 하고 있는데, 우선 최초의 움직임에서 부드러운 표현을 통해 상동적 형태의 그림 그리기의 습관을 제거한다. 그런 다음 아동은 금지된 표현, 아동다운 표현을 하는 용기를 가지면서 자유로운 형태나 일시적인 기분을 표현하거나 특정 대상을 묘사하지는 않는 단계를 거치게 된다. 다음 단계는 난화 중 이미지를 발견하는 것은 아니지만, 아무렇게나 그린 형태나 구체화된 이미지는 반드시 잠재적, 공상적인 이미지에 부합된다는 사실을 알게 된다.

주제는 극히 개인적인 것이 많고, 최초의 단계는 이미지의 완성이나 생각의 추적이지만 그것이 창조적 작품 그 자체를 완성하게 된다. 즉, 놀이와 투사에 의해 생긴 자료가 미술적 커뮤니케이션으로 전환하게 된다. 이와 같은 방법은 자유롭게 그린 형태가 잠재적인 투사를 거쳐서 의식적인 노력의 그림으로 바뀌기 때문에 일반적으로 그린 작품에서 결여되어 있는 독창성과 생명력을 지니고 있는 경우가 많다(김동연, 1990).

Auerbach(1959)는 정신분석 침상에서 환자에게 난화를 그리게 하였고, Stern(1952)는 환자에게 집에서 자유롭게 연상되는 그림을 그려서 분석 시간에 가져오게 하였다. 이것은 치료자가 정신분석적 고찰을 토대로 난화를 그리도록 한 것으로서 난화는 환자 자신이 비구조화된 자극에 상상을 투사할 수 있는 여지를 제공하기 때문이다.

2) 난화 상호이야기 기법의 발전

케인(Cane, 1954) ; 난화를 통한 상동적 표현의 치료법
위니캇(Winnicott, 1966) ; 스퀴글 게임(Squiggle Game)
나움버그(Naumburg, 1969) ; 스크래블(Scribble)
가드너(Gardner, 1971, 1975)와 Kritzberg(1975) ; 이야기법(Story Telling)
클라만(Claman, 1980) ; 스퀴글 게임(SDG: Squiggle Drawing Game)
나까이(中井久夫, 1982) ; 한계음미 난화법
야마나까(山中康裕, 1984) ; MSSM(Mutual Scribble Story Making : 난화상호이야기법)
야마나까(山中康裕, 1991) ; MSSMC(Mutual Scribble Story Making Collage : 난화상호이야기법에 꼴라주 첨가)

(1) 위니캇(Winnicott, 1966)의 스퀴글 게임(Squiggle Game)

영국의 소아과 의사인 위니캇은 아동환자들이 그림을 그리고 그들의 꿈을 이야기하도록 스퀴글 게임(Squiggle Game)을 만들었다. 이 게임은 아동 환자가 은유적으로 의사소통을 할 수 있는 기법으로, 단기(Short-term) 상담으로 이용하였다. 이 기법은 종이에 치료사와 내담자가 차례로 선을 그리고, 이미지를 형상화 시켜 이야기를 만들고 이야기를 나누는 기법이다. 먼저 치료사가 종이 위에 먼저 구불 구불한 선(Squiggle)을 그린 후, 아동은 그 선에 무엇인가 첨가하며 그림을 완성시킨 후, 아동에게 자신이 만들어 낸 이미지에 대하여 이야기를 하도록 하는 것이다. 그 다음은 반대로 아동이 두 번째 구불 구불한 선을 먼저 그리고, 치료사가 이미지를 만들어내서 서로 대화하는 기법이다. 이 기법의 목적은 난화의 선을 탐색하여 아동 내면의 생각과 감정을 알기 위해 사용되었고, 의사소통을 위한 촉매제로 그림의 역할을 강조한 것이다. 이 게임은 아동과 래포가 형성되거나 아동의 방어가 완화되었을 경우에 유용하며 첫 대면시 사용하면 효과성이 좋다(한국미술치료학회, 1997).

(2) 나움버그(Naumburg, 1969)의 난화법

위니캇이 개발한 스퀴글 게임(Squiggle Game)과는 다른 '휘갈겨그리기' 보다는 '빙빙돌며그리기', '아무렇게나 그리기'가 더 좋은 표현일 듯하다. 이것은 그림을 그리는 사람의 무의식적 상상을 표출시키는데 도움을 줄 수 있는 아동 분석의 방법 내지는 미술치료의 수단으로 사용되고 있다.

(3) 가드너(Gardner, 1971, 1975)와 Kritzberg(1975)의 이야기법(Story Telling)

심리치료에서 아동을 위한 은유적인 방법으로 치료적 의사소통을 위해 보다 체계적인 의사소통 방법인 '상호 이야기법'을 발전시켰다. 또한 가드너는 아이들은 이야기하고 듣는 것을 즐기므로 이런 방법은 '가치와 통찰 등을 나누고 전달하기' 위해 사용되어질 수 있다고 하였다.

3. 난화 치료의 사용 목적

1) 내담자의 "그림 그리기"에 대한 거부반응 감소시킬 때
2) 자존감이 낮고 행동이 굳어 있으며 "그림 그리기 불안"을 경험한 내담자(상담 시에 언어로 통제할 필요가 있는 내담자)
3) 치료사가 언어와 그리기 방법을 결정하고자 할 때
4) 상동적 표현이 심한 내담자의 창조적 표현을 유도하기 위하여(Cane, 1954)
5) 상징적 언어표현을 위하여 추상적 시각적 자극이 필요할 때(심상의 상징적 언어생산)
6) 언어능력이 제한된 아동이나 성인 내담자의 정서 문제를 치유하고자 할 때(Winnicot, 1966)의 Squiggle Game

7) 정서 표현과 관련된 언어표현을 유도할 때(예: 우울증 환자)
8) 진단적 평가, 매체 선정의 예언을 위해

4. 난화 치료의 실제

1) 목적 : 상동적 표현을 제거하기 위해

(1) 자신의 신체를 부드럽게 움직여 허공에 그림을 그린다.
(2) 눈을 감고 큰 종이에 그림을 그리게 한다.
(3) 눈을 뜨고 (2)번의 그림이 어떤 형태를 연상시키는지 생각해 보게 한다.
(4) 자신의 생각에 맞는다고 생각되는 선을 그대로 살리고 다른 선은 지워버리는 작업을 하며 그림을 완성시킨다.

2) 목적 : 연상, 비구조화된 자극에 그 다음의 심상을 투사하기 위해

(1) 난화를 그려보세요.
(2) 당신의 그림에서 어떤 물체나 심상을 찾아 채색해보시오.
(3) 당신의 그림 제목을 말로하고 기록해 보세요.

3) 목적 : B의 변형으로 은유적 의사소통을 위해

(1) 치료자와 아동이 함께 하는 활동
(2) 각자 난화를 그리고 심상화를 하기
(3) "서로 무엇과 같이 보이냐?" 고 질문하고 답을 한다.
(내담자의 내적 변화, 내적 사고와 감정에 대한 의사소통 확립)

4) 목적 : 의사소통 기법을 위한 난화 게임

위니캇의 난화(Squiggle)기법과 가드너의 이야기(Storry-Telling)기법을 응용하여 난화게임(SDG: Squiggle Drawing Game)을 만든 클라만(Claman, 1980)은 어떤 자극, 원인이 나타나기까지의 잠복기 아동의 문제와 감정을 직접적으로 언급하는 것은 종종 저항이 나타나는 경향이 있기 때문에 그들의 문제나 관심사들을 알아내는데 유용한 난화 게임의 그림과 이야기를 통하여 은유적으로 대화를 하는 것을 정신치료에 사용하였다.

(1) 난화를 그려준다(치료사) → 아동이 완성하게 한다. → 서로 바꿔서 실시하고 나서 질문하고 그린 것에 대해서 이야기를 나눈다. → 이렇게 난화를 주고 받으며 완성하고, 대화를 나누는 난화 게임은 어떤 의미에서는 기법이라기보다 놀이요소가 가미된 그림 놀이이다.
(2) **평가** : 작품의 질, 외형, 주제, 태도 → 그림과 이야기 분석(과장, 인물, 대인관계, 정서, 독창성, 줄거리 등)

5) 목적 : 치료자가 내담자의 내면세계를 함께 공유
한계음미 난화법(나까이; 中井久夫, 1982)

(1) 내담자가 난화를 그린다.
(2) 치료자가 그 속에서 발견한 것을 구체적인 말로 몇 가지 제시한다.
(3) 내담자가 그 가운데서 하나를 선택한다.
(4) 치료자가 내담자가 선택한 것을 그려서 되돌려 준다. → 이 경우 큰 종이 한 장을 두 사람이 함께 공유하고 그를 필요 이외의 침해로부터 지키는 형태를 취하기 때문에 보다 치료적이 되는 것이라고 하였다.

6) 목적 : 의사소통, 심리치료
야마나까(山中康裕, 1984) 난화 상호이야기법
(MSSM : Mutual Scribble Story Making)

야마나까는 난화에 中井久夫(1982)이 만든 '테두리기법'을 첨가하여 난화상호이야기법을 만들었다. A4용지를 치료사와 내담자가 한 장씩 나누어 갖고, 테두리선(日, 田)

을 그리고, 직선이나 곡선으로 난화를 그린다. 용지를 서로 바꾸어 치료사가 그린 난화는 내담자가 형상을 완성하고, 반대로 내담자의 난화는 치료사가 형상을 완성한다. 자신이 완성한 난화를 이야기로 만들어 서로 이야기에 관해 대화한다.

난화기법은 무의식을 의식화하며 자신의 문제를 인식하게 해주는 효과가 있어 널리 이용되고 있는 기법이다. 특히 방어적인 내담자에게 유용하고 언어적으로 표현하기 어려워하는(선택적 함묵증 포함) 내담자/환자에게 유용하다.

(1) 종이 2장 사용

① 각자가 그린 난화가 무엇인지 얘기하고 두 장으로 얘기를 꾸며나간다.

② 내담자와 치료자의 상호작용

이것은 야마나까 (中井)가 만든 '테두리법'을 첨가하여 만들었는데, B4크기의 종이 한 장씩에 치료자와 내담자가 나눠 갖고 치료자와 환자가 서로 테두리 선을 그어서 교환한 뒤 난화를 만들고 치료자가 만든 난화에 내담자가 심상을 투영하여 형상을 완성하고, 반대로 내담자가 만든 난화에 치료자가 심상을 투영하여 형상을 찾아 완성하는 것이다.

(2) 종이를 4등분 사용

① 환자가 난화를 그리고 치료자가 이미지화해서 그림을 그린다.

② 서로 바꾸어 실시하여 반복해 나간다.

③ 4 칸이 다 차게 되면 서로 이야기를 꾸며나간다.

7) 목적 : 무의식과 의식의 교류 - MSSM + C(山中, 1991)

(1) 난화를 그려서 완성한다.

(2) 꼴라주(Collage)를 추가한다(신문, 잡지, 사진 등을 오려 붙이는 기법).

(3) 치료자와 환자가 서로 이야기한다.

이것은 놀이의 요소에 미적인 요소를 가미한 것으로 마치 놀이상자와 꿈해석을 엮어 맞추어 놓은 것 같이 무의식과 의식이 적당히 교합된 치료 방법이다.

8) 목적 : 그림에 대한 불안감, 상동적 표현 감소(상징으로서의 난화)

준비물 – A4용지, 음악, 연필, 색연필, 크레파스

(1) 음악을 듣는다.

(2) 눈을 감는다.

(3) 음악을 들으며 종이 위에 크레파스로 추상적인 선이나 곡선을 차례로 그린다.

(4) 눈을 뜨고 자기의 난화를 본다(이 때 복사를 몇 장 해 둔다.).

(5) 그려진 선에서 형태나 "상징"을 발견하도록 시도한다.

(6) 색연필이나 크레파스로 "상징"안에 채색을 한다.

(7) 채색하고 상징에 이름을 붙인다.

(8) (4) 번에서 복사한 것을 가지고 여러 다른 새로운 상징을 찾아본다.

(9) 이러한 상징이 나의 창조적 과정과 조화를 이루는지 서로 얘기해 본다.

9) 먹물 난화

난화를 치료 현장에서 적용하는데 아동과, 청소년, 성인의 연령 제한은 없다.

난화기법의 '먹물 난화' 순서는 다음과 같다.

A4용지 여러 장을 준비한다. 먹물을 작은 종이 접시에 따라주고, 신문지를 준다. 신문지를 붓으로 대용해 그리기, 찍기, 뿌리기 등 다양한 방법으로 종이에 낙서하듯이 표현한다. 먹물이 마르면 색연필을 이용하여 채색을 하고, 채색이 끝나면 각 장마다 주제를 뒷장에 적은 뒤 완성된 먹물화를 모두 펼쳐 놓고 스토리의 순서를 정한다. 난화의 스토리를 결정한 이후, 자신의 그림과 스토리를 구성원들과 공유하며 소감을 나눈다. 이야기를 마친 이후, 치료사는 완성된 작품을 보관한다.

집단 난화 – (구긴 장지1장, 먹, 붓, 크레파스)

집단 난화 – (사포12장, 크레파스)

5. 난화 치료의 분석기준과 방법

1. 미술 작품 평가를 위한 점검표	
작품의 질	1. 작품이 없음: 위축 2. 원초적이고 무책임한 작품: 혼란함, 공격성 3. 외형적으로 표현이 시도된 작품: 성공적(뭔가를 불러일으키는 힘을 가진 작품), 거의 성공적, 실패
외형적인 특성	1. 비어 있음 2. 가득참 3. 활기가 없음 4. 독창적임 5. 분산되어 있음 6. 통합적임 7. 정적임 8. 기술이나 재능의 징조가 보임
주제	주제가 무엇인가?
아동의 태도	1. 일반적인 태도: 협동적, 위축됨, 완고함, 의심스러움, 양가감정, 의존성, 호감을 줌, 매력적임, 괴로워함, 불안함, 긴장함 등 회기 중에 일어나는 태도 변화 2. 작품에 대한 태도: 아주 진지함, 무관심, 자신감, 모욕적임, 파괴적임 3. 미술재료에 대한 태도: 수용, 불평
2. 그림과 이야기에 대한 분석 항목	
확장	그림과 이야기에서 언급한 가장 큰 확장의 범위: 우주, 동물원, 숲 등과 같이 장소에 대해 구체적으로 언급된 곳
주요 인물	1. 주요 인물은 누구인가? 2. 이야기는 주로 누구에 관한 것인가?
대인관계의 특성	1. 주요 인물 주위의 인물들은 누구인가? 2. 주위 인물들과의 관계는 어떠한가?
정서	그림과 이야기에 나타난 정서의 양, 종류, 속성은?
난화와의 관계	난화에 대한 인지와 사용방법
독창성의 정도	고정관념 대 독창성
줄거리	이야기의 과거 배경으로부터 미래 해결책까지 가는 능력과 사고 과정의 일관성

제5장

아동미술 발달의 이해

1. 아동미술의 이해

1) 아동미술의 발달단계

아동에게 있어 미술 활동이란 즐거운 놀이이며, 아동의 경험과 위기에 대한 의사소통의 수단이다. 아동의 미술작품은 발달과 성격, 정서, 대인관계 그리고 문화 사회적 영향들을 드러내 보여준다. 말로는 표현하기 어려운 것, 표현할 수 없는 것에 대하여 미술작업을 진행하며 무의식적으로 표현하게 된다. 크레이머는 '치료에서의 미술'의 창조적 미술작업 과정에서 존재하는 미술치료의 치유 잠재력을 믿었다. 미술이 단지 시각적인 상징적 의사소통이 아니라, 아동과 함께하는 미술작업 과정의 유용성을 중요하게 생각하였다.

미술치료사의 입장에서는 아동의 미술활동을 언어가 아닌 아동 스스로 습득한 또 다른 언어로 자신을 표현하기 위한 활동으로 볼 수 있다. 또한 그러한 그림이 자신을 드러낼 수 있는 유일한 출구가 되기도 한다. 다시 말해서 아동은 언어보다는 미술을 통해서 자신의 내면세계와 관련된 욕구, 상상, 즐거움 등을 좀 더 자유롭게 표현할 수 있는 것이다. 그러므로 단일성과 독특성을 가지고 자율적으로 표현된 아동화를 대할 때는 아동의 눈높이에 맞춘 아동의 시각으로 이해하여야 한다.

아동미술은 아동발달과 밀접한 관련성을 가진다. 왜냐하면 아동은 자신의 연령과 성숙도 그리고 환경에 따라 그림의 내용과 모델이 변하기 때문이다. 특히 미술치료사는 아동의 미술활동을 통해 개인차와 관심의 정도를 이해하고 정상아동뿐만 아니라 장애아동의 발달지체의 정도를 그림을 보고 인식할 수 있어야 한다. 그러기 위해서는 아동 미술에 대한 이론적 지식은 물론 실질적인 경험을 갖출 필요가 있다.

로웬펠드(Lowenfeld)는 아동미술의 발달단계를 다음과 같이 제시하였다.

(1) 난화기(The Scribbling Stage, 2～4세)

이 시기 미술발달단계와 유사한 인지발달 시기는 감각운동기 후반과 전조작기 초반이다. 처음으로 눈으로 보았던 것, 생각했던 것, 내면의 세계를 긁적거리며 표현하는 형태이다. 손으로 매체를 잡거나, 힘을 주어서 도화지에 표현하는 활동으로 주로 형태가 명확하지 않는 그리기의 표현이다. 난화기에는 선과 형태의 창조 기회를 주고, 근육운동과 협응력을 발달시키며, 색을 통해 시각적으로 즐거움을 주고, 처음으로 환경과 그림의 상호작용을 만들어가는 시기이다. 또한 난화를 표현하며 즐거움을 갖고, 근육 운동 지각적 사고를 상상력이 풍부한 사고로 변화시키고, 신체적, 지적, 정서적 발달과 자신감을 갖기 시작하는 시기이다.

분류	내용	
특징	• 무질서한 낙서(disordered scribbling) : 생후 20개월 부터 시작. 매체를 잡는 연습, 손과 몸에 힘과 균형을 잡고 표현하는 것을 배움. 손과 몸의 근육운동의 즐거움을 경험하는 시기	
	• 조절된 낙서(controlled scribbling) : 난화 시작 후 6개월부터 시작. 근육운동으로 경험하는 것을 시각적으로 경험하게 되는 시기. 협응력이 향상되고, 난화의 형태가 수평, 수직, 원 등으로 조금씩 변화되는 것을 보며 즐거워하는 시기	
	• 명명된 낙서(naming of scribbling) : 4세 이전까지 조절된 난화를 표현하고 이름을 붙여서 설명하는 시기. 상상력이 풍부해지는 사고로 변하는 시기	

색 채	• 강한 대비를 이루는 표현매체 사용 • 손이 가는데로 기계적으로 색을 선택함
공 간	• 손이 움직이는데로 표현함
형 태	• 손이 움직이는데로 긁적거리는 형태 • 수평, 수직, 원 등의 형태 • 수평, 수직, 원 등의 형태에서 변형된 형태로 의미를 부여함
치료 방법	• 아동이 그린 난화에 대한 설명, 해석, 시각적으로 보이는 사실데로의 명명함과 제목을 붙이라고 강요하면 안 된다. • 아동이 표현한 난화에 대해 용기와 자신감을 갖도록 지지해 준다.

(2) 전도식기(The Preschematic Stage, 4~7세)

인지발달에 있어서 이 시기 동안에 아동은 자아 중심적이며 원인과 결과에 대한 주관적 인식을 갖게 되고 언어가 발달하고 상징적 사고가 나타나며 아동은 형태, 색, 크기로써 그들의 세상을 분류할 수 있다. 또한 무의식적 표현과정에서 의식적인 표현과정으로 옮겨가는 표상시도의 첫 단계이다. 전도식기는 난화기의 근육운동 지각적 활동을 넘어 상징적 표현을 하면서 큰 만족감을 느끼는 시기로 첫 상징적인 표현인 머리-다리 표현(head-feet representation, 두족화)이 시작된다. 또한 끊임없이 새로운 개념과 상징을 만들고, 그림과의 의사소통이 시작되며, 그림과 환경에 대한 융통성, 공간개념, 지각적 성장 발달, 창의적 독창성, 상상력, 사고의 유창성, 대처능력, 정서적 감정표현, 지적, 사회적, 미적 영역이 발달하는 시기이다.

분 류	내 용	
특 징	• 무의식적 표현과정에서 의식적인 표현과정으로 옮겨가는 시기 • 머리-다리 표현이 시작되고, 사실적 표현의 첫 시작 시기 • 경험했던 것을 형태나 상징으로 표현하고 의미를 부여해서 해석함	
색 채	• 형태나 환경에 맞는 색이 아닌, 흥미와 좋아하는 색을 선택함	
공 간	• 공간 인식이 시작된다. • 그림 형태를 도화지에 위, 아래, 옆 등으로 나열하면서 표현한다.	
형 태	• 동그라미에 손, 발이 길게 선으로 표현되어진 형태 • 세모, 네모, 원을 이용한 알아 볼 수 있을 정도의 변형된 형태	

치료 방법	• 공간 개념을 가르치지 않는다. • 자신의 생각, 느낌, 지각 등에 미적 경험을 느끼게 해주며 정서교감할 수 있도록 지지해준다. • 사실적 표현을 위해 주제에 맞는 재료를 사용할 수 있도록 돕는다.

(3) 도식기(The Schematic Stage, 7~9세)

미술표현에 있어서 시각적 도식의 발달단계는 전조작기 후반과 조작기 아동의 인지적 능력을 반영한다. 피아제(Piget)에 따르면 이러한 발달 시기 동안 아동은 주변 환경에서 규칙을 발견하고 그들의 삶에서 행동과 구조의 규칙을 발달시킨다고 하였다. 이러한 행동도식의 발달은 아동이 그림이나 다른 창조적인 표현을 통해 자신을 표현하는 것에서 분명하게 나타난다.

도식(schema)이란 의도적인 경험 보다 지속적 반복으로 만들어진 아동의 개념이라 할 수 있다. 많은 아동의 도식은 동일할 수 없으며 개성적이라 할 수 있다. 개성적인 아동의 생각대로 표현되는 순수한 도식에서 출발하여 의도적인 표현이 변화되면서 내면의 역동성을 표현하게 된다. 형태의 적절한 표현과 공간성 표현 및 객관적 표현의 시작이며 인간과 환경에 대한 개념적 표현이 시작되는 시기이다.

분 류	내 용
특 징	• 사실적 경험 및 정서 경험으로 인한 자아표현의 수단으로 시작 • 인물도식(human schema)은 사실적 표현, 상징성, 섬세한 표현, 자신만의 발달, 관점, 감정이입과 개념으로 이루워진 형태 • 공간도식(space schema)은 기저선(base line) 표현, 이탈적 표현, 공간의 반복표현, 시공간 동시표현 형태 • 시각적 비시각적 경험 표현, 정서적 경험 표현, 2차원적 형태 표현, 기하학적 선의 표현. 주관적 생각의 표현, 과장과 생략 표현, 촉각적 경험, 신체적 느낌, 근육운동감 등의 표현, 투시법(X-ray) 표현
색 채	• 색채 도식(color schema)은 시각적, 정서적인 색채 개념에서 시작 • 도식을 구체화 하여 사실적으로 가깝게 명확한 색채 사용 시작
공 간	• 시각적 공간개념이 형성되기 시작함 • 기저선(base line) 및 투시법(X-ray) 표현이 시작됨 • 질서적, 대칭적 표현이 시작됨
형 태	• 주관적 경험의 표현이 시작되며 과장과 생략 및 변화의 표현 형태 • 시공간 활용하여 주관적 표현과 적절한 배치의 그림 형태
치료 방법	• 대인관계, 환경, 활동, 매체 등에 사실적인 경험 및 객관적인 생각에 대한 동기부여 • 창의성, 융통성, 객관성, 자유로움을 통한 활동 부여 • 감정표현 및 해소, 자신감 및 자존감 향상, 긍정적 사고를 위한 지지

(4) 또래집단기(The Gang Age, 9~11세)

미술발달에 있어서 이 시기 동안은 조작기가 계속되는 시기로 아동은 자아중심적인 사고에서 벗어나려고 하며 아동은 다른 사람에 대한 사고, 의견, 감정을 고려하기 시작한다. 아동의 상호관계, 원인과 결과, 상호의존에 대한 이해가 시작되고 집단에서 활동하는 능력의 토대를 이룬다. 스스로 집단의 일원임을 인식하고, 협동, 배려, 이해, 공유, 우정, 이성, 동성, 독립심 등 사회적 상호작용의 발달 단계로써 환경의 인식과 감수성, 사실적 표현의 개념이 발달한다.

분 류	내 용
특 징	• 객관적이고 사실적인 표현의 시작과 정교한 미적 표현의 증가 • 이성에 대한 표현, 기저선에서 사실적 표현 및 기저선 생략 표현 • 대상의 중첩 표현의 시작
색 채	• 환경, 유대관계, 활동 등의 경험을 통한 주관적이고 사실적인 색채 • 색채가 다양하고 섬세하게 다르다는 것을 경험
공 간	• 주관적 경험을 바탕으로 전반적인 그림 배치를 섬세하게 표현함 • 기저선이 사라지면서 중첩표현의 시작 • 원근감 표현이 시작
형 태	• 객관적 표현의 형태로 이성을 분리해서 표현함 • 이성, 얼굴, 손, 옷, 행동, 기물, 환경 등의 구성이 세부적 형태 표현
치료 방법	• 자아의 이해, 이성에 대한 이해, 환경에 대한 호기심, 집단활동, 성취감, 자신감, 사회적 독립심에 대한 이해를 돕기 • 주관적 협동방법과 객관직 협동방법의 경험을 격려하기 • 스스로 경험하고, 느끼고, 발견하는 감각을 길러주며, 자신과 세계와의 관계를 알아 갈 수 있도록 지지하기

(5) 의사실기(The Pseudo-Naturalistic Stage, 11~13세)

이 시기는 자아가 성숙되는 시기로 정신적, 육체적, 정서적, 사회적 영역에서 하나의 인격체로서 자신을 발견하고 문제에 직면하는 시기이다. 아동의 발달단계에서 논리의 시기로서 각자의 지성에 눈을 뜨고 넓은 세계와 미래에 관심을 확대해 간다. 표현과정보다 완성된 작품에 대한 중요도가 높아지며 청소년기로 접근하는 준비단계로서 어린이도 아니고 성인도 아닌 심리특성을 이해하고 자연스럽게 성인이 기대하는 표현으로 이행하도록 도와주는 것이 중요하다. 시각형(visually minded)과 비시각형[(nonvisually minded, 촉각형(haptic type)]의 표현이 시작되는 시기이다.

분 류	내 용
특 징	• 사실적 경험에 의한 표현, 정서적 표현, 성적 표현 등 시각적 표현 • 형태의 구성, 배경, 비례, 동작, 표정 등 원근법과 명암의 표현 시작 • 무의식적 표현이 나타나며, 표현에 대해 주관적 해석이 가능 • 분석적 태도와 인상주의적인 그림 표현 • 시각형과 비시각형의 표현방법과 해석이 조금씩 나타나기 시작함
색 채	• 시각형은 시각적 인상에 의한 색을 적용 • 비시각형은 자신의 정서적인 반응에 의존한 색을 적용 • 색에 대한 정서적 반응은 경험의 무의식적 표현 및 주관적 표현
공 간	• 시각적 공간개념은 원근감에 대한 인식, 3차원적 표현, 명암의 표현, 환경을 선호, 관람자처럼 표현, 형태의 간격에 섬세함 • 비시각적 공간개념은 의미부여의 기저선 사용, 정서와 자아의 표현, 자신에 관련된 표현을 주로 하며 환경은 정서적 의미부여만 표현, 자신의 신체와 정서를 통해 공간 관계 설정
형 태	• 환경, 집단, 이성, 동작, 기물, 관계 등의 표현이 섬세해지고, 정서적 감정 표현이 무의식적으로 나타남 • 원근감, 명암표현, 비례 및 그림표현의 구성이 적절히 배치됨 • 시각형은 시각적 형태, 모양의 변화에 관심을 보이고 전체에서 세부적으로 표현 • 비시각형은 자신의 주관적이고 정서적인 경험에 의한 표현으로 부분적 표현에서 시작하여 종합적으로 나타냄
치료 방법	• 작품표현을 위한 형태 분석 및 모델이 되어 보고 감정과 느낌을 경험 유도, 작품에 의미부여로 창조성을 향상시키고, 분석적 인식 단계로 발전할 수 있도록 동기부여 • 시각형에게 공간개념을, 비시각형에게는 정서적 유대를 경험하게 하고, 스스로 경험한 형태의 표현을 자유롭게 표현할 수 있도록 지지 • 색채의 의인화 표현으로 개성화와 자신감에 동기부여 • 우울, 불안, 주의산만, 공격성, 부적응, 자신감 저하 등의 문제들을 그림으로 표현하여 욕구표출 및 해소로 인해 정서적 안정감 부여

(6) 결정기(The Period of Decision, 14~17세)

창조적 표현이 없어지기 시작하고 많은 아동들이 그림에 흥미를 잃게 되는 청년기의 위기를 형성하는 단계로 신체적 정신적으로 새로운 상황에 적응해나가야 한다. 공간적 사실기라고도 하며 중학교 이상의 학생들이 해당된다. 이 시기는 아동도 아니고 성인도 아님을 발견하게 되고 자아인식능력과 환경에 대한 인식능력이 급격하게 발달된다.

미술표현에 있어서 형태에 대한 사실적인 표현뿐만 아니라 입체적 공간을 표현하려고 노력한다. 환경에 대한 인식능력이 발달함에 따라 공간에 대한 관심이 깊어져서 공간에서의 크기, 색채, 명암, 원근 등의 변화에 매우 민감하며 그런 인식들을 표현하려고 노력한다. 실제에 가까운 색을 사용하고 주관적이며 개성적인 표현을 하려고 애쓰며 각 요소와 부분과의 조화로운 표현을 하려 노력한다. 정열과 야망, 낭만적인 이상, 성적 자각 등을 가지고 있기 때문에 그런 특징들이 표현에 나타난다.

결정기에는 시각적, 공각적인 경험과 주관적인 느낌, 정서적 교감을 통해 상상력이 풍부해지는 시기로 세 개의 표현유형(시각형, 촉각형, 중간형)이 결정되는 시기이다.

표현유형	내용
시각형 (visual type)	• 자신의 환경에서 시작해서 자신을 관람자처럼 느끼며 경험에 대한 매개체가 주로 눈(eye)이다. • 시각적 경험에 의존하여 사물의 외형에서부터 접근하고, 처음에는 전체를 보고, 후에 부분적인 부분을 분석하고 최종적으로 종합하여 시각적 관찰을 한다. 즉 대상 자체의 모양과 구조의 특성을 분석하고, 명암, 색상, 톤, 원근에 따라 결정되는 형태와 구조의 변화하는 효과에 관심을 갖는다. • 근육운동지각과 촉각적인 경험을 시각적인 경험으로 전환시키려는 경향이 있다. • 외부 환경에 대한 시각적 접근방법은 모양과 형태의 변화하는 모습과 복잡함을 관찰하는 관람자의 분석적 접근방법이다.
촉각형 (haptic type)	• 자신의 신체감각과 정서적 느낌에 대한 주관적 경험으로 분석한다. • 촉각과 근육운동 지각적 경험에 의존하고, 촉감에 의한 인상, 외부환경에 대해 자신과 가치있는 관계를 맺고 있는 모든 경험들이다. • 형태의 형식적인 특성은 신체적, 정서적, 지적인 이해의 종합적 결과이고, 그림에는 자신의 자아가 그대로 투영되며 크기, 공간, 비례는 정서적 가치에 의해 결정된다. • 시각적인 경험을 촉각적인 경험으로 전환하지 않으며, 촉각적 경험 자체로 만족한다.
치료 방법	• 신체적, 정신적, 사회적 정서에 대해 욕구 표출 및 해소로 동기 부여 • 환경, 사회, 유대관계 등의 적응적 단계에서 창조성과 독창성을 위해 자유롭게 표현활동을 하도록 유도 • 자신감과 자존감 향상 및 긍정적 사고 및 개념으로 전환을 유도 • 사실적 묘사를 위해, 시각, 촉각 경험을 충분히 할 수 있도록 배려

2. 심리 사회적 자아발달 단계

에릭슨(Erikson)의 이론은 프로이트의 정신분석 이론에 바탕을 두고 있으며 프로이트처럼 인간의 행동이 생물학적 요인에 의해 동기화된다고 보지만 프로이트와 달리 성격이 일생을 통해 발달한다고 가정하며 자아의 발달에 영향을 미치는 사회적 요인과 현상을 고려한다는 점이다. 에릭슨의 이론은 최초로 전 생애발달과정의 단계를 설정한 대표적인 성인기 발달이론이라 할 수 있다.

1) 에릭슨의 심리 사회적 발달이론

(1) 제 1단계 : 기본적 신뢰와 불신

이 단계는 프로이트의 구강기에 해당되는 시기이다. 이 시기 동안에 유아가 맺게 되는 사회적 관계는 주로 돌보아주는 사람인 어머니와의 관계이다. 유아가 생의 초기에 처음으로 맺게 되는 사회관계에서 어머니가 유아의 신체적, 심리적 욕구와 필요를 적절히 충족시켜 주면서 그를 일관성 있게 돌보아주면, 유아는 어머니 또는 돌보아주는 사람을 신뢰하게 된다.

에릭슨은 이 시기를 인생에서 가장 중요한 시기로 보았는데, 그 이유는 이 시기에 신뢰감을 형성하게 되는 것이 생의 후기에 맺게 되는 모든 사회관계에서의 성공적인 적응과 밀접한 관련이 있기 때문이다.

(2) 제 2단계 : 자율과 수치심/ 의심

이 단계는 프로이트의 항문기에 해당되는 시기이다. 이 시기는 자주성(antonomy)을 발달시키는 시기이다. 자기통제의 과제나 외부세계에 대처하는 능력을 기르지 못한 유아는 자신의 능력에 대해 수치(shame)와 회의(doubt)의 감정을 발달시킨다. 유아에게 지나치게 간섭하는 부모는 유아의 독립성을 해친다. 의존상태에 있도록 격려받는 유아는 자신이 이 세상에 대해 성공적으로 대처할 수 있을지 회의하게 된다.

(3) 제 3단계 : 주도성 대 죄책감

성인의 활동에 열정을 보이고 성인의 일에서 자기의 능력을 평가해 보려는 시기이다. 그의 행동은 목표지향적이 되고 경쟁적으로 되는데, 이때 어린이의 행동에는 상상적인 측면도 포함된다. 이 시기에 어린이는 자신의 큰 계획과 희망들이 결국에는 실패할 수밖에 없다는 사실을 깨닫게 되는 자신의 계획이나 희망이 사회의 금기를 범하는 결과를 가져오게 된다는 사실을 알게 되면서 죄의식을 느끼게 되어, 그러한 충동이나 환상을 억제한다고 한다.

(4) 제 4단계 : 근면성 대 열등감

이 단계는 6세부터 11세까지를 말하며, 프로이트의 이론으로는 잠복기에 해당된다. 에릭슨은 이 단계를 자아성장의 결정적인 시기라고 보았다. 이 시기의 어린이는 기초적인 인지적 기술과 사회적 기술을 습득하게 되면서부터, 가족의 범주를 벗어나 더 넓은 사회에서 통용되고 유용한 기술들을 열심히 배우고자 하며 이를 숙달하고자 한다. 예를 들어, 미개사회에서는 사냥이나 농업기술을 배우게 되며, 현대 사회와 같은 문명이 고도화된 사회에서는 읽기, 쓰기, 셈하기 등의 인지적 기술을 획득하기 위해서 학교에 들어가게 된다. 또, 이 시기의 어린이들은 또래와 같이 놀고 일하는 것을 배우게 된다.

만일, 이 시기에 순조롭게 근면성이 발달하지 못하고 실수나 실패를 거듭하게 되면, 어린이는 부적절감과 열등감을 갖게 된다. 이러한 열등감은 전 단계에서 성공적으로 갈등을 극복하지 못했을 때나, 혹은 학교나 사회가 어린이에 대한 편견적 태도를 취할 때 발달되기 쉽다.

(5) 제 5단계 : 정체감 대 정체감 혼란

다섯째 단계인 청년기에는, 급격한 신체적 변화와 더불어 새로운 사회적 압력과 요구에 부딪치게 된다. 그러므로 이 시기의 청년은 이러한 새로운 상황에 어떻게 대응해 나가야 할지 몰라서 당황하게 된다. 그리하여 이전 단계까지는 회의 없이 받아들였던 자기존재에 대해 새로운 경험과 탐색이 시작된다.

여기서, 에릭슨은 청년기의 중심과제를 자아정체감의 확립이라고 했다. 자아정체감이란 자기 동일성에 대한 자각인 동시에, 자기의 위치, 능력, 역할 및 책임에 대한 분명한 인식이다. 이 시기의 청년들은 자기 자신의 의문에 대한 해답을 찾으려고 애쓰지만, 그 해답은 쉽사리 얻어지지 않기 때문에 고민하고 방황한다. 이 고민과 방황이 길어질 때 정체감의 혼미가 온다고 에릭슨은 말한다. 이와 같이, 자아정체감을 쉽게 획득하기가 어려우므로, 청년들은 동료집단에서 동일시대상을 찾거나 혹은 존경하는 위인이나 영웅에게서 동일시의 대상을 찾으려 애쓴다. 그리고, 자신을 시험해 보기 위해 여러 클럽에 가입해 보기도 하고, 다양한 활동에 참여해 보기도 한다.

에릭슨은, 이 시기를 기본신뢰감이 형성되는 시기인 제 1단계에 못지않을 만큼 중요한 시기라고 주장하고 있다. 그 이유는, 이 시기에 긍정적인 자아정체감을 확립하면 이후의 단계에서 부딪치는 심리적 위기를 무난히 넘길 수 있게 되지만, 그렇지 못하면 다음 단계에서도 방황이 계속되고, 때로는 부정적인 정체감을 형성하게 되기 때문이다.

(6) 제 6단계 : 친밀성 대 고립감

청년기에는 주로 관심의 대상이 자기 자신이었으나, 성인기에 이르게 되면 직업을 선택해야 하고 배우자를 찾아야 하므로, 이 시기의 사람들은 배우자인 상대방 속에서 공유적 정체감을 찾으려 든다. 따라서, 이 시기에는 타인과의 관계에서 친밀성을 이룩하는 일이 중요 과업으로 된다. 에릭슨에 의하면, 청년기에 긍정적인 정체감을 확립한 사람만이 진정한 친밀성을 이룰 수 있다고 한다. 정체감을 확립하지 못한 사람은 자기 자신에 대하여 자신감을 가지지 못하므로, 타인과의 관계에서 친밀성을 형성하지 못하고 고립하여 자기 자신에게만 몰두하게 된다.

(7) 제 7단계 : 생산성 대 침체감

일단 두 사람간의 친밀성이 확립되고 나면, 그들의 관심은 두 사람만의 관계를 넘어서 그 밖의 사람으로 확대되기 시작한다. 가정적으로는 자녀를 낳아 키우고 교육하게 되며, 사회적으로는 다음 세대를 양성하는 데에 관심과 노력을 기울이게 된다. 또 직업적인 성취나 학문적, 예술적 업적을 통해서도 생산성이 발휘된다. 자신의 2세가 없는 경우에는 다음 세대들을 위한 사회적인 봉사 등을 통해서도 생산성을 발달시키게 된다.

만일 어떠한 이유로 해서, 생산성을 제대로 발휘하지 못하거나 안하게 되면 침체감이 형성된다. 이 경우에는 타인들에 대한 관심보다는 자신의 욕구에 더 치중하는 경향을 보이며, 남에게 대한 관대함이 결여된다.

(8) 제 8단계 : 통합성 대 절망

마지막 단계인 노인기에는 신체적인 노쇠와 직업으로부터 은퇴, 친한 친구나 배우자의 죽음 등으로 인하여, 인생에 대한 무력감을 느끼게 되는 일이 많다. 이 시기의 성패는 신체적, 사회적, 퇴보를 어떻게 받아들이는가에 달려 있다고 에릭슨은 주장하고 있다.

대부분의 경우 노년기에 들어서면 자신이 지금까지 살아온 생애를 돌아보면서 자신의 생애가 가치있는 삶이었는지를 음미해 보게 된다. 이러한 과정에서, 자신의 삶이 무의미한 것이었다고 느끼게 되면 절망에 빠지게 된다. 그러나 이러한 절망 속에서도 자신은 그때 그럴 수밖에 없었다고 생각하면서 자기 나름대로 인생의 의미를 찾고 보람을 느끼게 되면 인생에 대한 참다운 지혜를 획득하게 된다. 이러한 지혜를 통하여 앞의 단계 동안 이룬 소산을 거두어들일 수 있게 되며, 드디어는 보다 더 차원이 높은 인생철학으로 통합을 이루어 나가게 된다.

단계	생활주기	연 령	심리 사회적 위기	주요관계 범위	기본적 강점	주요 병리	프로이트 심리성적 발달단계
1	신생아기	출생~2세	신뢰감 대 불신감	모성(母性) 인물	희망	철퇴	구강기 (oral–Sensory)
2	유아기	2~4세	자율감 대 수치심	부성(父性) 인물	의지	강박	항문기 (Muscular–Anal)
3	유아기	4~6세	주도성 대 죄책감	핵가족	목적	억제	남근기 (Locomotor)
4	아동기	6~12세	근면성 대 열등감	이웃,학교	유능성	비활성	잠재기 (Latency)
5	청소년기	12~22세	자기정체감 대 정체 혼란감	또래집단	성실	거절	생식기 (Adolscence)
6	청년기	22~34세	친밀감 대 고립김	우정, 성, 경쟁	사랑	배타성	
7	중 · 장년기	34~60세	생산성 대 침체감	직장과 확대 가족	보호	거부	
8	노년기	60세~사망	자아통합 대 절망감	인류	지혜	경멸	

3. 아동 미술치료의 이해

1) 아동 미술에 대한 다양한 접근방법

아동화의 이해는 모든 치료사에게 치료로써 그림을 통합하여 아동과의 작업을 확대하고 강화하는 방법을 주지시켜준다. 그림은 아동의 감정과 사고를 의사소통하는 방법이며 아동미술 그 자체로서의 미술창작과정에 내포된 복잡한 메시지를 이해하는 방법을 치료사에게 제공한다. 따라서 그림은 아동을 둘러싼 세계에 대한 이해와 반영뿐만 아니라 아동의 생각, 감정, 환상, 갈등 그리고 걱정 등을 이해하는 도구이다. 아동에게 있어 미술표현은 말로 표현할 수 없거나 숨겨진 의미를 말로 못 할 때 개인적 손상, 위기, 그리고 정서적 지각변동에 대한 이해의 열쇠가 된다. 그림은 아동에게 있어서 발달, 성격, 정서, 대인관계, 그리고 문화와 사회적 영향 등 많은 것들을 대표한다. 아동의 그림을 통해서 그들의 가족관계나 성장배경, 현재의 심리상태를 파악할 수 있어 아동화를 정확히 이해하는 일은 전문가들에게 매우 중요한 작업이다. 다시 말하면 아동이 만들어낸 미술작품은 그 자신의 마음이요, 경험의 산물이다. 아동의 미술작품은 그들의 심층 심리를 알 수 있고 심리적 진단과 평가를 할 수 있는 유용한 자료이며 아동에 대한 많은 정보를 치료사에게 제공하고 있다. 아동의 그림을 이해하는 방법은 그들의 그림표현에 대해 여러 가지 다차원적으로 접근해야 한다.

(1) 의사소통, 표현, 그리고 문제해결

심리학자, 치료사, 상담자들은 아동을 자유롭게 관찰하고, 진단하고, 평가하기 위해서 아동과 의사소통을 하면서 그들의 감정과 경험을 나누기 위해 오랫동안 그림으로 소통해왔다. 그림은 언어 방식인 대화치료를 통해서 밝혀지지 않는 편안한 수준과 안정감을 가져다주고, 치료에서 아동과의 상호작용을 적절한 방법으로 제공한다는 것을 깨달았다.

미술치료의 핵심은 단지 아이들의 그림이 무엇을 의미하는가를 알아내는 것뿐만 아니라, 미술을 하는 작업 과정과 그들의 작품에 대한 이해가 중요하다. 아동으로부터 얻은 정보는 아동을 이해하는데 매우 중요한 단서가 되고, 아동의 미술표현은 모두가 그 나름대로 개인적인 의미를 가진다. 가장 중요한 점은 미술치료사는 비록 심상 그 자체에 관심이 있을지라도, 아동들이 자신의 그림에 대해서 자유롭게 이야기할 수 있도록 격려해주어야 한다.

Naumburg(1966)는 어린이 미술의 이해에 많은 기여를 했고 미술교육에서의 무의식의 중요성을 강조하였으며 형식적이고도 표준화된 교육과정보다 자발적인 미술표현을 통한 학습을 아동들에게 제공하려고 노력하였다. 정신분석학에 대한 관심과 어린이에게 미술을 가르친 경험의 결과로써 Naumburg(1966)는 상징의 언어의 한 형태로서 그림을 보고 자발적인 미술표현이 심리치료에서 유용하다고 결론지었다. Naumburg(1966)는 그녀의 작업 또는 작품에서 아이들과 어른들에게 있어서 미술의 의미와 가치에 대한 몇 가지 중요한 특징들을 찾았다. 첫째로 치료에서 미술표현을 내담자와 치료자 사이의 상징적인 의사소통의 한 형태로 보았다. 더욱 중요한 것은 형식적인 그림검사보다 무의식적으로 자유롭게 그려진 그림들의 가치가 더 중요하였다. 그녀는 또한 아이들과 성인들은 그들의 내면의 갈등을 시각적 형태로 표현한다고 믿었다.

Kramer(1993)는 창조적인 작업과정 그 자체에 미술치료의 치유 잠재력이 있으며 미술의 창조성을 강조하였으며 시각적인 상징적 의사소통뿐만 아니라 아동과 함께 하는 미술작업과정의 유용성을 강조하였다. Kramer(1993)의 철학은 외상을 입은 아이들의 미술표현을 통해서 그들 마음의 충동과 감정을 이미지로 바꾸는 활동이 승화의 한 형태라는 것을 알았다. 그 후에 그녀는 치료에서 나타난 어린이의 미술표현은 이미지에서의 감정, 변형된 생각의 행동, 승화의 형식이었던 것을 깨닫고 아이들의 미술표현을 통한 치료작업을 위해 기여해 왔다. 따라서 치료자가 적절한 기법을 가르치는 것을 통해 그리고 치료에 있어서 적극적이고 활동적으로 반응해주는 것을 통해, 그리고 때로는 "제3의 손"으로써 아이들의 창조적인 표현과정을 도움으로 아이들의 자기표현을 돕는 방법을 연구하였다.

(2) 그림, 놀이, 발달

놀이는 1920년대 이후, 아동과 관계를 형성하고 행동을 분석하고 정신적인 충격과 고통에 있는 아이들을 돕고, 성장과 변화를 돕기 위해 게임, 장난감 등 여러 가지 미술을 매개체로 아동을 치료하는데 사용하였다. 놀이치료사들은 아이들과 함께 그림을 그리고 하는 것을 놀이치료 활동에 부가적으로 사용해 왔다. 때때로 이런 미술활동을 사용하는 것은 아주 중요하다. 그것은 아이들이 선택한 그림을 그리도록 하고 구체적인 이미지를 만들어내도록 한다. 다른 치료자들은 아이들을 놀이활동과 미술작업으로 이동시키면서 좀 더 자발적인 방법을 사용하였다. 놀이치료자, 심리학자, 혹은 상담가는 일반적으로 어린이의 그림을 비언어적인 의사소통으로 보고, 자신의 문제에 대한 시각적인 표현으로서 놀이치료 과정을 더욱 향상시켜준다고 생각하였다.

미술치료자이고 심리학자인 루빈(Rubin)은 미술치료, 창의적인 놀이, 미술교육, 그리고 심리치료를 통합했다. 평범한 아동, 감정적 혼란을 겪는 아동, 특별한 도움이 필요한 아동, 장애아동을 위한 그녀의 작업은 아이들이 미술을 얼마나 많은 목적으로 사용할 수 있는지에 대한 광범위한 사례를 제공하였다. 미술을 통해 아동들의 자기표현, 감정적인 문제, 마음의 상처들을 치유하고 아이들이 타고난 재능을 성장시키는 것 이 두 가지를 강조하였으며 치료사는 바로 그러한 것을 도와주는 역할이라고 하였다.

(3) 아동 그림의 내용

아동들에게 있어서 미술활동은 무엇인가 새롭고 자기만의 것, 그리고 유일한 것을 창조하는 많은 경험들을 결합시켜주는 하나의 과정이다. 그림을 그리는 과정은 선, 모양, 색을 선택하고 변형하고 배열하기, 그림의 내용, 스타일, 형태와 구도 등의 다양한 구성요소들을 종합하여 아동으로 하여금 생각과 느낌, 사건 또는 관찰한 것을 전할 수 있게 한다.

아동들의 미술표현을 몇 가지 구성요소와 진단적 특징으로만 보는 것은 매우 위험하며 미술표현에 여러 가지 의미의 가능성이 그림 안에 있다는 것을 고려해야 한다. 아동들을 위한 미술활동의 과정은 생물 심리 사회적 요인뿐만 아니라 다양한 요인들에 의해 구체화된다. 아동들이 무엇을 그리고 무엇을 만드느냐에 따라 그들의 개인적 능력, 동기, 재능 또는 흥미를 그림과 미술작품으로 알 수 있다. 아동과 치료사의 관계는 아동과 성인과의 신뢰와 안정의 수준, 그림과정과 미술활동의 이해에 대한 치료사의 민감성과 함께 그림의 내용과 스타일에 영향을 미치게 된다.

4. 아동 미술치료와 아동 발달

1) 아동미술과 아동 발달

아동이 보다 효과적인 미술활동을 경험할 수 있는 아동미술치료 프로그램을 계획하고 실시하기 위해서는 무엇보다도 관련된 발달특성을 알아 아동의 발달수준을 고려해야 한다. 아동의 발달은 각 발달영역이 서로 분리되어 발달하는 것이 아니라 상호 밀접한 관련성을 갖고 통합적으로 일어나는 것이다.

(1) 신체발달과 아동미술

아동미술 치료활동은 아동에게 신체적으로 발달할 수 있는 기회를 제공한다. 대·소근육을 사용하는 미술활동을 통하여 근육감각운동을 경험하고 대근육과 소근육의 조절능력이 생겨 보다 더 정교하게 근육을 사용하게 되며 눈과 손의 협응능력도 보다 더 정교하게 발달해나간다.

(2) 정서발달과 아동미술

아동은 미술치료활동을 통하여 감정을 정화시키고 자신의 내면세계를 반영하며 성취감을 느끼고 많은 혼란스러운 감정을 사회에 용납하는 합리적인 방법으로 해결할 수 있는 전략을 습득하게 된다(Brittan, 1979). 또한 아동은 미술활동을 통하여 즐거움과 만족감을 느끼며 자신이 창조한 것에 대해 자신감을 갖게 된다. 이러한 즐거움, 성취감, 만족감, 자신감은 아동의 긍정적인 자아개념 형성을 도와주며 이것들은 아동의 정서발달에 중요한 기초가 된다.

(3) 인지발달과 아동미술

아동미술 치료활동은 다양한 직접적 경험을 제공해준다. 미술활동 시 아동은 다양한 재료 중에서 무엇을 가지고 어떻게 표현할까? 하는 문제에 부딪치게 된다. 이 때 아동은 주위환경에 대한 지각을 하게 되며 문제를 계획하고 조절하며 해결하는 능력을 기르게 된다. 또한 자신이 탐색하고 생각하고 알고 있는 것을 표현하는 가운데 개념발달과 사고표현이 다양해진다. 이러한 활동은 자신과 자신을 둘러싼 세계에 대하여 탐구적 태도를 갖게 하며 미술의 요소인 선, 색깔, 형태, 부피, 구성, 공간, 균형, 질감에 대해 이해를 통하여 논리적인 사고능력을 기르며 창조활동을 통하여 사건의 계열성, 원인과 결과에 대한 이해, 다양한 문제해결능력을 길러주는 중요한 활동이다.

(4) 사회성 발달과 아동미술

아동은 다양한 미술치료활동을 통해 타인과 이야기를 나누고 기다리며 협동하고 재료를 나누어 쓰게 되고 작업규칙을 지키며 정리 정돈하는 경험을 하게 된다. 이러한 경험을 통하여 타인과의 사회적 경험을 하게 되고 갈등을 해결하고 자아인식을 통해 자아개념이 발달하며 나누는 경험과 협동심을 통하여 타인의 관점을 이해하게 되고 규칙 지키기를 통하여 자기절제를 배우고 정리정돈을 통하여 책임감을 기르게 된다.

(5) 언어발달과 아동미술

아동미술치료는 언어표현능력이 부족한 아동에게 자신의 느낌과 생각을 표현할 수 있는 수단과 통로를 제시하며 자신의 작품에 의미를 부여하여 말로 다시 표현해 보고 써보고 치료사가 아동의 표현에 관심을 갖고 격려해주며 공감할 때 구두언어와 문자언어에 대한 기초발달을 이룰 수 있다. 다양한 재료의 사용과 창작활동의 과정에서 의사소통을 경험하며 다양한 어휘를 배울 수 있다. 또한 그리고 만드는 과정 속에서 이루어지는 눈과 손의 협응력, 대 · 소근육의 조절능력, 시각변별능력, 집중력 등의 향상은 읽기와 쓰기 활동에 기초능력을 길러준다.

(6) 창의성 발달과 아동미술

창의적 사고를 평가하는 요인으로 유창성(fluency), 융통성(flexibility), 독창성(originality), 정교성(elaboration)의 네 가지 요인을 제시하였다. 유창성은 다양한 가능성과 창출하는 것으로 가능한 한 서로 다른 풍부한 사고를 포함한다. 융통성은 방향전환과 다른 접근을 시도하는 것이다. 독창성은 타인이 생각하지 않는 독특한 방법으로 사고하는 것이고 정교성은 자세하고 치밀하게 생각하는 능력이다(Schirrmacher, 1988).

창의성이 왕성한 시기에 아동이 자발적으로 다양한 재료와 다양한 도구를 사용하여 자신의 생각, 느낌, 욕구, 상상력을 남과 다르게 표현해보고 실험해보는 미술치료활동이야말로 창의성 계발에 가장 적합한 활동이라 하겠다.

제6장

대상관계와 미술치료

1. 애착의 개념

애착이란 용어는 보울비(Bowlby, 1958)가 영아와 어머니간의 유대관계를 설명하면서 사용한 개념으로서, '인간이나 동물들이 어떤 특정한 대상에 대하여 형성하는 강하고도 지속적인 정서적 유대'라고 정의하였다. 또 파팔리아(Papalia)와 올즈(Olds)는 애착이 다른 사람들과의 관계와는 달리 특정 두 개인 사이에만 형성되는 능동적, 애정적, 상호작용적 관계이며 두 사람 사이의 상호작용은 계속해서 서로의 결속을 강화하고 강력하게 한다고 정의하였다(손혜숙, 1998, 재인용). 이처럼 애착의 정의가 학자마다 조금씩 다르지만, 대부분의 학자들은 애착이 '특정인과 형성한 지속적인 관계'로서 유아들은 '애착을 형성한 특정인(애착대상)의 곁에 머무르려 하는 성향'을 갖는다는데 일치한다.

2. 애착과 관계형성

인간이 하나의 독립된 개체로 자신의 능력을 원하는 대로 사용하며 살아갈 수 있도록 하기 위해서는 출생에서부터 인간을 지원하는 외부 세계와 영아와의 상호작용이 중요하다. 영 · 유아가 최초로 접하게 되는 외부 세계인 가정에서 제공하는 경험이 얼마나 지속적이고, 따뜻하고, 민감한가에 따라 가정이 영아의 정서적 안정기지(secure base)로 작용하게 되고, 이 정서적 안정기지가 유아기와 아동기, 그리고 평생에 걸쳐 인간의 사회화의 기초로 작용하게 된다.

그러므로 가정에서 주 양육자인 어머니가 제공하는 경험의 질과 양은 유아가 사회적으로 지도력과 유능성을 갖게 되는 것과 밀접한 관계가 있다(이숙희와 김숙령, 1996). 또한 일생에 있어 최초 · 최강의 애정 대상인 어머니와 유아와의 관계에 따라 유아의 대인관계의 원형이 형성된다 하여 어머니와 유아의 애착 관계를 강조하였다.

가정 내에서 정서적 안정기지를 형성한 유아가 다음으로 속하게 되는 외부 세계는 유치원과 같은 교육기관이다. 이제 유아는 성장하는 동안 또래 집단과 접촉하게 되는데, 가정에서와는 달리 또래 집단은 거의 동일한 연령지위를 갖는 성원들로 구성되어 있으며, 유아가 행동의 복합성 수준이 동일한 사회적 동격의 집단이다. 즉, 유아가 최초로 동등한 사회적 관계 집단 속에 놓이게 되는 것이다. 또래들과 집단을 형성하여 구체적이고 직접적인 경험을 하면서 유아는 자신을 집단에 적응시키는 방법을 터득하게 되고, 집단 내에서의 사회적 접촉에 대해 배우게 된다.

어머니와 애착 관계가 형성되면 애착 관계의 질에 따라 유아에게는 내적 실행모델(internal working model)이 형성되는데, 이 내적 실행모델의 작용으로 유아는 또래들과 관계를 형성하게 된다. 즉, 또래 집단에서 유아가 바람직한 구성원으로 인정받기 위해서는 사회적 기술 습득, 자기중심성 탈피 등의 사회적 성숙이 우선 되어야 하는데, 그러한 사회적 성숙은 부모-자녀간의 확고한 애착 관계가 유아의 정서적 안정기지로서 유아의 사회적 활동에 밑바탕으로 작용하게 될 때 가능하다. 유아가 어머니에 대해 형성한 초기의 애착 관계는 어머니 이외의 다른 사람과의 상호작용에도 오랜 기간 영향을 미쳐, 또래들과의 새로운 관계 형성에 주요 요소로 작용하는 것이다.

3. 애착과 사회성 발달

유아가 부모에 대해 형성한 애착에 따른 유아의 사회성 발달을 살펴보고자 한다.

Bowlby(1973)는 유아의 안정된 애착 관계와 자주성 발달을 위하여 민주적 양육방식을 강조하고 있다. 어머니가 민주적 양육방식으로 애정적이고 유아의 감정표현을 격려할수록 유아는 안정된 애착을 형성하였고, 부모에 대한 신뢰, 세계에 대한 신뢰를 하게 되었다. 그리고 또래나 타인에 대해 긍정적으로 행동하고 적극적으로 접근하며,

타인 역시 긍정적으로 반응할 것을 기대하며 자신의 행동을 취하는 것을 알 수 있다. 애착이 형성된 유아가 사회적으로 인정받는 친사회적 행동을 많이 하고, 불안정하게 애착이 형성된 유아가 또래들에게 거부되는 반사회적 행동을 많이 하는 것으로 보고하고 있다.

리버맨(Lieberman, 1977)은 안정된 애착아는 놀이도구를 다른 유아와 나누어 갖거나 공유하는 등의 호혜적인 행동과 다른 유아와 사회적 상호작용을 시작하는 행동과 같은 양방적인 상호작용(reciprocal interaction)을 많이 보이는 반면, 불안정된 애착아는 울거나 신체적 공격, 언어적 위협 같은 부정적인 행동을 더 많이 하는 것으로 보고하였다. 또한 안정된 애착아는 불안정된 애착아에 비해 또래 경험 정도에 있어서도 또래가 시작하는 상호작용에 대해 더 많이 반응하고, 함께 상호작용하는 또래 수 역시 더 많았다고 보고하였다.

유아들은 안정된 애착을 바탕으로 사회적, 물리적 환경에 대해 호기심을 갖고, 보다 더 열의있게 탐구하며, 또래와의 애정적인 관계를 맺는데 있어서도 보다 성숙한 양상을 보였다. 또한 안정된 애착아는 또래 수용도가 높아 집단 내에서 거부되거나 고립되기보다는 인기가 있어 집단 활동에 많이 참여하였으며, 또래에 대해 협력적이고 친사회적인 행동 특성을 나타냈으며, 집단 내에서 유능성을 보임과 동시에 지도력을 가졌다.

4. 대상관계의 개념

인간은 유아기, 아동기, 청소년에서 성인기로 이어지는 성장 과정 속에서 필연적으로 겪게 되는 갈등을 가정과 사회환경 내 상호관계를 통해 얻게 되는 애정 어린 관심과 포용으로 극복하고 있다. 또한 가정환경 안에서 성장해가는 동안 부모에게서 얻을 수 있는 지지자원은 역할 수행에 따라 인간의 삶은 다양한 길을 가게 되며, 가족의 기능 및 부모와 자녀의 관계 속에서 많은 문제가 알게 모르게 파생되어 역 기능적이 되기도 한다.

유아는 생후 초기 때부터 그의 경험이 부정적인가 아니면 긍정적인가에 의해 그의 경험을 조직화하며, 유아는 좋고 나쁜 두 개의 결과로서 테두리 안에 그 경험을 집단화한다. 어린 시절 양육과정에서 욕구들을 어떤 양식으로 해결했으며 그 당시 가족과의 관계가 어떠했는지에 따라 크게 차이가 나게 된다. 특히 "아동의 최초의 사회학습은 자주 기본 욕구를 충족시켜주는 어머니와의 관계에 의해 결정된다(Mussen, 1963). 이러한 어머니와의 상호관계에서 안정된 애착이 형성되지 못한 아동은, 내면의 불안한 정서로 인해 타인과의 관계에 부적응하게 된다. 따라서 유아 초기 때에 부모와의 대상관계 경험이 매우 중요하다.

5. 대상관계와 관계형성

대상관계란 인생 초기에 주 양육자와의 상호작용에서 이루어진 관계형성이 개인관계와 성격형성에 주요한 요인이 된다는 이론이다. 여기에서 사용하는 대상관계라는 용어는 한 개인이 외적인 실체의 타자들과 내적인 상상적 타자들과 이루는 상호작용을 지칭한다. 이것은 초기 애착을 형성하는 주 양육자와의 관계가 일관성이 있고 거칠지 않으며 애정이 풍부했을 경우 유아 자신이 느끼는 대인과의 관계가 온전하고 바르게 느껴지지만 주 양육자와의 관계가 비일관적이고 거칠고 애정이 없었을 경우 유아 자신이 느끼는 대인관계는 불안정하고 실제와는 다르게 인식되는 것을 의미한다.

6. 대상관계와 대인관계

대상관계 이론에서 대상이란 유아가 관계를 맺는 타인을 의미하며 대상 자체가 중요한 의미를 갖는다. 즉, 개인의 대상(어머니)과 상호작용 경험은 유아의 심리내면에 일정한 상을 형성하게 된다. 형성된 내적인 표상을 자기자신 및 타인의 행동과 반응 그리고 외적 세계에 대한 기대를 가지게 하는 내적인 작용 모델을 형성하기 때문이다. 이것은 인간이 살아가는 동안 신을 보는 틀이 되고, 타인을 인식하는 관점이 되면서 다른 사람들과 관계를 형성하는 과정에서 일관적으로 지속되는 한 개인의 행동패턴이 된다(김창대, 1997).

대인관계 이론은 단순히 부모의 양육태도가 이후의 발달과정에 중요한 영향을 미친다는 기술적인 차원을 넘어서서, 유아가 양육자와 형성하는 초기 대상관계가 유아의 내적인 심리구조의 형성, 발달에 어떤 영향을 미치고 있으며, 이런 심리적 발달에 따라 성인기에 맺게 될 대인관계에는 어떤 영향을 미치는지에 대해 포괄적인 시각과 자료를 제공하게 된다.

래빈(Lewin, 1990)은 출생 후 2년간의 양육자와의 애착 관계의 질이 이후의 성장과정에서 타인의 감정이나 욕구에 대한 공감적, 친사회적 반응을 하도록 매개하는 중요한 요소가 된다는 연구결과를 보고하고 있다.

Sears(1961)는 수용과 애정의 분위기에서 자란 아동은 부모를 신뢰하게 되고 남을 사랑하고 수용할 수 있으며 행동과 감정을 자유롭게 표현하며 개방적이고 솔직하지만 거부적인 분위기에서 성장한 아동은 자기 방어적인 특성을 지니고 있음을 보고하였다(변영주, 1994: 재인용).

7. 대상관계와 미술치료

유아는 엄마의 반응을 통해 전능감을 갖고 만족감을 통해 자기형성에 큰 영향을 미친다. 이 관계 경험은 내재화되어 정신구조를 형성하는 재료가 되어 타인과의 관계에 적용시킨다. 엄마와의 관계경험으로 좋은 내적 대상은 좋은 자기로 나쁜 내적 대상은 나쁜 자기로 내재화되어 표상화되며 그림 속에 상호관계하며 표현된다.

미술은 내적 대상관계와 그에 연합된 방어기제와 발달상의 문제를 비춰주는 거울, 혹은 담고 있는 그릇, 혹은 조직책이다. 미술치료는 심리적 공간을 표현할 수 있는 가능성을 제공하거나 아니면 치료자와 내담자 두 사람의 상호작용을 통하여 심리적 공간이 창조되거나 혹은 거울효과기법이나 보충기법에 의해 재구성되는 가능성을 제공한다.

대상관계의 초석이 놓이는 아동기 초기에 아이의 언어구사능력이 지극히 제한되어 있음에 비하여, 경험의 양과 질이 엄청나기 때문에 그 비언어적 소재를 역시 비언어적 표현으로 재창조할 수 있는 미술형태가 대상관계를 조직하고, 그것을 다시 내담자에게 영상화하여 비추어 줄 수 있다(한국미술치료학회, 2000).

대상관계 미술치료는 자기표현과 자아성장을 촉진시키며 갈등과 불안을 해소시켜 바람직한 행동으로 변화를 가져올 수 있도록 도와주고 있다. 치료관계는 치료의 핵심요인으로 새로운 내적 대상의 표상으로 내재화된다. 새로운 외부관계가 형성되어 새로운 내적 대상관계가 될 때 내담자는 근본적으로 변화한다. 대상관계 미술치료는 치료자와 내담자와의 치료관계 경험을 중시하여 치료자 자신을 환자의 외부대상으로 허용하는 미술활동을 하는 치료환경을 조성한다. 치료자는 아동에게 엄마로서의 안정된 애착 관계를 재경험하도록 하며 신뢰감과 잠재된 창조성을 신장시킨다. 내사와 투사를 통하여 그림 안에 표현된 내적 대상관계의 변화를 치료자는 시각을 통해 읽고 해석하게 된다. 무의식 세계에 있는 외부대상 관계에서 억압과 분노를 미술을 통해 표출해 냄으로써 치유가 되고 심상에 표현된 내적 대상의 변화는 아동의 심리를 반영한다.

1) 난화와 대상관계 발달

난화(scribble)는 긁적거리기 등의 용어로 사용되며, 미분화된 심리 또는 유아의 경우에서 볼 수 있는 그림이다. 보통 2~4세를 인간발달단계에서는 난화기로 본다. 목적없이 마구 그린 선은 그 자체가 목적이고 즐거운 것으로 해석한다. 유아 또는 아동기의 난화는 기능적 쾌락이며, 정신분석학자들이 지적하듯이 난화 표출의 심층에는 무의식적으로 부모의 관심을 끌려는 욕구가 작용한다. 난화에 제목을 붙임으로 어떤 의미를 부여하게 되는데, 이는 언어와 복합된 이미지가 실마리가 되어 표현활동의 세계로 전개해 나간다고 본다. 이와 같은 유희 본능은 성장해가면서 창작표현의 메카니즘으로 이행되어, 예술성이나 인격형성에 승화, 전이, 투사, 상징화, 퇴행, 정화, 도피 따위의 작용에 의해 마침내 완전에로 향할 수 있는 기조를 이룬다.

난화 상호이야기법은 치료자와 내담자가 서로 역할을 교환함으로서 관계형성에 도움이 된다. 또한 내담자가 자신의 무의식을 난화 속에 투영시켜 형상화하여 이야기함으로써 보다 쉽게 무의식을 의식화시켜주고 내담자 스스로가 자신의 문제를 인식하게 해주는 이점을 가지고 있다.

치료자는 작품을 통해서 내담자의 문제를 진단하고 대처방안을 수립할 수 있다. 또 치료의 경과도 알 수 있다. 난화 기법은 내담자와 치료자와의 상호관계가 중요하며 그 속에서 내담자는 이미지를 통해 자신의 문제를 알게 된다. 중증 정신질환이나 심한 정서장애에는 사용이 어려우며 언어치료에는 응용할 수 있다.

2) 소조 활동과 대상관계 발달

소조는 붙이면서 형태가 이루어지는 과정으로 조형의 기본적인 방법 중 하나로서 점토는 가소성, 수축성, 유연성, 촉감성이 좋아서 저항성이 있는 내담자에게 유용하다.

이러한 소조의 재료는 주로 점토가 사용되는데, 점토는 입체적인 표현을 하기 쉽고 유연하므로 자유롭게 생각을 표현할 수 있으며, 사물의 형체를 손쉽게 만들 수 있다. 만들기 쉽고 마음대로 되는 점토의 성질은 생명과 몸체를 소유하는 매개체를 넣게 하는데, 점토를 힘껏 쥐고, 굴리고, 형태를 만들려는 충동에 의해 점토는 인간의 의식의 깊이를 끌어내게 된다. 여기서는 수동적 촉지각과 능동적 촉지각의 이론이 대상관계 발달에 기본이 된다. 즉, 대상관계에서 이미 무엇이 일어났는지가 표현양식에서 나타나는데, 대상관계가 손상된 개인은 특히 왜곡하거나 미분화된 소조작품을 제작하게 된다.

생애 초기 동안의 피부접촉의 중요성과 관련하여 학자들은 점토의 모형 만들기는 자기자각, 자기인상, 자아개념을 발달시키며, 자아와 타인과의 관계를 강화하는 수단으로 설명하였다. 즉, 점토를 통한 촉각 활동으로써 심리적 의미 창조를 위한 주요 매체와 경험적 자아가 발달되어 기본적 감각 체계가 발달하게 된다. 이로써 공간개념이 발달하게 되고 이어 현실검증이 가능하게 된다.

또한 대상관계 이론의 핵심이 되는 초기의 내면화된 관계를 새롭게 내다보게 하며, 미술활동에서 안전한 틀을 제공하여 그 안에서 대상의 세계를 연구하고 경험하게 한다. 또한 작품을 통한 구체적인 이미지와 감정묘사에 의해 내적 세계를 더 쉽게 인식하여 깊은 이해와 감정이입, 해석을 통해 타인과의 중요하고 건전한 관계형성 뿐만 아니라, 확고한 자아상을 창조하도록 도울 수 있다.

아울러 자아 긍성감이 증진되며 창조적 지각에서 자신을 발견하여 세계 속에서 자신의 의미를 발견하게 된다. 내담자는 내면 관계를 새롭게 보게 되며, 이때 치료자는 초기 상실과 문제를 보상하는데 도움을 준다. 이로써 내담자는 미술 형태를 통해 대상과의 관계를 조직하게 되는 것이다.

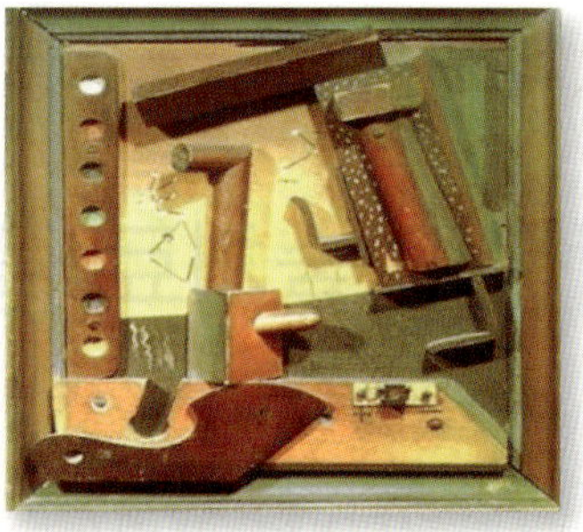

2. 꼴라주 제작 방법과 유형

1) 꼴라주 제작 방법

(1) "사람의 얼굴을 골라서 잘라주세요. 가능한 표정이 있는 얼굴로 골라서 화지에 붙이세요."
(2) 의사소통에 있어서 표정이 미치는 역할을 체험한다. 어떤 기분을 나타내고 있는지, 그 기분을 팬터마임으로 연기해서 보여주고 다른 사람에게 맞춰 보게 한다.
(3) 잡지에 있는 사진과 그림을 이용하여 꼴라주를 만든 후, 제목을 정한다.
(4) 제목에 맞는 꼴라주를 한다. 공동 작업에 의한 비언어적, 언어적 의사소통을 통해서 집단응집력을 높인다.
(5) "자신의 성격이나 라이프 스타일을 나타내는 포스터를 만들어 주세요." 당신의 태도와 관심, 좋아하는 것, 싫어하는 것, 특징, 가족, 친구, 포부, 일, 감정, 문제, 입원한 계절 등 당신의 모든 것을 표현하는 것이 곤란하다면 위에 제시한 것 중에서 20분 이내 선택하여 각자 꼴라주를 완성한다.

이 방법은 자기 인식을 깊게 하고 자기 표현력을 높이는 것을 목적으로 한다. 최근에 가장 많이 사용되는 미술치료 기법으로 잡지 속에서 마음에 드는 사진을 오려 붙이게 함으로써 거부의 감소, 분노의 노출, 희망에 대한 상징 등 다양하게 활용할 수 있다.

표현이 쉽고 그리는 것보다 정확하게 감정을 전달하나 선택할 수 있는 사진 매체가 많아야 한다. 자기감정을 나타내기, 가족이나 친구에게 말하고 싶은 것, 주고받고 싶은 선물, 타인에 대한 느낌 표현, 문제의 예방 및 대책 방법 등을 쉽게 표현할 수 있다.

주제를 주거나 자유화 형식으로 실시하는 등 다양한 방법들이 있으며 실시 방법에서 치료자가 도와주는 방법이 있고 대화 없이 실시하는 방법, 이야기하면서 실시하는 방법 등이 있다. 이 기법의 효과는 내담자가 작품을 제작하고 서명해 나가는 과정 자체에 있다. 치료자는 내담자의 작품에 나타난 그림 등의 내용, 화면의 색채 및 변화, 구도, 이야기 내용 등을 분석하고 치료해 나간다. 예를 들면 우울증 환자는 거꾸로 된 것이나 사물이 떨어지는 것을 붙이기도 한다.

사진을 붙인 것 위에 중복해서 붙이는 경우 그것을 뜯어보면 내담자의 무의식을 알 수 있다

2) 꼴라주 제작유형

치료자가 독자적인 방법으로 실시하고 있으며 크게 나누어 잡지그림 꼴라주법과 꼴라주 박스법 두 종류가 있다.

(1) 잡지그림 꼴라주법

① 준비물

화지(4절지 또는 8절지), 가위, 풀, 잡지신문, 광고지, 카탈로그 등이 필요하다.

② 도입방법

주제를 주고, "자신의 마음에 드는 사진이나 그림을 자유롭게 자르거나 찢어서 붙입니다." 라고 이야기한다. 연령이나 심리적인, 정신적인 증상을 고려하여 실시한다.

③ 그림 완성 후의 절차

작품을 멀리 두고 서로 감상을 하지만 치료자는 해석적인 말을 하지 않는다. 모래상자치료의 작품과 동일하게 환자가 작품에 관한 이야기를 하며 서로 교류하고 특별하게 없는 경우에는 치료자가 작품에 대해 느낀 감상을 정리해서 말하고 종료한다.

④ 시간

꼴라주는 40분~1시간 소요 시간으로 전후, 10분씩 상담 시간을 갖는다.

⑤ 기타

가족 꼴라주법, 모자상호법, 합동법, 자택 제작법(숙제법), 뒷면 꼴라주법 등

(2) 꼴라주 박스법

사전에 잡지에서 다양한 사물을 오려서 상자 속에 넣어 둔다. "상자 속에 있는 그림을 선택해서 도화지에 부쳐주세요." 라고 지시한다.

필요하면 가위로 잘라도 되고, 완성된 작품을 근거로 연상되는 것을 질문하며 서로 이야기를 나눈다. 잡지그림 꼴라주법과 마찬가지로 작품을 멀리 두고 서로 감상을 하지만 치료자는 해석적인 말을 하지 않으며 이 방법은 간편하게 사용하는 것을 중요시한다.

3. 꼴라주 특성과 치료적 요인

1) 꼴라주 기법의 의미

꼴라주 기법은 내담자의 관심과 흥미를 유발하며 내담자가 선택한 사진이나 그림 이미지를 이용하는 것만으로도 자신의 감정을 쉽게 표현할 수 있는 장점이 있다. 또한 부적절한 감정이나 욕구불만 등의 내적 욕구 또는 퇴행의 표현에 있어서 효과적이다.

꼴라주 활동은 작업에 몰입하도록 하여 언어로 표현하기 힘든 감정을 이미지화 함으로써 카타르시스와 해방감을 느끼게 해주고 무의식의 자기 탐색이 용이하다.

(1) 치료 특성

① 직감이나 감각 등의 비합리적 기능 활용

② 자신을 개방하고 심상을 개발한다.

③ 자신의 심상을 발견하거나 흥미가 있는 대상을 분명히 해준다(집약적 표현).

④ 이상과 현실의 차이를 이해할 수 있다.

⑤ 무의식을 알 수 있고 현실 세계의 관심을 분명히 한다.

⑥ 문제에 대한 대처 능력의 훈련이 가능하다.

⑦ 자신의 감정을 쉽게 표현한다.

⑧ 부정적 감정(욕구불만 등)의 표현이 용이하다.

⑨ 퇴행의 표현이나 정신질환의 증상도 표현된다(다의적 해석 가능).

⑩ 그림의 내용, 화면의 색채, 구도 이야기 내용들을 통해 환자를 이해하고 치료를 진행할 수 있다.

(2) 치료적 요인

꼴라주 미술 활동이 심리적 안정감을 주는 요인으로는 선택성과 회피성 두 가지 치료적 요인이 모두 높다는 데 기인한다. 재료의 형태는 자신이 원하는 이미지로 선택하고 잘라(전체 혹은 부분적으로)낼 수 있고, 또 자른 이후라도 마음에 들지 않는 자료는 사용하지 않아도 된다.

① 안정성과 회피성(선택성과 회피성)

꼴라주 치료는 할까 말까하는 도입의 시기에 내담자가 마음이 내키지 않는 경우는, 거부할 수 있는 여건의 분위기를 만들어 두는 것이 필요하다. 설령 시작했다고 하더라도 마음이 내키지 않는 경우도 있으므로, 매회 "오늘은 어떻게 할까요?"라고 질문한다.

도입과 계속 진행되는 경우에도, 안전성과 회피성이 보증되어 있다고 말할 수 있다. 또한, 분열병 환자가 꼴라주를 행한다고 하는 것은 여러 곳의 정신병원에서 듣고 있는데, 안전성과 회피성이 높다는 점으로 알 수 있다.

② 분산과 통일

꼴라주에 관하여 인간의 사고와 감정과 의지 또는 행동이라고 하는 것은 하나로 모으려는 통일적 방향이 있고, 꼴라주에서는 이 통일과 흐트린다고 하는 분산적 방향성의 두 방향이 있고 이 통일과 분산과의 통합이 가능하게 된다.

다음은 일본 인간성 심리학회 수강자 61명에게 실제로 꼴라주를 작성하게 하고, 어떠한 치료 효과가 있다고 생각되는지를 기록하게 하여 요약한 것이다(杉浦京子, 1994).

③ 그 밖의 치료적 요인

㉠ 심리적 퇴행

동심으로 돌아간 것 같이 열중해서 시간이 금방 흘렀고 즐거웠다는 점. 그 사람의 신체적 · 정신적 상황에 따라서 나타낸 감상도 있었다.

일부는 자신의 생각에 꼭 알맞은 그림이 없어 그것을 찾으려다 지치는 경우도 있었는데 이런 내담자에게는 "지쳐있거나 하고 싶지 않다면 말을 하세요" 라고 말하는 것이 필요하고, 이와 같은 일련의 감상에서 상황에 따라서는 4절지와 8절지 등의 종이의 크기를 내담자의 상태와 희망에 따라 적절히 선택하여 실시하고 내용의 문제(도입, 판단), 실시 시간 등을 검토할 필요가 있다는 것을 시사한다.

종이라고 하는 정해진 틀에서 무엇을 표현해도 상관없는 자기표현, 자기분석, 카타르시스 등이 가능하고 무아지경에서 제작에 착수하여 끝났을 때는 상쾌한 해방감을 느끼고 편안함을 느낀다는 것이다.

㉡ 내면의 의식화, 상호작용

진정한 자신을 드러낼 수 있으므로 그것을 봄으로써 자신도 모르는 자신의 본래 모습을 알 수 있고 내담자와 상담자 간에 작품에 대하여 이야기하면서 깊은 관계형성과 내면에의 통찰을 할 수 있었다.

㉢ 자기표현과 미의식에 대한 만족

잡지의 사진은 그 자체로 완성되어 있는 것이므로 그것을 어떻게 해체하여 자신의 것으로 만들 것인가에 대한 어려움과 불만족감도 있을 수 있지만, 자신의 내면에 있는 것을 표현하는 기쁨과 균형잡힌 작품이 완성된 때의 기쁨은 자기표현과 미의식의 만족감이다.

㉣ 언어의 보조적 요소

언어로써 감정의 표현이 어려운 세대와 증상을 가진 사람에게도 유효하며 자기 통찰이 어려울 때 도입하면 효과가 있을 듯한 언어의 보조적 요소로 사용되며 카운셀링의 비언어적 표현 수단으로서의 심리치료이다.

ⓜ 진단 자료

유용한 진단 자료로 활용되며 계속적으로 작성한 경우 그 사람의 심리변화를 알 수 있다.

ⓑ 래포형성에서의 의사소통의 매개

내담자와 치료사간에 만들면서 이것을 매개로 이야기하며 서로 라포를 형성할 수 있으며 동시제작법 및 모자상호법 등이 원활한 의사소통을 행할 수 있게 된다.

ⓢ 기타

의식적으로 현재의 심정에 맞지 않는 것을 작성함으로써 자기의 상태를 변화시켜 갈 수 있으며 환상을 유연하게 하는 방법으로써 유효하고, 집중력, 기획, 창조력 등을 무리하지 않는 형태로 길러갈 수 있다.

4. 꼴라주 치료의 실제

1) 개인치료와 집단치료에 활용
2) 치료자가 옆에서 지시 또는 도와주는 방법
3) 합동 제작을 해 나가는 방법(치료사 또는 소집단)
4) 대화 없이 각자 실시하기
5) 이야기를 하면서 각자 실시하기
6) 꼴라주 치료: 설명과 대화

5. 꼴라주 치료의 사용

1) 언어적 심리치료의 보조기법으로도 사용
2) 회상요법으로서의 적용(호스피스 등)

3) 언어적 표현의 대안적 방법으로서의 의사소통
4) 미래의 인생 설계 표현
5) 현재의 감정과 대처방법 표현
6) 여러 가지 붙인 그림(사진)을 통한 이야기 만들기

6. 꼴라주 작품의 해석

1) **계열적 이해** : 작품의 영속성 중시, 한 장의 작품만을 무리하게 해석하지 않는다. 계속적으로 작성한 경우에는 그 흐름을 봐 나감으로써 내담자의 심리적 변화를 파악할 수 있다.
2) **통합성** : 작품의 전체적인 조화와 통합성을 관찰하며 분리, 조잡함, 빈곤성, 기계적 표현, 고정적인 요소가 적은 것을 확인한다.
3) **공간배치** : 그림의 구도에서 해석하는 기준을 활용하여 파악한다(DAP, HTP 참조)
4) **주제** : 작품을 처음 보았을 때 제목을 붙일 수 있는 작품인가, 또는 주제를 가지고 작성한 작품인가를 본다. 작품 속에 자기상이라고 생각되는 형상이 있는 경우, 작품 전체가 각자의 자기상이라고 할 수 있다. 표현중심의 변화(자기상)
5) **상징적 의미** : 붙인 그림의 의미를 생각하는 것으로서 융 심리학의 상징해석을 응용하고 있다.
6) **색채, 형태, 재료 등의 분석** : 발달 정도
7) **그림을 자른 방법** : 그림을 자르는 방법, 붙이는 방법, 색채, 첨가된 글을 통해서 내담자를 이해한다.

7. 꼴라주 해석을 위한 분석

1) 작품제작 시간은 어느 정도인가
2) 사용한 종이의 크기
3) 종이의 오려낸 모양과 수량, 돌출 유무
4) 끊어진 부위, 중첩 부위 유무
5) 여백의 유무와 정도

6) 문자의 유무

7) 주요 색채

8) 무채색과 유채색의 종류와 양

9) 색조는 어떤 색이 중심인가

10) 통합성(전체성)은 어떠한가

11) 중심성의 유무

12) 공간배치는 어떠한가

8. 꼴라주 기법의 실습

1) 마음에 드는 것들

2) 나를 나타낼 수 있는 것들(자기광고, 이것이 나이다, 10년 후의 나의 모습)

2) 좋아하는 것과 싫어하는 것

4) 나의 과거, 현재, 미래

5) ① 나의 주의를 끄는 그림(3-4개, 어떤 면이 주의를 끌었는가)
   ② 4-5명이 있는 그림(3-4개, 그들이 무슨 말을 하고 있는가)
   ③ 1명이 있는 그림과 그 사람의 미래 모습(각각 1개, 어떻게 달라졌는가)

6) 슬펐던 경험, 행복했던 경험

7) 자신의 장점과 단점

8) 가족이나 친구에게 말하고 싶은 것

9) 타인에 대한 느낌 표현

10) 문제의 예방 및 대책 방법

11) 받고 싶은 선물과 주고 싶은 선물

제8장

모델링 재료에 의한 미술치료 박스

1. 박스(BOX)의 미술치료적 역할 : 비밀, 상징, 통합, 안전

사전적 의미로서의 상자(箱子)는 나무나 판지(板紙) 따위로 만든 그릇으로써 주로 네모나게 만드는 것을 뜻하거나 물건을 상자에 담아 그 분량을 세는 단위로 해석된다. 내담자는 미술 활동을 통한 상자를 통해 추억을 회상하고 기억을 보존할 수 있다. 또한 상자의 열고 닫을 수 있는 기능을 통해 어떤 것을 공개하고 공유할 것인지를 조절할 수 있다. 박스는 오늘날 사용되고 있는 다양한 미술치료 기법 중 하나인데, 그 예로는 자기상자, 기억상자, 보물상자, 생존상자, 망각상자 등에 관한 연구들이 있다(Fryrear & Corbit, 1992). 또한 박스는 집짓기 과제, 주거 공간의 묘사(Baker, 1986) 등과 같은 미술활동에서 활용된다. 때때로 내담자들은 자신들의 그림 둘레에 자발적으로 상자를 두르거나, 캡슐을 만들어 내거나, 완성된 작품을 상자 안에 감추거나 한다(Cohen & Cos, 1995 ; Henes, 1997 ; Levick, 1986). 미술치료 기법으로서 박스가 널리 사용되고 있음에도 불구하고, 그 역사적 배경과 상징 그리고 문헌은 많지 않다.

2. 박스의 심리치료적 속성

1) 내용물의 제한

박스는 '내용물의 제한'으로서 표현되었고, 이러한 측면에서 본다면 박스는 미술의 대상이 존재하는 공간을 조각해내도록 돕는 하나의 틀로서 기능한다(Langer, as cited in Kaufman, 1996). 미술치료에서 '내용물의 제한'은 상자 내의 공간으로 한정하고 내담자를 위한 주제를 제공하며 문제를 더 다룰 수 있도록 만든다. 이러한 측면은 모래놀이치료의 연구에서 더 명확히 볼 수 있다.

2) 내용물의 밀봉

공간을 밀봉하는데 사용된 박스의 기능은 흔히 용기(그릇)로서의 역할을 이끌어 낸다. 보석상자, 귀중품상자, 궤 등은 귀중한 내용물을 보관하고 보호하기 위해 만들어진다. 고대 로마의 석관은 이러한 생생한 사례를 제공한다. 이 박스들은 물리적인 존재를 보호할 뿐만 아니라 신에게 바쳐진 공간 또는 보유 공간, 즉 그 속에서(또는 어디든) 고인이 소중해지는 공간의 창조를 가능하게 했다.

3) 적대적인 것들의 통합

박스의 구조 자체가 통합의 모델을 제공한다. 사실 박스는 그 분리된 4면을 통합하고 이러한 단면들의 병렬로부터 생기는 복잡한 상호관계를 수용(조정)할 수 있다. 또한 박스는 내면 대 외면의 강력한 변증법을 수용한다. 이러한 기본적인 구분은 다른 많은 비교들의 핵심이 된다. 그것은 우리에게 여기 대 저기, 이편과 반대편, 자신과 타인으로부터 오는 구조를 제공한다(Bachelard, 1964).

박스는 여러 다른 측면들을 통합하기도 한다. 이 점은 내면, 외면의 양극성과 함께 적대적인 것들을 은유적 · 시각적으로 통합하기 위하여 자주 상자를 사용토록 한다. 박스 기법은 각 면은 전체의 부분이지만 영구적으로 떨어진 것은 아니며 결국 보여질 수조차 없는 6개 면의 연결을 통하여 적대적인 것들을 통합한다.

미술치료에서 박스의 사용은 자신의 적대적(반대적)인 부분들을 통합하려는 내담자의 시도에 대한 시작적인 기록이며 동시에 일반적이고 중요한 치료적 목표를 창조해내는 유용한 방법이다(Jung, as cited in Kaufman, 1996 ; Keyes, 1983 ; Rubin, 1987). 이는 통합을 위해 자기 상자를 사용할 수 있는 내담자의 능력에서 근거한다. 자기상자로 성격의 여러 차원을 꾸밈으로써 내담자는 내부의 자기와 공공연한 가면(페르소나), 둘 다를 대신하고 이해하고 구별하기 위하여 외부–내부의 변증법을 사용한다.

박스기법은 개인들로 하여금 그들의 정체감을 탐색하게 할 뿐만 아니라 집단을 구성한 경우 그 집단과 서로에 대한 구성원들의 개인적인 동일시를 증가시킨다. 개인적인 정체감을 유지하고 있으나 아직은 집단에 소속되고자 하는 욕구는 상자들의 창조에 의하여 유형의 도식적인 형태를 표현한다.

박스의 치료적 기능을 정리하자면 다음과 같다.

① 고유의 상징적 잠재력
② 내용물의 보호
③ 비밀의 저장
④ 눈에 보이는 것으로부터 안전하게 함
⑤ 이전 기억 등 정서적으로 다양한 물건들을 수호
⑥ 외부와는 구별되는 별도의 내부 공간을 창조
⑦ 적대적인 것들을 통합
⑧ 성격의 양극성을 통합하는 기회 제공
⑨ 갈등적인 욕구와 역설, 적대적인 것들, 의문과 답, 강점과 약점들을 표현하는데 사용

3. 박스를 이용한 미술치료 기법

기법	활동내용	기대효과
나 상자 (self box)	여러 가지 모양의 상자 중에서 마음에 드는 상자를 골라서 상자 안쪽에는 내가 보는 나를 상자 밖에는 남이 보는 나를 꾸민다.	내담자는 내면의 자기와 사회적인 가면(페르소나) 둘 다를 탐색하고 이해하며 통합한다.
생존상자	자신이 살아가는 데 필요한 것을 잡지에서 오려서 상자에 담는다.	자신이 가장 원하는 것이 무엇이며 현실적으로 필요한 것에 대해서 생각해 볼 수 있다.
추억상자 (기억상자)	여러 가지 그림이나 실제 사진들, 물건들로 기억에 남는 사건과 관련된 것들을 담는다.	독립된 나만의 공간을 만들어 기억을 되새겨 본다. 노인들을 대상으로 관심사가 무엇인지에 대한 이야기를 촉진할 때 사용하며 기억력을 향상시키는데 도움이 된다.
망각상자	가장 잊고 싶은 것들로 상자를 채운다.	아픈 기억들을 상자에 밀폐함으로써 현실로부터 분리해 낸다.

보물상자	나에게 소중한 것들을 상자에 채운다.	소중한 것들을 안전하게 보호한다.
염려상자	염려되는 일들로 상자를 채운다. 불안이 있거나 걱정이 많은 내담자에게 일주일 중 하루를 선택하여 염려상자에 걱정거리를 적어 넣으라고 한다.	자신의 걱정거리를 상자에 넣음으로써 심리적 거리를 둘 수 있다.
나의 문제상자	상자 안에는 내가 생각하는 해결책을 넣고, 밖에는 나의 문제를 표현한다.	문제점과 해결책을 통합할 수 있다.
집단상자	각 개인 상자를 모아서 구성원들이 집단상자를 함께 꾸민다. 예를 들어 탑을 만들어 본다.	구성원들과의 결속력, 동질감이 형성된다. 집단 내에서의 자신의 역할을 인식한다.
위안을 주는 상자	나에게 위안을 주는 것에 대해 그리거나 붙이거나 만들어서 상자에 넣고 꾸민다.	주로 외상 후 스트레스를 겪고 있는 내담자들에게 적용하며 감정적으로 힘들거나 고통을 겪을 때 희망과 위안을 받을 수 있도록 한다.

제9장

모델링 재료에 의한 미술치료 소조

1. 소조의 개념

소조란 가소성이 있는 재료 찰흙, 유토, 석고, 브론즈(청동), 테라코타, 지점토 등을 붙이거나 떼어가며 형태를 빚는 입체 조형을 말하며 자유롭게 부착하고 제거가 용이하다. 소(塑)는 점토라는 뜻으로 현재 소조라는 말은 점토라는 뜻을 떠나서 모델링(modeling)과 같은 뜻으로 쓰인다. 비교적 자유로운 재료를 붙여서 자유로운 형태를 만들어 내는 것이 모델링이라고 하며 이러한 기법을 소조라고 부른다. 또한 소조는 순수하게 모델링이라는 뜻으로 쓰이며 가소적인 재료로서 점토, 초, 석고, 칠 등이 있다.

2. 소조의 역사와 유래

소조의 역사와 우주의 역사를 동일시하는 신화와 종교가 많은데, 그 하나의 예가 아담을 흙으로 빚었다는 성경이야기와 바빌로니아의 신, 엔키(Enki)도 인간을 흙으로 빚어 창조했는 것이다. 무엇을 만들고자 하는 인간의 본능은 인간이 지닌 창조적인 본능이며 인류가 점토를 통해 조형물을 만들기 시작한 것은 2~3만 년 전부터로 추정된다.

3. 소조 활동의 장점과 심리적 의미

소조는 덧붙여가며 만드는 조형 활동으로 천연 점토, 지점토, 석고액, 왁스 등의 재료를 쓸 수 있으며 아동에서 노인까지 심리적 저항감 없이 변형이 가능한 특성을 지녔다.

작품 활동을 통한 자아의 내면세계와 구체적인 이미지를 형상화함으로써 자기 인식과 자기성찰을 이끌어준다. 이때 치료사는 내담자에 대한 이해 및 작품해석을 통해 초기 상실과 내담자의 갈등 문제를 인식하고 도움을 준다.

소조 활동은 마음속에 내재되어 있는 심리를 우회적으로 드러내고 창조적인 활동을 하므로서 자유로운 표현이 가능하다. 점토를 주무를 때의 촉감과 편안함은 심적 감정을 이완시켜 억압된 갈등을 해소시켜주며 근육운동과 조형감각 및 협응능력을 발달시켜 정신건강에 도움을 준다. 또한, 작업을 하며 자연스럽게 대화할 수 있는 기회를 마련하여 언어가 결핍된 내담자나 저항을 가진 사람에게 유용하다.

4. 소조의 재료

1) 재료

점토, 진흙, 밀가루 반죽, 고무점토, 유토, 지점토, 종이죽, 시멘트, 석고액, 파라핀, 고형모래, 알지네이트, 브론즈 등

5. 소조의 종류

1) 점토상(찰흙)

뼈대에 찰흙을 붙여 만들고 건조시킨다.

2) 테라코타(terra-cotta)

구운 흙이라는 의미의 이탈리아어다. 구우면 단단해지고 치밀해지는 점토의 성질을

이용해서 만든 여러 가지 형상의 조각이나 건축 장식요 제품, 여러 색깔과 특성을 지닌 점토를 이용하거나 또는 화학 약품을 사용하거나 구워내기 방법 등을 이용해 다양한 색채의 제품을 만들 수 있다.

3) 브론즈(bronze)

브론즈는 7000년의 장구한 역사를 가지고 있으며 돌이나 동물의 뼈보다는 단단하여 전쟁무기 및 도구로 사용하며 소조의 영구 보존 재료로서 청동이 널리 쓰이는데 이는 성형과정에서 섬세한 디테일용 작품의 초기 형태를 그대로 보존할 수 있는 것이 특징

4) 석고형 뜨기

(1) 부조 석고형 뜨기
(2) 환조형 뜨기

* 소석고 취급 요령

- 석고를 약 160-170℃로 가열하여 결정수를 없앤 흰색 가루. 물을 더하면 석고의 작은 결정으로 되돌아가 굳는다. 모형 · 분필 따위를 만드는 데 쓰이며 구운석고이다.
- 소석고는 물과 1 : 1 비율이 되게 섞는다.
- 소석고는 고무 그릇에 물을 먼저 붓고 소석고를 뿌리듯이 섞어 휘젓는다.
- 석고가 빨리 굳지 않을 경우는 소금물로 소석고를 개면 빨리 굳고, 늦게 굳게 하려면 아교물을 섞는다.
- 소석고는 습기가 있는데 두면 굳어지기 때문에 습기가 없는 곳에 잘 밀봉하여 두어야 한다.

6. 석고붕대를 이용한 미술치료

1) 석고 손 본뜨기 제작 과정

재료 : 석고붕대(폭 넓이 7.5㎝, 길이 270㎝ 2봉지), 미지근한 물, 프라스틱 그릇, 가위, 수건, 물티슈, 컵, 빈패트 병(물통으로 사용)

① 석고붕대는 3, 4센티미터로 하여 직사각형 모양으로 준비한다. 손을 붙일 때 편안하게끔 조금 더 길고 좁은 직사각형 모양으로 따로 준비하는 것이 좋고 물의 온도는 체온 정도가 적당하다.
② 잘라 놓은 석고붕대를 물에 담가 젖은 붕대를 차곡차곡 손에 얹어 가면의 틀을 만든다. 석고붕대의 두께는 0.5~1㎝ 정도의 두께로 만드는 것이 좋고 균일한 두께가 되도록 신경을 써야 한다.
③ 틀이 마른 것 같으면 살짝 떼어본다. 끝이 휘는 것 같으면 조금 더 건조시켜서 완전히 마르도록 한다.
④ 석고가 건조되는 사이 장식을 할 재료들을 준비한다. 잡지와 물감, 드로잉 재료, 다양한 재활용품, 천 조각, 색종이, 색 도화지 등 선택의 폭이 넓을수록 좋다.
⑤ 완성된 손 석고를 보며 나의 손이 잘할 수 있는 것, 미래의 다짐에 대한 이미지를 그리고 채색하여 마무리한다.

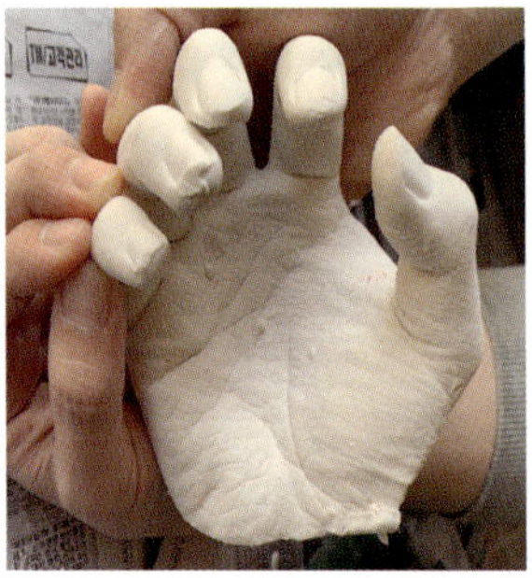

제10장

투사적 그림검사 HTP

1. 투사적 그림검사(Projective Drawing Test)의 이해

머래이(Murray, 1938)는 검사 자극이 모호할수록 지각적 자극을 인지적으로 해석하는 과정에서 개인의 욕구와 관심과 심리적 구조의 영향을 더 강하게 받는다고 지적함으로써 개인의 인격 특성을 반영하는 투사적 그림검사의 유용성을 강조하였다.

투사적 그림검사는 심리적 현상에서의 개인차를 비교하고 개인의 전체적인 인지, 행동적 측면을 이해하기 위한 심리학적 측정 과정이다. 개인의 독특한 심리적 특성에 관심을 가지고 이러한 개인의 독특성을 측정하기 위한 비구조적 검사 과제를 제공하며, 무제한으로 개인들의 다양한 반응을 허용해주기 위해 검사지시 방법이 간단하고 일반적인 방식을 주어지는 한편, 검사 자극이 불분명하고 모호한 특징을 지니고 있다. 따라서 투사적 그림검사는 비구조적 검사(unstructured test)라고 불린다.

1) 투사적 그림검사의 장점

(1) 반응의 독특성
(2) 반응의 풍부함
(3) 방어의 어려움
(4) 무의식적 내용의 반응

2) 투사적 그림검사의 단점

(1) 검사의 신뢰도
(2) 검사의 타당도
(3) 반응에 대한 상황적 요인의 영향력

2. 집 · 나무 · 사람(HTP : House-Tree-Person) 그림검사

19세기말부터 그림은 인간의 심리를 이해하기 위한 수단으로 사용해왔다(한국미술치료학회, 1997). H.T.P 그림검사는 자신의 성격과 행동양식 환경과 대인관계에 대한 심리적인 관점이 드러난다는 점에서 임상 현장에서 널리 활용되고 있다. 그러나 HTP는 정신병리학적 환자를 대상으로 표준화된 것으로서 일반 내담자에게 해석을 적용하기에는 한계점이 있다. 즉, 불 건강한 환자나 심각한 병리적 왜곡을 보일 경우 증상을 의심해 볼 필요가 있다. 따라서 그림검사는 성인에게 병리적이라고 인식되는 반응들이 아동기의 발달적 측면에서는 매우 정상적이기도 하다.

개발자인 벅(Buck)이 H.T.P를 그림검사로 선택한 이유는 집 · 나무 · 사람이 회화에서 가장 빈번하게 나오는 소재로 누구에게나 익숙하고 친밀감을 주는 주제이며 다른 주제들보다 자유롭게 감정을 표현할 수 있기 때문이다.

1) **개발자** : 정신분석가인 벅(Buck, 1948)에 의해 정신병리적 집단에서 프로이트의 정신분석적 이론을 기반으로 개발
2) **유용성** : HTP 주제의 친밀성, 모든 연령층에 적합, 솔직성, 언어표현 자극, 단일 과제보다 성격을 이해하는데 용이
3) **단점** : 각각의 종이에 그린 HTP는 서로간의 상호작용 표현 결여 및 역동성의 한계
4) **발전** : 한 장의 종이에 모두 그린 HTP, 채색화한 HTP, KHTP
5) **기타** : 개인검사, 집단검사, 만화형, 막대사람 검사의 재시도, 시간측정, 평균소요시간 40분 정도

3. HTP 그림검사 실시 방법

1) 준비물 : A4 용지(4장), 4B연필, 지우개
2) 순서 : 집(1번 종이) → 나무(2번) → 사람(3번) → 사람(4번)

종이에 ①부터 ④까지 번호를 적어둔다, 번호를 매기는 이유는 인물그림에서 남녀의 어느 쪽을 먼저 그렸는지를 알기 위함이다. 검사 준비가 끝나면 "이것은 그림을 잘 그리고 못 그리고를 보는 것이 아닙니다. 편하게 그리시면 됩니다. 한 장의 종이에 하나씩에 그림을 그릴 겁니다." 라고 말하고, ①이라고 쓰여진 종이를 가로로 제시하고 "집을 그려 주세요."라고 지시한다. 내담자의 질문에 대해서는 어떠한 단서가 될 말도 해선 안 되며 "생각한대로 그리세요."라고만 답한다. 내담자가 집 그림을 마치면 ②번의 종이를 세로로 제시하며 "이번에는 나무를 한그루 그려 보세요." 라고 지시한다. 나무 그림을 마치면 ③번 종이를 세로로 제시하며 " 사람을 한명 그려 주세요. 얼굴뿐만 아니라 전신을 그려주세요."라고 지시한다. ③번의 그림이 끝나면 ④번의 종이를 세로로 제시하며 "이번에는 ③번 그림과 반대되는 성을 그려주세요. ③번 그림이 남성이었으면 여성을 그리고, 여성이었으면 남성을 그리시면 됩니다."라고 지시한다.

4. HTP 그림검사 질문지

1) 그림 그린 후의 질문(PDI) : 집(18개), 나무(20개), 사람(19개)
질문은 HTP에서 표현한 것의 의미와 문제를 파악하는데 있어서 중요한 역할을 한다. 검사자의 연령과 필요에 따른 기본 질문은 다음과 같다.

(1) 집 그림

- 누구의 집인가요?
- 누가 살고 있나요?
- 이 집의 분위기는 어떠한가요?
- 무엇으로 만들어졌는가요?
- 나중에 집이 어떻게 될 것 같은가요?

(2) 나무 그림

- 어떤 종류의 나무인가요?
- 이 나무의 나이는 몇 살쯤 됐나요?
- 죽은 나무인가요?, 살아있는 나무인가요?
- 나무의 소원은 무엇인가요?
- 나중에 이 나무는 어떻게 될 것 같아요?
- 나무를 보면 생각나는 사람이 있나요?

(3) 사람 그림

- 누구인가요?
- 이 사람은 몇 살이에요?
- 무엇을 하고 있나요?
- 이 사람의 기분은 어떠한가요?
- 이 사람의 소원이 있다면 무엇일까요?
- 이 사람은 나중에 어떻게 될 것 같아요?

2) **기타** : 개인검사, 집단검사, 만화형 검사의 재시도, 시간 측정, 평균소요시간 40분

(1) 집 그림

질문 사항	피검자의 답변
(1) 이 집은 도심에 있는 집입니까? 교외에 있는 집입니까?	
(2) 이 집 가까이 다른 집이 있습니까?	
(3) 이 그림에서 날씨는 어떠합니까?	
(4) 이 집은 당신에게서 멀리 있는 집입니까? 가까이 있는 집입니까?	
(5) 이 집에 살고 있는 가족은 몇 사람이며, 어떤 사람들입니까?	
(6) 가정의 분위기는 어떠합니까?	

(7) 이 집을 보면 무엇이 생각납니까?	
(8) 이 집을 보면 누가 생각납니까?	
(9) 당신은 어떤 집에 살고 싶습니까?	
(10) 당신은 이 집의 어느 방에 살고 싶습니까?	
(11) 당신은 누구와 이 집에 살고 싶습니까?	
(12) 당신의 집은 이 집보다 큽니까? 작습니까?	
(13) 이 집을 그릴 때 누구의 집을 생각하고 그렸습니까?	
(14) 이것은 당신의 집을 그린 것입니까?	
(15) (특수한 집인 경우) 왜 이 집을 그렸습니까?	
(16) (그림에서 이해하기 곤란한 부분에 대하여) 이것은 무엇입니까? 왜 그렸습니까?	
(17) 이 그림에 첨가해서 더 그리고 싶은 것이 있습니까?	
(18) 당신이 그리려고 했던 대로 잘 그려졌습니까? 어떤 부분이 그리기 어려웠고 마음에 들지 않습니까?	

(2) 나무 그림

질문 사항	피검자의 답변
(1) 이 나무는 어떤 나무입니까? (불확실한 경우 상록수 혹은 낙엽수인지 질문한다)	
(2) 이 나무는 어디 있는 나무입니까?	
(3) 한 그루만이 있습니까? 숲 속에 있나요?	
(4) 이 그림의 날씨는 어떠합니까?	
(5) 바람이 불고 있습니까? 바람이 분다면 어떤 방향으로 불고 있습니까?	
(6) 이 나무는 몇 년쯤 된 나무입니까?	
(7) 이 나무는 살아 있나요? 말라죽었다면 언제쯤 어떻게 말라죽었습니까?	
(8) 이 나무는 강한 나무입니까? 약한 나무입니까?	
(9) 해가 떠 있습니까? 떠 있다면 어느 쪽에 떠 있습니까?	
(10) 이 나무는 당신에게 누구를 생각나게 합니까?	

(11) 이 나무는 남자와 여자 중 어느 쪽을 닮았다고 봅니까?	
(12) 이 나무는 당신에게 어떤 사람을 느끼게 합니까?	
(13) 이 나무는 당신으로부터 멀리 있는 나무입니까? 가까이 있는 나무입니까?	
(14) 이 나무에 필요한 것은 무엇입니까?	
(15) 이 나무는 당신보다 큽니까? 작습니까?	
(16) (상흔 등이 있다면) 이것은 무엇입니까? 어떻게 해서 생겼습니까?	
(17) (특수한 나무인 경우) 왜 이 나무를 그렸습니까?	
(18) 이 그림에 더 첨가해서 그리고 싶은 것이 있습니까?	
(19) (그림에서 이해하기 곤란한 부분에 대하여) 이것은 무엇이며 왜 그렸습니까?	
(20) 당신이 그리고자 한 만큼 잘 그렸습니까? 어떤 부분이 그리기 어려웠고, 마음에 들지 않나요?	

(3) 사람(남녀 각각의 인물화에 대하여)

질문 사항	피검자의 답변
(1) 이 사람의 나이는?	
(2) 결혼은 했습니까? 가족은 몇 명이며, 어떤 사람들입니까?	
(3) 이 사람의 직업은?	
(4) 이 사람은 지금 무엇을 하고 있습니까?	
(5) 지금 이 사람은 무슨 생각을 하며, 어떻게 느끼고 있습니까?	
(6) 이 사람의 신체는 건강한가요? 약한 편인가요?	
(7) 이 사람은 친구들이 많습니까? 어떤 친구들입니까?	
(8) 이 사람의 성질 어떻습니까? 장점과 단점은 무엇입니까?	
(9) 이 사람은 행복합니까? 불행합니까?	
(10) 이 사람에게서 무엇이 필요합니까?	

(11) 당신은 이 사람이 어떻습니까? 좋습니까? 싫습니까?	
(12) 당신은 이 사람처럼 되고 싶습니까?	
(13) 당신은 이 사람과 함께 생활하고 친구가 되고 싶습니까?	
(14) 이 사람을 그릴 때 누구를 생각하고 있었습니까?	
(15) 이 사람은 당신을 닮았습니까?	
(16) (특수한 인물인 경우) 왜 이 사람을 그렸습니까?	
(17) (그림에서 이해하기 곤란한 부분의 경우) 이것은 무엇인가요? 왜 그렸습니까?	
(18) 이 그림에 더 첨가해서 그리고 싶은 것이 있습니까?	
(19) 당신이 그리고자 한 만큼 잘 그려졌습니까? 어떤 부분이 그리기 어려웠고, 마음에 들지 않습니까?	

(4) 사람(남녀 각각의 인물화에 대하여)

질문 사항	피검자의 답변
(1) 이 사람의 나이는?	
(2) 결혼은 했습니까? 가족은 몇 명이며, 어떤 사람들입니까?	
(3) 이 사람의 직업은?	
(4) 이 사람은 지금 무엇을 하고 있습니까?	
(5) 지금 이 사람은 무슨 생각을 하며, 어떻게 느끼고 있습니까?	
(6) 이 사람의 신체는 건강한가요? 약한가요?	
(7) 이 사람은 친구들이 많습니까? 어떤 친구들입니까?	
(8) 이 사람의 성질 어떻습니까? 장점과 단점은 무엇입니까?	
(9) 이 사람은 행복합니까? 불행합니까?	
(10) 이 사람에게서 무엇이 필요합니까?	
(11) 당신은 이 사람이 어떻습니까? 좋습니까? 싫습니까?	
(12) 당신은 이 사람처럼 되고 싶습니까?	

(13) 당신은 이 사람과 함께 생활하고 친구가 되고 싶습니까?	
(14) 이 사람을 그릴 때 누구를 생각하고 있었습니까?	
(15) 이 사람은 당신을 닮았습니까?	
(16) (특수한 인물인 경우) 왜 이 사람을 그렸습니까?	
(17) (그림에서 이해하기 곤란한 부분의 경우) 이것은 무엇인가요? 왜 그렸습니까?	
(18) 이 그림에 더 첨가해서 그리고 싶은 것이 있습니까?	
(19) 당신이 그리고자 한 만큼 잘 그려졌습니까? 어떤 부분이 그리기 어려웠고, 마음에 들지 않습니까?	

5. HTP 그림검사 해석의 방법과 유의점

1) HTP에 나타난 그림의 발달과 개인의 성장
2) HTP에 나타난 상징성 : 도식적 의사소통과 상징(위장된 표상)
3) 전체적인 평가 : 적응수준, 성숙도, 신체상의 혼란 정도, 자신과 외계에 대한 인지방법
4) 형식적 분석(공통적 요소) : 각 4개의 그림에 대한 구조적 분석
5) 내용적 분석 : 그림을 그린 후의 질문 참조, 문화적 차이, 상징의 의미(보편성과 특수성) 고려
6) H와 T와 P의 상호관련성 고려

6. HTP 그림검사 형식적 분석

1) 검사 시의 태도와 소요시간 : 장시간 소요자는 강박경향과 완벽성 시사 등
2) 순서 : 경계선급의 정신질환자는 다음 그림으로 넘어갈 때마다 정동반응을 나타냄 등
3) 크기 : 내담자의 환경, 양친의 관계, 신체상, 자존심, 자기 확대의 욕구, 공상적인 자아

(1) 그림의 크기는 자기존중감, 자기 확대욕구, 공상적인 자아에 대한 단서를 제공한다.

(2) 비행 청소년의 그림은 환경에 대한 적의와 과잉행동으로 일반적으로 큰 그림을 그린다.

(3) 지나치게 작은 그림은 무력감, 열등감, 불안감, 자기억제, 낮은 자존감, 수줍음 등을 나타내며, 도화지 상단에 지나치게 작게 그려진 그림은 낮은 에너지 수준과 지나친 낙천주의를 나타낸다.

(4) 지나치게 큰 그림은 공격적, 부적절한 보상적 방어, 과잉행동, 조증상태 등을 나타낸다.

4) **위치와 절단** : 구도, 보통은 중앙에 위치

(1) 왼쪽에 치우침 – 강한 자의식, 내향적 성향, 과거로의 퇴행, 공상적 경향, 여성경향

(2) 오른쪽에 치우침 – 미래를 강조, 남성적 특징, 남성에 대한 지나친 동일시, 환경에 따라 방향 결정

(3) 왼쪽 귀퉁이 – 강한 불안, 과거로의 퇴행, 새로운 경험을 피함

(4) 아랫면에서 잘림 – 강한 충동성, 충동성을 강하게 억제하여 성격의 통합을 유지히고자 함, 한경의 방해

(5) 윗면에서 잘림 – 공상을 추구, 강한 지적 성취 욕구

(6) 왼쪽에서 잘림 – 미래를 두려워하며 과거에 고착, 충동성, 의존적

(7) 오른쪽에서 잘림 – 강한 지적통제, 감정의 솔직한 표현

(8) 상단에 위치 – 공상, 높은 수준의 열망, 부적합한 낙천주의

(9) 하단에 위치 – 불안정감, 위화감. 우울, 부적절한 감정

(10) 가장자리나 하단 – 의존성, 독립행동에 대한 두려움, 회피, 낮은 자존감, 불안감

5) **필압과 선의 농담** : 에너지 수준 등

6) **스트로크** : 긴 스트로크는 자신 통제 표시 등

7) **지우기** : 지나친 지움은 불안, 우유부단, 불확실성, 자신에 대한 불만 등

8) **대칭성** : 경직된 대칭성은 우울증 등

9) **방향** : 옆이나 뒷모습은 도피적인 경향 등

10) **상세한 그림** : 환경과의 통합부족 등

11) **생략한 왜곡** : 창문의 생략은 외계의 관심부족 등

12) **절단** : 용지 하단의 절단된 표현은 충동성의 존재 등

13) **그림자와 음영** : 그림자는 의식수준의 불안과 갈등 등

14) **투명성** : 정서적, 기질적 원인에 의한 성격 통합 상실 등

15) **원근법** : 조감도는 우월한 인간으로 인식, 가정탈피 등

16) **운동** : 극단적인 경직성은 성격문제 등

17) **지면의 선** : 불안감 표시, 안정의 욕구 등

18) **기타의 표시** : 용지의 회전은 공격방향과 거부방향이며 1회 이상의 회전의 병적임 등

7. 집(H) 그림 분석

집은 주거장소로 집에서의 생활, 가족관계에 대한 상호작용과 감정적 태도 등을 나타낸다.

일반적으로 집을 그리라고 했을 때 나이와 상관없이 단독 주택을 그린다. 때때로, 교회나 절. 학교, 빌딩이나 아파트를 그리는 경우가 있는데 이럴 때에는 예를 들어 "아파트를 그리셨네요?"라고 질문이 필요하다. 피검자가 "이번에 이사를 갔어요." 라던가 "요즘 교회를 신축하고 있어 아침마다 교회에 가서 기도를 하고 있어요." 라는 합당한 대답을 하면 문제가 되지 않으나 심드렁 하거나 귀찮다는 듯이 "그냥 그렸어요."라고 답한다면 이는 가정에 대한 불만이나 갈등으로 해석이 가능하다.

1) **집 그림의 의미** : 가정상황, 가족관계에 대한 태도, 감정 등

2) **해석** : 전체 분석 + 필수요소(지붕, 벽, 출입문, 창문)

3) **해석지표**

(1) **주제** : 단독주택(약 80%)

(2) **지붕** : 정신생활 – 큰 지붕(공상, 도피)

지붕은 정신기능과 관련이 있으며 특히 공상영역을 상징한다. 정신기능이 와해되면

지붕 또한 손상된 모습을 보이게 된다. 지붕을 지나치게 크게 그린 사람은 공상에 열중하거나 대인관계에서 철회되어 있는 환자일 가능성이 높다. 지붕을 강한 필압으로 강조하거나 지붕의 윤곽을 반복해서 덧칠한 경우는 자아통제로부터 벗어나 현실로부터 공상에 빠지려는데 불안과 방어 노력으로 해석할 수 있다. 이것은 정신병이 발병하기 이전 단계 환자들이나 불안장애를 보이는 환자의 그림에서 종종 보여진다.

(3) **벽** : 자아의 강함 – 무너진 벽(자아붕괴)

벽의 선은 자아의 강도와 관련되어 있다. 망가지고 붕괴될 듯한 벽은 손상받기 쉽고 약화된 자아기능을 가진 환자의 그림에서 자주 발견된다.

(4) **문** : 환경과의 상호작용 및 대인관계 – 문이 없음(외계와의 폐쇄)

문은 환경과 상호작용하는 부분으로 대인관계에 대한 태도를 나타낸다. 대체로 문의 크기는 1층 높이에 가까운 것이 일반적이다. 집의 크기나 창문에 비해 너무 작게 그려진 문은 환경과의 접촉을 꺼려하고 대인관계도 위축되어 있고 무력감과 우유부단에 지배되고 있음과 수줍음을 나타낸다. 반대로 지나치게 큰 문이나 폭이 넓은 문은 타인에게 과도한 의존심을 시사한다.

(5) **방틀** : 방과의 관계 – 기실(사회화)

(6) **창문** : 인간의 눈(환경과의 수동적 접촉) – 창문이 없음(환경에 대한 폐쇄, 편집증적 경향)

창문은 외부 환경과 접촉할 수 있는 제2의 통로로써, 문이 능동적인 접촉이라면 창문은 외부 환경과의 수동적인 접촉을 나타낸다. 창문을 그리지 않은 것은 환경에 대한 관심의 결여와 적의, 폐쇄적인 사고를 나타낸다. 문도 창문도 그려지지 않은 경우는 조현증의 증후이다. 커튼이나 셔터를 강조해서 그린 경우 타인과의 접촉을 극도로 꺼려하고 있음을 반영한다.

(7) **굴뚝과 연기** : 친밀한 인간관계, 남성의 성기

굴뚝이 없어도 해석에 큰 문제가 되지는 않는다. 그러나 굴뚝이 특별히 강조되거나 굴뚝에서 짙은 연기가 나오게 그려졌다면 주의를 기울일 필요가 있다. 전자는 남성의

성에 대한 관심도와 성 정체성의 문제, 후자는 가정환경에서의 긴장과 근심 등 정서적 혼란이 있음을 시사한다.

(8) **울타리, 처마, 하수구, 물받이** : 울타리(자기방어), 처마(시기심, 경계심)
(9) **나무와 숲** : 집 주위의 숲(방어벽, 안정감)
(10) **계단과 길** : 사회적 상호관계의 환영 – 통제력
(11) **기타 부속물** : 피험자의 자화상 : 문패, 초인종, 우편함, 안테나, 풍향계 등

8. 나무(T) 그림 분석

나무는 무의식적인 수준에서 그림을 그린 내담자가 느끼는 사람이나 자신의 모습 및 감정을 반영한다. 나무 그림은 자기방어적이지 않으며 자신을 드러내는데 자유롭기 때문이다.

1) **나무 그림의 의미** : 성장의 열망 반영, 정신과 자기 확장의 은유, 자기상, 정신적 성숙도 표시
2) **해석** : 전체 평가+필수요소(줄기와 가지) 고려, 그리는 순서 고려(지면의 선과 나무, 잎)
3) **해석지표**
   - 주제 : 고목나무와 그루터기 – 상록수(활력)
   - 줄기 : 에너지, 창조적 생명력 등 – 큰 줄기(적극성, 공격성 경향)
   - 수피 : 외계와의 접촉 부분 : 검게 칠함(긴장감, 우울, 불안)
   - 줄기의 상흔, 옹이구멍 : 기억나는 외상, 불안과 갈등
   - 가지 : 힘의 상징(교제, 성취욕구, 능력, 가능성)
   - 수관 : 잎 + 잔가지 – 작은 수관(아동, 노인)
   - 뿌리 : 현실을 지배하는 능력인지 – 나무 뿌리의 강조(미성숙, 과거관심)
   - 지면의 선 : 강조(불안, 의존욕구), 용지하단 사용(우울)
   - 잎, 꽃, 열매를 그린 나무 : 장식, 활력 표시
   - 자연(해와 달, 바람 등)과의 관계 : 해(권위의 상징)

- 특수한 나무 : 동물 그리기(자기 동일시), 비둘기, 열쇠구멍 등
- 크기와 기울기 : 큰 나무(통찰력 부족, 적의감 등)

(1) 주제

나무가 그려진 후에 질문을 통해 그려진 나무의 종류와 수령에 대해 아는 것이 바람직하다.

상록수를 그린 사람은 자신을 활력이 넘치는 사람이라고 생각과 소망을 가지고 있다. 특히 삼목을 그린 사람은 달성 욕구가 강하고 질서있는 행동을 하려는 경향이 있는 경우가 많다. 반면 낙엽수는 자신이 외부의 영향에 의해 움직여지고 있다는 감정을 가지고 있는 경우가 많다. 밑으로 쳐진 버드나무 같은 나무를 그린 사람은 폐쇄적인 경향이 많고 자기주장이 적으며 우울감이나 내향적인 경우가 많다. 죽은 나무를 그린 경우는 깊은 우울증과 신경증환자에게서 나타날 수 있으며 심하게는 자살의 위험도 있으므로 적절한 질문과 함께 주의 깊게 관찰할 필요가 있다. 나무 밑둥이가 잘려진 그루터기의 그림도 종종 나타나는데 이는 자신의 힘으로는 어쩔 수 없는 심적인 외상이 있음을 나타낸다.

(2) 나무 기둥

나무 기둥은 성격의 기본요소에 해당되며 환경에 대한 감정을 나타낸다. 나무 기둥이 희미하고 약하게 표현되었다면 자아 상실감이나 만성적인 불안감이 내재되어 있음을 시사한다.

나무 기둥에 구멍이 그려져 있고 그 안에 동물을 그려 넣었다면 성인의 경우는 성격의 일부가 통제를 상실하여 현실로부터 분리된 상태를 시사하고, 아동인 경우는 따뜻함과 강한 모성적 보호욕구를 시사한다. 때로는 인간관계에서 미성숙한 성인이나 공포증이나 강박증이 있는 아동에게서도 이러한 반응이 보인다. 나무 기둥에 상처의 흔적이 보인다면 이는 외상경험이나 내적 상처가 있음을 시사한다. 이런 그림은 나무의 나이를 질문하여 보아서 상흔의 위치에 따른 상처의 시점을 유추할 수가 있다.

(3) 나무 가지

나뭇가지는 주어진 환경에서 어떤 만족이나 원하는 바를 달성하려는 표현이며 자신

의 능력가능성, 적응성을 나타낸다.

끝으로 갈수록 굵어지는 가지는 외향적이며, 앞뒤 생각없이 행동하는 충동과 본능을 나타낸다. 나무가지의 끝이 닫혀있지 않고 열려져 그린 사람은 개방적이며 다방면에 흥미를 갖지만 충동을 적절히 통제하지 못함을 나타낸다. 나뭇가지가 좁고 길게 그려지고 과도하게 위로 향하는 그림은 환경에서 만족을 얻기 두려워하는 공상적인 사람에게서 나타난다. 이러한 그림은 내성적인 성격을 지녔거나 조현증적인 경험을 보이는 공통적 특징이기도 하다. 또한 가지가 지나치게 커서 용지의 끝 부분을 넘고 있다면 이는 공상에 심하게 빠져 있는 사람일 가능성이 높다. 나뭇가지의 끝이 구부러지거나 창 끝처럼 예리하게 그려진 것은 적의와 공격적인 충동성을 보이는 것이다. 나무줄기에 비해 지나치게 크게 그려진 나뭇가지는 주변 환경에서 만족감을 얻으려 애쓰는 모습을 나타낸다. 반대로 나무 줄기에 비해 나뭇가지가 지나치게 작다면 무력감과 좌절 상태일 가능성이 높다. 나뭇가지의 끝을 구름처럼 둥글게 그렸다면 이는 내면의 분노를 밖으로 드러내지 않고 있는 상태를 나타낸다.

(4) 잎, 꽃 열매를 그린 나무

수관에 잎을 그리는 사람은 인정욕구가 강하고 쾌활한 성격이며 예리한 관찰력을 가진 경우가 많다. 나무에서 잎이 떨어지는 그림은 외부의 영향에 자아의 통제력을 상실하고 있거나 감수성이 강한 사람이거나 자신의 존재를 과시하려는 사람에게서 나타난다.

꽃이 그려지는 경우는 외면적인 체면을 중시하며 자신을 찬미하는 사람을 시사한다.

나무에서 열매가 떨어지고 있는 그림은 자기가 거부되고 있다는 감정과 함께 체념과 포기의 감정을 나타내며, 강간과 같은 외상이나 타락을 시사한다.

9. 사람(P) 그림 분석

HTP 검사에서 인물화는 의식적인 자아상과 가장 가깝기 때문에 사람 그리기를 불편해하거나 어렵게 생각하는 경우가 종종 발생한다. 인물화는 내담자에게 경계심을 풀게 하고 자기방어를 하려는 생각을 갖기 때문에 의식적, 무의식적으로 자신의 모습을 왜곡시켜 표현하기도 하고 자기 이외의 인간을 그리는 경우가 많다. 인물화는 자아상이나 자신이 바라는 이상형이나 부모나 자녀와 같은 의미 있는 사람들에 대한 상을 표현한다.

1) **사람그림의 의미** : 자기상 표현, 자신의 모습 왜곡 표현, 현실상과 이상형, 심리적인 것과 신체적인 표현, 의미있는 사람 표현
2) **해석** : 전체 평가 + 필수요소(얼굴, 몸통, 두 개의 손, 발, 코, 입, 눈), 그리는 순서 고려(얼굴, 동체, 의복, 다리, 얼굴, 손)
3) **해석의 지표**
   - 처음에 그리는 성 : 이성상(성적 관심 및 혼란)
   - 크기 : 자존심과 활동성
   - 만화나 추상적 인물 : 자기방어적 태도, 경계심
   - 성차의 표현 : 남성과 여성상의 분화
   - 주제 : 연령, 거주환경이 비슷한 인물
   - 머리 : 지능, 공상, 자기통제, 대인관심의 성장 – 머리 생략(신경증, 우울증, 자폐성)
   - 얼굴 : 외계 현실과의 접촉 – 얼굴부분의 강조(인간관계 관심)
   - 눈과 속눈썹 : 내면생활(마음의 창) – 그리지 않음(죄의식, 환시 등)
   - 눈썹 : 사기상
   - 코 : 남근의 상징 – 생략(성에 대한 갈등)
   - 입과 입술, 이빨 : 수동성과 적극성
   - 머리카락 : 여성적 – 머리털 강조(자기애, 동성애 경향)
   - 귀 : 수동적 작용 – 강조(청각과 관련성)
   - 턱 : 힘과 결단력 – 강조(지배욕, 공격)
   - 목 : 머리와 몸통의 연결 – 가늘고 긴 목(분열성)
   - 갑상선 연골
   - 팔 : 신체유형, 환경과의 접촉 – 정상(적당한 간격)
   - 손 : 인간관계, 외계의 사물
   - 손가락 : 환경에 직접 접촉
   - 다리와 발 : 성격의 안정성, 성에 대한 태도

- 발가락 : 병적 증후, 공격성과 관련
- 몸통 : 신체 이미지 – 작은 몸통(신체에너지 결핍)
- 어깨 : 체격과 체력, 남성적 힘, 과시욕구
- 유방 : 성적 관심, 의존욕구 – 나체(성적 관심)
- 허리 : 상체와 하체의 기능과의 접합점
- 엉덩이 : 성적인 의미 – 남성상(미성숙, 동성애)
- 관절 : 신체 통합의 불확실감, 의존성, 강박증
- 의복 : 사회적 역할, 본질, 성격 파악의 단서
- 단추 : 배꼽, 젖꼭지 – 모친에 대한 의존성
- 주머니 : 유아적, 의존적 사람
- 넥타이 : 남성적, 남근
- 모자 : 남성적인 관심
- 신발 : 여성다움, 여성의 성기
- 소지품과 악세사리 : 남성다움(지팡이 등), 여성다움(귀걸이 등)
- 자세의 특징 : 비스듬한 전체상(알콜중독)

(1) 처음에 그리는 성

일반적으로 인물화를 그릴 때는 자신과 동성인 인물을 먼저 그린다. 인물화에서 반대되는 성을 먼저 그리는 사람은 성적 관심이 강하거나 의미 있는 사람이 이성이며 심리적으로 밀착된 경우, 성정체성의 혼란, 동성애 등의 가능성이 있다.

(2) 인물의 크기

인물의 크기는 피검자의 자존감과 활동성을 의미한다.

(3) 머리

인물화의 머리는 공상영역, 지적욕구, 자아통제, 대인관계의 양상 등을 나타낸다.

(4) 얼굴

얼굴 부분을 지나치게 강조하고 주의 깊게 그리는 것은 인간관계나 자기의 의견에 대하여 지나친 관심을 가진 사람이다. 남녀상의 한쪽 얼굴에 눈이나 코, 입 등을 그리지 않았다면 그 성에 대해 갈등이 있음을 나타낸다. 남녀상 양쪽 모두 그리지 않았다면 인간에 대한 경계심과 도피 경향이 있고 성정체성의 문제를 나타낸다.

(5) 눈

눈을 매우 크게 그린 사람은 불안이 있으며 의심이 많고, 외향적이며 공격적 행동, 관계망상증을 나타낸다. 반대로 지나치게 작게 그리거나 감은 눈을 그린 그림은 주변 환경에 무관심, 내향성, 자아몰입과 절시증을 나타낸다.

(6) 코

아동들에 그림에서는 코가 생략된 경우가 많다. 이런 경우 별다른 해석을 하지 않아도 된다. 일반적으로 코는 그리지만 콧구멍은 그리지 않는다. 콧구멍을 강조하였을 경우 불만과 공격성을 나타내며, 조현병 환자의 그림에서 자주 등장한다.

(7) 입과 이빨

입을 과도하게 강조하여 크게 그렸다면 구강기적 공격으로 인한 불안, 위의 질환 등과 관련이 있다. 이빨이 보이는 그림은 구강기적 가학성 충동과 공격성을 나타낸다.

(8) 팔

팔을 몸에 딱 붙게 그려진 경우 수동적이며 방어적인 태도가 강하고, 강박적이며 억압된 성격을 나타낸다. 뒤로 숨겨진 팔은 인간관계에서 타협이 되지 않고 공격성을 나타낸다. 팔의 생략은 무능력감, 우울증, 죄책감과 위축을 나타낸다.

(9) 다리와 발

현저하게 긴 다리를 그린 사람은 자립하려는 욕구가 강한 경우가 많다. 반대로 현저히 짧은 다리는 의존 욕구가 강하고 정서적 정지상태를 나타낸다. 다리의 길이가 서로 다른 그림은 자신을 불안정하게 느끼거나 독립성에 대하여 양가감정을 나타낸다. 발의 생략은 신체적인 위축과 우울감 무력감과 독립성의 결여를 나타낸다.

(10) 그리는 순서

대부분 머리에서 발쪽으로 그린다. 그렇치 안고 혼란한 순서로 인물화를 그리는 경우, 충동적이거나 조증 혼란한 정신분열 증세일 수도 있다. 머리나 허리선 아래로 내려가길 망설일 경우 그 부분의 상징적 의미와 관련되어 갈등이 있을 수 있다. 또한 얼굴의 이목구비를 맨 나중에 그리는 경우, 정서적 관여에 직면하는 것에 대한 저항을 나타낸다.

(11) 음영

특정부위에 음영이 그려질 경우 그 신체부위에 대한 집착이나 불안감을 나타낸다.

10. 인물화(DAP)의 해석 목록

인물화(DAP)의 해석은 인물화의 여러 가지 항목에 대한 경험적 연구결과들을 반영하고 있다. 멕코버(Machover), 욜레스(Jolles), 헤머(Hammer), 레비(Levy) 등의 해석을 종합하여 항목별 해석목록이 제시되고 있으며 그 내용을 요약해 보면 다음과 같다(김동연, 공마리아, 1998).

1) 그림 그리는 과정

그림 그리는데 대한 반항	수줍움, 불안 회피, 우울증, 완고함
그림 그리는 순서	대부분 머리에서 발쪽으로 그린다. 머리나 허리선 아래로 내려가길 망설임(그 부분의 상징적 의미와 관련되어 갈등) 혼란한 순서(충동적인, 조중의, 과도한 활동, 혼란된 정신분열증) 작은 부분의 좌우동형의 전개(엄격함, 강박성) 얼굴의 이목구비를 맨 나중에 그림(정서적 관여에 직면하는 것에 대한 저항, 무능과 관련된 부적응)
그림에 대한 태도(못 그린다, 어렵다)	낮은 자존심과 상당한 우울증, 검사자의 비난을 피하려고 함, 권위적인 인물로부터 확신을 얻기 바람
지움(수정), 생략	그 부분에 대한 불안 명백한 불만 신경증, 강박증, 정신장애, 노쇠한 사람, 조증, 우울증 어린 아동에게는 드뭄, 생략은 갈등을 의미함(신체결함)

전체형태를 선으로 그어 지우고 다시 그림	그 사람(자신을 그릴 경우에는 자신)에 대한 진실한 감정 혹은 이상(理想)적인 감정
과다하게 지운 경우	불확실성, 우유부단함, 침착하지 못함 자신에 대한 불만족 불안의 가능성
그림에 다른 사람들을 포함	가족 외 타인과의 친밀성, 확대가족 속에서의 친밀성
회전된 그림	방향감각이 없음 다른 사람들과의 관점이 다름 주의를 끌고 싶은 욕구 구성원들에게 거부당한 느낌, 결속력이 떨어짐 신경계통에서의 문제점 정서적으로 안정된 소년들에 비해 불안정한 소년들에게서 더 자주 발견됨
음영을 넣거나 ×표시를 해 버림(휘갈겨 놓거나 그림을 까맣게 지움) 혹은 진한 음영(머리카락을 제외한 모두)	감정적으로 안정된 소년들보다는 그렇지 않은 소년들에게서 자주 나타남 나이든 소년 보다 어린 소년들에게 훨씬 드물게 나타남 중산층 성인들에게서 종종 나타남
특별 신체부위에 음영이 넣어진 경우	검게 질해진 신체부위에 대한 집착 검게 된 신체부위나 그 주변의 신체부위에 대한 불안감(예:허리 아래가 검게 되었을 때는 성적인 문제)
전체적으로 음영이 나타난 경우	우울증의 가능성 특수한 가족 내의 역동성에 있어서 중요하게 상호작용하고 있는 개인들에 대해 동일시 구분 충동을 제어하거나 부정하려는 시도
한 개인이나 사물을 검게 칠함	연관된 사람이나 대상에의 불안감, 고착, 집착을 제시
막대모양의 그림(모든 그림이 막대 그림으로 그려짐)	검사환경에 방어적이거나 저항적이고 특히 요청에 의해 겨우 전체 그림을 완성했을 때 낮은 I.Q. 수준 최소의 협조, 부정적 성향을 제시
눈사람	감정적 결핍
투명함	옷을 통해 신체 일부를 들여다보이게 함은 아동에게는 정상적일 수 있으나 성인은 관음증적 기질적 문제 현실을 비꼼; 가난, 종종 보잘것없는 현실 테스트 나이든 소년이나 성인에게는 정신이상이나 사고패턴 문제의 가능성, 낮은 I.Q.

2) 전체적인 인물상

공허한 인물상	회피, 우울증, 정신적 결함, 퇴행, 정신분열증적인 공허함
인물상의 균형, 대칭, 비례	정신적 균형에 대한 피검자의 감정과 연관 정신적 조화나 내적인 갈등의 확장을 나타냄
기울어진 인물상	불균형감, 정신분열증의 초기, 끊임없이 변하고 불안정한 상태의 성격
기형의 인물상	전형적으로 과거나 현재에서 실제적으로 기형인 부분에서 나타남, 신체부위의 현실적인 상징적 어려움
나체상	그리는 경우는 많지 않다. 미술전공 학생, 정신분석학에 종사, 성관계에 열중, 성적으로 훔쳐보는 취미, 우울증적 정신분열증, 경박한 성적인 편견을 가진 남자
대칭성	좌우 대칭(엄격함과 억압) 극단적인 대칭(강박적, 정서적으로 차갑고 메마름) 명백한 혼란(신경증, 심한 불안 신경증, 경조증)
박대인물상	회피, 엄격함(지적으로 신중한) 정신병(대인관계에 혐오를 나타냄), 불안정(신념 상실)
도화지 상단에 위치	경계를 넘거나 상단에 그림(대인관계에서 자신을 지나치게 내세우려는 경향, 극단적인 공상생활을 하는 경향, 조울증적 성격)
왼쪽으로 보는 인물	내성적, 이기적
도화지의 왼쪽과 오른쪽	왼쪽은 자신에 관한 부분이고 오른쪽은 환경
도식적인 그림	극단적인 상징적 사고들(악화된 정신분열증) 상당한 경직과 압박감(신경증적, 퇴행된 성격, 경직)
옆모습	자기 과시, 순진함, 사회적 의사소통의 함축 여성과 사회적으로 의존적인 사람
인물상의 분위기	행복한, 명랑한, 자유로운, 무기력한, 수동적인, 우울한, 풀이 죽은, 거만한, 지배적인, 애교 있는, 천사 같은, 황량한, 엄격한, 친절한, 관대한, 힘 있는, 부드러운, 애원하는 듯한, 극악한 등등 여러 가지 표현이 가능하다.

3) 남, 여 인물의 처치

성의 특징적인 처치는 성역할, 적대감, 의존성, 힘의 투쟁과 성적 수준의 미숙함에 의한 고착 등과 관련되는 마찰영역을 나타내므로 중요하다.

자아이상에 일치하는 잘 조정되고 세심한 남성상 힘을 가진 분명한 어머니상	성적으로 미숙한 남자
사내답지 못한 남자와 남자같은 여자 매혹적인 남자와 여자상	동성애자
나약한 여자상	당당하며 자기과시적인 자기중심적인 남자
나약하고 부적절한 남자상	남성에 항의하는 여자들
반대 성을 먼저 그림	반대 성과 동일시, 성역활 혼란 반대 성 부모에 대한 강한 애착이나 의존성 심리적 성적 미성숙, 이혼, 약물 알코올의 과도한 사용
먼저 그리는 인물상의 성	Levy는 피검자 5000명 중 87%가 동성을 먼저 그렸다. 동성애자 중 81%가 이성을 먼저 그렸다.

4) 인물상의 크기

만약 작다면 자신을 작게 느끼거나 부족감을 느끼며 열등감을 가지고 환경의 요구에 반응한다는 것이다. 크다면 과대망상과 공격성을 가지고 환경적 압력에 반응하고 있다는 것이다. 극단적인 크기의 인물상은 정신병을 나타낸다. 평균은 7인치 정도이다.

크기와 공간비율	피검자와 그의 환경사이 또는 피검자와 그의 부모상 사이의 역동적 관계와 유사할지도 모른다. 피검자의 공상적 상태와 관련되어 있을지도 모른다. 피검자의 과대망상과 관련된 실제적인 자존감의 정도를 나타낼지도 모른다.
보통보다 훨씬 작은 인물상	수축된 자아, 환경을 다루는데 있어서 부적절한 과정 퇴행적이고 수동적인 정신분열증환자(낮은 에너지 수준과 약하고 아주 작은 자아) 심한 우울증
매우 큰 인물상	도화지 위에 자기를 증명하기 위한 노력 부적당함을 받아들이기 어려우며 억압된 감정을 가진 편집증 환자의 과장 자존감에 대한 환상 공격적인 정신병환자의 높은 자존감 불안정성 균형이 맞지 않고 빈약하게 그렸다면 정신적 장애, 기질적 장애, 혹은 아동의 그림
도화지를 벗어난 인물상	계획능력의 부족 조증, 과잉행동의 경향

5) 인물상의 자세 및 운동

달리는 인물상	불유쾌한 상황에서 도피하려는 높은 수준의 에너지를 가르킨다. 또는 히스테리적인 충동성을 가리킬 수도 있다.
어릿광대 인물상	소용없다고 생각된 검사의 질을 떨어뜨리려는 노력 해롭지 않은 불합리성에 대한 충동과 욕망을 감소시키려는 노력 자기 과시벽이 강한 경향 지능과 창조성이 평균 이상
활동적인 인물상	문제를 기꺼이 해결하려는 적극적인 사람과의 동일시
과도한 활동성	세계를 조정하고 예지력을 증가시키기 위한 보상적인 능력
수동적인 인물상	무력함과 약함의 과도한 감정으로 생기는 병리적 증후
발을 벌리고 섬	넓게 벌림(자신감, 대인관계에서의 불안정을 상쇄하려함) 좁게 벌린 발(엄격함, 속박), 딱 붙임(성적 유혹에 긴장, 저항, 수줍움)
다리가 공중에 떠 있고 쓰러질 듯한 상	만성적인 알코올 중독과 같이 심한 불안정성과 의존성 불안정한 정신적 균형

6) 인물상의 방향(원근법, perspective)

그려진 인물상에 있어서 얼굴의 방향이 정면, 측면, 배면 중 피검자가 사용하는 방향에 따라 피검자의 환경에 대한 태도와 감정 및 대인관계의 평가와 처리법 등을 알 수 있다.

측면의 얼굴	비교적 소박하고 진실된, 더 신중하고 복잡함
균형 잡히지 않은 측면 얼굴	빈약한 판단력
정면	허영심 강한 여자, 청년기 소녀, 사회적으로 개방적인 남자들 중 과시적 경향성
여자상은 정면 남자상은 측면	남성피검자(자기방어의 표시) 여성피검자(자기노출 준비가 됨)
얼굴은 정면이고 머리는 옆을 향한 혼란된 그림	비교적 드물고, 정상에서 벗어난 기질적 요인, 낮은 수준의 정신 지능, 정신분열증
머리는 측면이고 신체는 정면으로 향한 그림	부자연스러운 자세, 사회적 불안(사회적 교섭과 관련된 죄책감) 몸을 드러내려는 충동

전체적으로 옆모습	세계와의 직면을 거부함 자기를 숨기려는 경향, 철회
전체적으로 정면(–뒷면)	엄격함, 직접적으로 삶과 직면하려는 결의(–거부, 반항)
원근선(지면선)	피검자는 지지를 필요로 한다. 의지하기 위한 선 필요 불안정감이나 판단의 기준, 경계에 대한 욕구

7) 인물상의 음영과 완성되지 않은 그림

그림에 있어서 음영이나 갈려 쓰기는 불안이나 공격의 지표라고 생각된다. 또 음영이 붙여진 신체 부분에의 몰두, 고착, 그리고 불안을 시사한다.

음영의 양	불안, 불안의 정도는 음영의 양과 관련 있다.
극단적인 음영	일반화된 불안, 적대적인 환경에 대항할 수 있는 자신감의 결여, 자기비판 감정들
완성되지 않은 그림	우울, 회피, 성취의 낮은 기준(아동의 경우 정신지체) 신경증적인 압박감

8) 주제

인물화에서 그려지는 주제는 피검자가 어느 정도 같은 연령, 환경에서 거주하는 인물일 경우가 많다.

카우보이	공상속의 공격성이 적극적인 신체적 표현으로 나타남 아동과 비행청소년
눈사람	신체 문제에 대한 회피
광대, 만화, 바보 같은 인물상	자기 경멸이나 자기 적개심의 표현
나이든 사람	성숙함과 지배력을 가지려고 애씀
젊은 사람	유아적 방어, 표현의 자유와 아동기의 적은 책임 갈망, 정서적인 미성숙

9) 선의 묘사

선이 나타내는 운동성, 목적과 방향성, 활기로움과 허약함, 자극성과 역동성 등은 바로 선을 그리는 사람의 심리적 상태, 나아가서 신체적 상태까지 표현할 수 있다.

굵은 선	환경에 대한 물리적 장벽(전형적인 정신분열증 경향)
희미한 선	주장의 부족(표면에 나서기 꺼림, 마음이 약함) 불안, 소심함, 불안정함(기본적인 방어로 철회를 사용함) 불확실성, 우울, 생기의 부족, 열성의 결핍 심한 위축과 저생산을 야기하는 충동에 대한 엄격한 통제 외부 선은 억제와 철회를 나타낸다(정신분열증의 전형). 지성적이고 내성적, 정신적
진한 선	주장적이고 지배적이며 힘과 통제를 위한 노력 지나친 적대적 충동들, 자기 확신의 표시 음영과 강한 압력이 결합(불안을 나타냄) 정신분열증, 조증의 표시 긴장과 적대감의 표시, 유기체의 두뇌 손상
일관된 선	안정된 적응
일정치 않은 압력의 선	히스테리, 조울증, 불안정하고 충동적, 쉽게 불만을 일으킴
톱니 모양의 선	불안, 빈약한 운동 통제, 적개심, 충동성
가벼운 필압으로 흐릿하며 끊어지고 떨린 선	정신분열증적 알코올중독자들
강한 압력으로 더렵혀진 많은 음영	어린아이, 불안 신경증, 정신병
연속적인 선	결심, 두뇌손상
압력이 가볍고 끊어진 선	무서움, 불안정, 부적응
빈약한 협응	과도한 긴장, 불안, 명백한 두뇌 손상일 가능성
스케치선(예술적인 스케치의 결핍)	명확하지 못한 선의 움직임, 필압이 약하면 부적절함 불안, 불명확, 불안정
긴 선	통제
짧은 선	충동적
몸쪽으로 향한 선	내향성
바깥쪽으로 향한 선	외향성
필압	에너지 수준

무거운 필압	불안과 긴장
수직적 필압	결의, 주장, 남성다움
필압이 있는 넓은 선	본능이 강한, 의지력
민첩하고 균열이 없는 선	건강한 자신감, 안정감
활발한 운동이 있는 묵직한 선	실제보다 더 힘 있게 보이고 싶은 욕구 인상적 외모에 대한 욕구
힘이 있고 짙은 선	암시적인 효력을 지닌
물결선	감각적 민감성
털이 많은 실모양의 선	민감성, 신경과민
너덜너덜한 선	과민한, 원기와 생기는 없으나 질긴
엉켜있는, 헝클어진 선	격앙하고 흥분을 나타냄
뻣뻣한, 휘지 않는 선	망설임, 억제, 모순, 불일치
너무 뻗쳐 있는 선	심한 정신적 긴장상태
찌르는, 구멍을 내는 선	지나치게 골똘히 생각하는 성격, 무자비, 몰인정, 강인함
윤곽이 없이(문지르는 것)	무의식에 사로잡혀 있음, 미비한 형상력
끊어지거나 여러 번 그은 선	불안
넓은 선	접촉을 쉽게 하는
음영이 들어가 있으며 덧칠해서 그려지거나, 희미하고 지면선의 사용이 일관되게 나타날 때	그 선이 흐려지면 이는 히스테리아, 정신병질(psychopathy) 혹은 히스테리성 정신병질(hysterical psychopathy)을 나타낸다.

10) 세부묘사

묘화가 극히 정교하고, 정확함이나 질서가 강조된 경우는 환경구성에 대한 관심이나 욕구의 반영이다. 묘화의 구성에 대해서는 매우 위협적인 환경을 통제하려고 하는 시도라고 생각된다.

과도함	주의 깊게 장면을 조직화(강박적)
완전함 결여	심하게 혼란된 우울증 환자(윤곽선만 그림) 공허하고 빈약한 감정
거의 상세하지 않음	아동, 정신적 결함, 우울증, 회피적인 정상인
강박 신경증 환자	미세한 세부, 지나친 염려, 자주 지움

특이하게 긴 목	교양 있고, 사회적으로 강직하며 격식을 차리는 지나치게 윤리적 인간. 종속 성향
넓고 굵은 목	완고한 태도, 엄격함, 충동에 잘 동화함
1차원적인 목	과도한 충동과 욕구 통제의 결여
측면에서 목의 기초선 생략	부적절한 조절로 인한 근본적인 욕구와 충동의 범람
넥타이, 목걸이, 의장 등으로 강조된 목	신체적 충동보다 지적인 통제를 강조
목의 생략	뇌기능 장애, 해리장애, 사고장애
작은 목	어제, 위축
몸통과 연결이 안되어 있음	사고 장애
머리와 연결되고 몸과는 떨어짐	이성과 사고가 행동을 통제 못함
몸에 연결되고 머리와 떨어짐	충동 통제 결여
굵고 짧은 목	우락부락하고, 고지식한 경향 통제력 부족으로 충동기질

21) 성적 묘사

성도착	특별한 부분이나 기관에 대한 집중은 성적 만족의 강조
성적 갈등	여성의 다리의 짙은 음영, 허리와 목의 수축, 음영 혹은 강조, 강조된 성적 특성, 남성과 여성의 성적인 차이의 결여, 이성을 먼저 그림, 나체상
성적 묘사의 결여	성이 수용되지 않는 생활에서 성적 욕구를 다루는데 있어서 무능력, 미성숙, 회피
지나친 관심	청소년기의 성적 관심, 예술가, 정신분석학자, 불충분한 성욕 또는 성교 불능자
성적 상징	모자, 신발, 코, 파이프, 총, 지팡이, 담배, 머리카락 성교불능에 대한 공포, 성적 편견, 심리적인 미성숙

22) 발

발은 토대, 자기 이동의 도구이다. 따라서 자율성의 상징이다.

발의 상징성	음경, 청소년 및 성적 관심을 가진 중년 남성의 그림에서 중요 사춘기 소녀가 그릴 때 외상 가능성 강박적 세밀함
생략	운동성과 자율성의 결여를 의미 신체적으로 비활동적인 상태 몸져누워 있거나, 우울증세, 의욕상실 발의 부재는 도망자들에게서 흔히 볼 수 있다.
매우 작은 발	불안정성, 수축, 의존성 그리고 각종 정신 신체적 상태와 연관 성욕의 억압적이고 경직된 통제
매우 큰 발	보호에 대한 과도한 요구를 나타내는 경향 지지기반에 대한 강한 욕구
매우 긴 발	강한 안전 욕구와 거세 공포증의 가능성과 연관 남성의 성욕에 대한 과도한 관심, 독립에 대한 충동
날카로운 발	적대감의 지표들과 결합된 경우 수용할 수 없는 적대심
발끝으로 선 그림	현실 파악이 미약함, 좌절된 환경에서의 도피에 대한 욕구
지나치게 상세히 그려진 발	강박적
높은 굽을 신은 발	동성연애자, 육체적 매력을 갈망하는 여성
반대방향으로 향한 발	양가감정 특히 독립을 위한 투쟁에 대한 양가감정
곤봉 같은 발	걷는데 있어서의 미숙함, 어린이, 노약자
발가락 강조	원시적인 공격성

23) 손

큰 손	호전성을 제시 힘을 얻기 위한 노력, 연약함에 대한 보상(어린 소녀, 청소년) 부족감과 충동성 때문에 사회적 관계에서 세련된 조정을 원함
생략	사람 그림에서 가장 흔하게 생략되는 부분이기에 확실치 않은 의미를 가지고 있다. 그러나 이 생략은 부적응, 거세공포, 자위행위의 죄책감 그리고 기질성 상태에 대한 느낌과 연관되어 있다. 환경을 다루는데 있어서의 부족감, 공격성, 적개심, 성적 감정에 대한 죄책감, 거세 약점
맨 나중에 그림	부적응감 그리고 환경과의 접촉에 대한 난처함 부족감이나 권력 투쟁의 거부로 환경에 적응하기를 저항
주머니나 뒤로 숨긴 손	예술적으로 궤변적, 회피, 꺼려함

짙은 음영	호전적 혹은 자위행위와 더불어 불안감과 죄의식을 제시 실제 또는 공상적 행동에 대한 죄의식(자위행위, 폭행, 절도)
생식기 부근에 그려진 손	자아 성애적인 습관을 제시 성적으로 비정상적인 적응을 한 여성의 그림에서 보임 성적 몰두, 자위에 대한 죄의식, 성적 접근에 대한 방어
손 처리에 대한 혼란	보통 성취와 사회접촉에서 신뢰의 결여를 보여줄 수 있다.
어렴풋하게 그려진 손	사회적 상황에서의 자신감 부족 또는 생산 능력이나 자신감의 전적인 부족, 혹은 이 양자 모두를 제시
부어오른 손	제어되지 않는 충동을 제시

24) 손가락

손가락의 표현은 흔히 손이나 팔의 표현보다 더 중요하게 여겨진다. 유전적으로 손가락은 손이나 팔보다 먼저 그려진다. 가장 엄밀한 의미에서 볼 때 접촉의 표현을 나타내며 당연히 친근감, 건설적, 적개적, 파괴적 등 많은 방면에서 이용된다. 환경을 다루기 위한 도구이다. 사회적 접촉의 장소, 공격의 가능성, 의사소통의 가능성을 의미한다.

크고 뾰족하거나 갈고리 같은 손가락	상당한 적대감, 편집증, 명백한 공격성
꽉 쥐거나 잘린 손가락	공격적 충동을 억압하기 위한 부단한 노력
막대와 같은 손가락	유아적 공격성
꽃잎, 포도 같은 손가락	빈약한 손재주, 유아적 감정
손가락의 짙은 음영	죄의식, 주로 절도나 자위행위, 성욕, 적개심과 관련됨
다섯 손가락보다 더 많은 손가락	매우 야심 있는, 욕심 많은
발톱 같은 손가락 혹은 뿔이 난 것 같은 손가락	유아기적, 원시적, 호전적 경향
매우 긴 손가락	억압되어 있는 피상적인 성인
특이하게 큰 손가락	호전성과 반항적 경향
꽉 쥔 주먹	호전성과 반항성

손가락이 없는 손	아이들의 그림은 흔한 손가락이 없는 손이 어른 그림에서 보일 때는 퇴행과 유아적 호전성, 반항적 경향, 특히 진하게 눌러서 그린 1차원적인 선 그림에서 이 같은 경향이 강함
관절, 손톱이 과도한 묘사	적대감에 대한 엄격한 통제를 유지하기 위한 노력

25) 신발

세밀히 그린 신발	젊은 사춘기 소녀에 있어서 성적인 대상에 대한 강박적인 관심표시, 남성과의 성행위에 대한 관심
뾰족한 신발	공격성
짙은 음영	성적 관심과 노력
신발의 결여	원시적, 억압되지 않은 공격성과 성욕
휘어진 신발	자기 과시적이고 자기도취적인 여성들의 경우 신발에 장식을 정교하게 한다
큰 신발	안전에의 욕구

26) 어깨

신체적 힘에 대한 욕구의 감정을 표현한 것으로 여겨진다.

넓은 어깨	강함, 힘에 대한 극단적인 관심, 청소년, 힘을 얻으려는 노력
작은 어깨	열등감, 보상이나 대리물에 관심, 신체적 힘을 중요시 안함
각진 어깨	호전적, 반항적 경향 엄격함과 적개심을 가진 지표로 극도의 방어와 적개심을 나타냄
균형이 잘 잡힌 둥근 어깨	부드럽고 유연하며 조화가 잘된 힘의 표현
한쪽으로 처진 어깨	정서적 불안정, 성적 역할의 갈등 표시
지우거나 강화된 혹은 불확실한 어깨	신체발달에 따른 충동, 남성적인 것이 기본적인 집착의 대상임. 이러한 표시는 정신 신체증적인 문제를 지니고 있거나 지나친 긴장. 힘에 대한 표현으로서 신체 발달을 위한 충동과 육체적 노력의 몰두
우람한 어깨	남자가 그린 그림(불안정한 개인이나 사춘기 청소년기에서와 보여지는 것과 같이 보상적 반응으로 호전적 경향이나 성적 양면성

27) 팔

세계를 조정하는 것, 다른 사람을 거부하는 것, 다름 사람에게 손을 내미는 것, 다른 사람들을 밀어내는 것, 다른 사람을 곁에 끌어당기는 것, 분노의 표현, 자기 방어, 원하는 것을 획득하는 것, 사랑하는 것, 자위 따위에 의한 자기 성적 흥분의 도구로 사용된다. 팔은 강함과 약함에 대한 감정과 노력을 나타낸다.

생략	손의 생략과 더불어 극도의 우울증, 일반적 무능력, 환경에의 불만족, 그리고 강한 철회경향을 보임과 죄의식을 시사 상대이성의 성(性)을 그릴 때 팔의 생략은 상대이성의 사람들로부터 – 아마 상대이성의 부모님으로부터 – 거부 받는 느낌을 가지는 사람을 나타내며 때때로 죄의식을 반영 우연한 생략, 적개심이나 성적욕망과 관련된 죄의식 세계를 부정하고 상징적으로조차 다루기를 거부함
혼란된 처치	피검자가 환경을 다루는데 피하거나 양가감정을 가짐 권력투쟁, 적개심, 성적 욕망
짧음	야망의 결여, 약함을 느끼고 삶에 굴복
가느다란 팔	결핍된 성취에 대한 강한 감정, 약함과 무용감
날개 같은 팔	무력함, 다른 사람과 접촉하는 정신분열자
포개진 팔	세상에 대한 거부, 의심과 적개심으로 세상을 경멸 공격적으로 행동하려는 충동에 대한 엄격한 통제
뒤로 숨겨진 팔	죄의식과 손을 숨기려는 욕망, 공격성 표현의 통제가 필요
짙은 음영	때때로 자학을 암시
넓은 팔	강함에 대한 노력, 육체적인 힘과 완력이 두뇌를 능가한다고 주장
근육의 강조	신체적인 힘을 얻으려는 노력 육체적 노력, 동성연애자, 청소년기의 남성들
넓은 어깨와 근육의 강조	호전적이며 무례한 경향과 연관
길고 강한 팔	탐욕적이고 보상적인 야망을 나타내며 또한 신체적 강함, 환경과의 적극적 접촉에 대한 욕구 성공에 대한 노력과 야망, 사랑과 애정을 요구함
지나치게 긴팔	부적당한 감정을 보상 받기 위한 야망
바깥으로 뻗은 팔	애정과 사회적 상호작용을 위해 뻗음
팔을 그린선이 거침없이 그려진 경우	환경을 확장시키고자 하는 정도를 나타냄

어깨보다 넓은 팔	자아통제 부족, 충동적
몸 양옆의 곧은 팔	강직하고 강제적이며 억제적인 성격
몸 양옆의 축 늘어진 팔	무능한 성격
손을 허리에 댄 자세	매우 발전된 자아도취적 혹은 "대장(Boss)"경향을 제시
팔이 몸의 오른쪽에서 기계적으로 수평되게 뻗침	환경과 얕고, 효과 없는 접촉을 하는 단순하고 퇴행적인 사람
부서지기 쉽고 쇠약하게 쪼그라든 팔	신체적, 심리적, 연약함과 부적절함의 느낌을 제시
쭉 뻗은 양팔(大자)	피검자가 억압된 상태에서 정서적 도움을 필요로 함

28) 입

강조	퇴행적 방어, 구강기적 성격. 성격에서의 구강기적 특성의 강조 원초적 경향. 언어 장애의 가능성 구강적 성욕, 강한 의존 욕구, 미성숙, 알코올중독자
활모양의 입	청년기의 성욕, 자기도취적, 허영심이 많은 청소년기의 소녀
드러난 이	유아적, 호전적 혹은 가학적 경향 구강적 공격성, 통렬하고 신랄한 빈정거림
넓은 위로 향한 입	억지로 꾸민 적응, 수용된 수 없는 감정들을 감추기 위해 수용될 수 있는 얼굴과 미소로 표현하는 경향
입의 상처	적개심과 분노, 비판적인, 언어적 가학성, 공격적
움푹 들어간 입	구강적 의존성, 심리적 미성숙, 관심과 인정에 대한 요구
굳게 다문 입	자신을 드러내는 것에 대한 거부, 의존욕구에 대한 거부, 억압이나 적개심
비웃는 듯한 입	다른 사람에 대한 멸시, 공격성, 적개심, 약하고 불안정한 감정들이 있기 때문
얇은 입	완고한 강박적 충동들 속에서 구강기 의존욕구의 부인이나 거절, 자기중심적이고 독립적인 사람들에 있어서 구강의존성에 대한 거부
짧고 굵은 선으로 그림	강력한 호전적 충동 – 이 사람은 예상되는 보복을 고려하여 주의를 기울인다.
옆모습에 한선으로 그림	큰 긴장감
여성의 그림에서 큐피드의 화살모양의 입	성적으로 조숙한 여자 성인 그리고 성인 정신신체적 천식에 연관되어져 왔다.

씩 웃는 모습의 넓고 입술 양끝이 굽은 선	아이들에게는 일반적 성인들에게 있어서는 강제적인 만족, 그리고 부적절한 태도의 가능성을 제시한다.
열려진 입	구강적 수동성을 제시
담배, 이쑤시개, 파이프 등 입안의 물체	구강의 성애(性愛)적 욕구를 제시
생략	애정욕구의 강한 거부, 심한 죄의식, 정신 신체적 호흡성 천식의 가능성. 천식 환자, 우울증의 가능성. 다른 이들과 언어소통을 꺼려함

29) 코

코는 성적 관심과 권력투쟁의 상징이다.

긴 코	공격성, 우월을 탐함, 외형적이고 활동적
음영진 코	여성에 대한 약점을 투사한 유아적인 남성에 있어서 거세 감정을 나타냄
단추모양의 코	유아적인 성욕, 아동기적인 의존성
삼각형 모양의 코	권력투쟁, 유아기적 성
평평한 코	처벌받은 권력투쟁
힘주어 그리거나 크기를 통한 코의 강조	성적 곤란이나 거세 공포(Buck, 1948. Hammer, 1971. Jolles, 1964. Machover, 1949) 성적 부적절함 혹은 무기력함, 특히 성인 남자들에게 유의하다(Machover, 1949). 음경에 대한 관심을 넌지시 비친다.
날카로운 코	상당한 공격성과 우월 추구
강조되거나 뚜렷한 콧구멍	호전적인 경향을 나타내고 강조하며, 정신 신체적 천식 증세와의 연관을 가리킴(Bums & Kaufman, 1972. Machover, 1949) 원시적인 공격성, 분노

30) 몸통

특히 몸은 기본적인 욕구와 연관이 되어 있다. 충동과 행동 잠재력의 발달, 성장과 쇠퇴, 그리고 이런 상태에 연관된 태도는 몸통의 처리를 통해 나타날 수 있다. 동시에 몸통의 처리는 나이에 따라 변화가 심하다. 몸통은 종종 비교적 간단하고 전체적 모양이 다소 직사각형으로 그려진다. 이 같은 모양에서 벗어날 경우는 특별하게 취급되어져야만 한다.

둥근형의 몸통	수동적, 비호전적, 비교적 여성적 혹은 유아적, 퇴행적
각진 모습의 몸통	비교적 남자다운
비율에 알맞지 못한 작은 몸통	충동의 거부, 열등감 혹은 양자 모두를 제시
몸체의 아랫부분을 잘 닫혀있게 그리기를 싫어함	성적 편견

31) 옷

속옷만 입었거나 벌거벗은 그림	옷을 지나치게 입힐 때와 마찬가지로 유아적이거나 성적으로 이상 적응된 성격, 관음증적, 노출증적
사람에게 너무 큰 옷	부적응과 자아멸시
속이 비치는 옷	관음증적, 노출증적
주머니의 강조	유아적, 종속적 남성 종종 정신병적 기질에 영향을 주는 호의적 혹은 모성적 측면의 결여
넥타이에 대한 강조	특히 사춘기와 40세 이상의 성인 남자에 있어서 성적 부적응의 감정 작거나 불확실한 그림 혹은 쇠약한 타이는 약한 성욕에 대한 절망적인 자각 길고 눈에 띄는 타이는 성적 무기력을 과대하게 보상하려는 성적 호전성

32) 단추

자신의 내적 힘이 제한되어 있고 안정감을 얻기 위해 타인에게 의존하고 있음, 자기대상의 도움을 받고자 하는 욕구를 나타냄

중간선에서 아래로 달린 단추	어머니에 대한 지속적인 의존, 구강의존으로의 퇴행, 자기중심적인, 신체열중, 권력에 대한 맹종과 의존심에 대한 관심을 가진 신체자각
강조	종속적, 유아적, 부적응하는 성격 의존, 미숙함, 불충분함
소매부리단추	종속성 통제에 대한 판에 박은 강박적인 세부장식
많고 큰 단추	안정감을 얻고자 하는 욕구, 의존적

정교함	과시적, 강박적
적고 작은 단추	욕구충족의 결핍, 좌절감, 수동적

33) 기타

근육 강조	미술전공 학생, 남성동성연애자, 자기 일에 열중함, 자기중심적인, 자기중심적 신체 도취자, 근육이 쇠퇴한 사람
모자	미성숙, 성적 욕망을 숨김, 남성의 성적 무력감, 머리카락 없음(유아기의 성욕에 대한 정신분열증적 표시와 남성다움에 대한 보상적 공상)
특별히 강조된 턱	호전적이고 지배적인 경향의 가능성 강력한 추동의 단계의 가능성 약하자고 느끼는 것에 대한 보상의 가능성
배	확장(신체적 나약함, 갱년기 우울증, 임신에 대한 갈망, 탐욕과 욕망을 나타냄, 아동화의 진행)
발의 생략	불안정성, 혹은 "뿌리"의 부재를 제시
다른 물체에 의해 잘렸거나 생략된 신체부분	생략된 부분에 대한 거부감과 우울증, 그리고 이 부분에 대해 생각할 수가 없음 아버지나 형과의 경쟁에서 거세 공포증을 가진 소년들에게서 보여짐 정서적으로 적응이 된 소년들과 비교할 때 정서적으로 불안정한 소년들에게서 유의하게 많이 발견됨

34) 정상적인 지표들

크기	6~7인치, 여성상은 남성에 비해 약간 작거나 같지만 크지는 않다.
배치	종이의 중간에서 약간 아래
시작	머리와 얼굴에서 시작
소요시간	10~12분
자발성	어떤 생기나 활동(즉, 융통성이 있고 엄격하지 않은)을 보여준다.
비율	현실적인 비율과 조화되고 경미한 경우엔 왜곡이 없다.
예술적 표현	보기에 균형 잡혀있고 유쾌하게 그려져 있다.
지움	극소, 더 잘 그리려고 할 때 지운다.
선의 질	선은 일관되고 안정된 필압을 보인다.
성	주로 동성을 먼저 그린다.

성적인 특징	여성은 가슴, 남성보다 긴 머리카락, 둥근 엉덩이 남성은 넓은 어깨, 가슴, 짧은 머리
나이	피검자의 나이에 가깝다.
허리띠	상투적인 통제의 표시
형식적인 옷	형식적인 통제와 보수적이 되려는 경향
눈	눈동자를 그리지만 검게 칠해 강조하지는 않는다.
콧구멍이 없다	유아적인 공격성이 결여
주관적	지나친 자기비판 없이 그려진 인물상을 수용한다.
유머감각	유머를 가지고 그림의 부족한 점들을 수용할 수 있다.
발	강조되지 않는다.
귀	강조되지 않는다.
완전한 인물상	소수만을 제외하고 인물상을 그린다.

11. HTP 그림검사 보고서

<table>
<tr><td>이름 :</td><td>나이 :</td><td>성별:</td><td>생년월일 :</td></tr>
<tr><td colspan="3">주소 :</td><td>집 전화 :</td></tr>
<tr><td colspan="3">직업 :</td><td>직장전화 :</td></tr>
<tr><td colspan="4">학교 :</td></tr>
<tr><td colspan="4">의뢰사유</td></tr>
<tr><td colspan="4"></td></tr>
<tr><td colspan="2">가족배경과 개인력</td><td colspan="2">FAMILY TREE</td></tr>
<tr><td colspan="2"></td><td colspan="2"></td></tr>
<tr><td colspan="4">검사시의 행동 관찰</td></tr>
<tr><td colspan="4"></td></tr>
<tr><td colspan="4">전체해석 요약</td></tr>
<tr><td colspan="4"></td></tr>
<tr><td>검사일시 :</td><td colspan="2">검사장소 :</td><td>검사자 :</td></tr>
</table>

전체적 인상

집	
나무	
남자상	
여자상	

형식적 분석

	집	나무	남자상	여자상	해 석
소요시간					
그린순서					
크기					
위치					
선의 성질					
지우기					
대칭성					
방향					
세부묘사					
그림자, 음영					
투시화					
원근법					
운동성					
기타의표시					

그림의 전체적 느낌

그림의 전체적 느낌	

가. 개별그림분석(집)

집		유무	표현의 특징	상징과 해석
주제				
필수 요소	지붕			
	벽			
	문			
	창문			
기타 요소	굴뚝과 연기			
	방			
	울타리			
	길			
	계단과 보도			
	그린 후 질문			

나. 개별그림분석(나무)

나무		유무	표현의 특징	상징과 해석
주제				
필수요소	줄기			
	가지			
	수관			
기타요소	뿌리			
	꽃, 열매, 잎			
	지면선			
	동물들			
	옹이구멍			
	나무껍질			
	숲			
	그린 후 질문			

다. 개별그림분석 사람 (남, 여)

<table>
<tr><th colspan="2">사람</th><th>유무</th><th>표현의 특징</th><th>상징과 해석</th></tr>
<tr><td colspan="2">주제와 행동</td><td></td><td></td><td></td></tr>
<tr><td colspan="2">성차의 표현</td><td></td><td></td><td></td></tr>
<tr><td rowspan="6">필수요소</td><td>눈, 코, 입, 표정</td><td></td><td></td><td></td></tr>
<tr><td>몸통</td><td></td><td></td><td></td></tr>
<tr><td>팔</td><td></td><td></td><td></td></tr>
<tr><td>다리</td><td></td><td></td><td></td></tr>
<tr><td>손</td><td></td><td></td><td></td></tr>
<tr><td>발</td><td></td><td></td><td></td></tr>
<tr><td rowspan="5">기타요소</td><td>목</td><td></td><td></td><td></td></tr>
<tr><td>손가락</td><td></td><td></td><td></td></tr>
<tr><td>발가락</td><td></td><td></td><td></td></tr>
<tr><td>단추, 넥타이,
허리띠, 주머니</td><td></td><td></td><td></td></tr>
<tr><td>모자, 신발</td><td></td><td></td><td></td></tr>
<tr><td colspan="2">그린 후 질문</td><td colspan="3"></td></tr>
</table>

제11장

투사적 그림검사 K-HTP

1. 동적 집 · 나무 · 사람(K-HTP: Kinetic House Tree Person Test) 그림검사

동적 집-나무-사람(K-HTP) 그림은 한 장의 용지 위에 집, 나무, 사람을 함께 그리는 것으로 번스(Burns, 1987)는 HTP가 지나치게 병리적인 진단적 사용에 중점을 둔다는 점과 역동성의 파악이 어렵다는 제한성을 극복하고자 한 장의 그림에서 활동 내용, 표현양식, 상징 등의 교류가 있는 조화된 그림이라는 측면에서 중요한 가치를 두었다.

즉, HTP 그림검사에서 상호작용이나 역동성이 나타나지 않는다는 단점을 보완하기 위해 HTP에 동작을 가미하여 내담자의 성격을 효과적으로 파악하기 위하여 고안하였다. K-HTP는 KFD(동적가족화)나 KSD(동적학교화)와 상호관련이 있으며 KFD는 가족의 역동을 통해 자신에 대한 시각적 은유를 부여해 준다. KSD는 학교생활을 통해 자신에 대한 시각적 은유를 부여해 준다. 세 가지 기법들의 정보를 결합시킴으로써 각각에서 보다 더 큰 시각적 은유를 보여주게 된다. K.F.D에 사용되는 분석 방법들을 K-H.T.P에 적용할 수 있다.

1) **개발자** : 번스(Burns, 1987)

2) **장점** : 기존 HTP에 동작을 가미하여 환경의 역동적인 내면을 진단하기 위해 고안

3) **발전** : K-HTP는 매슬로우(Maslow) 욕구 단계설 발달적 체계를 적용하여 인간의 불건강한 면과 건강한 면을 함께 보았고, 인간의 성장과 한계성, 잠재력을 고려하여 인간의 내면을 함께 진단하였음

4) **기타** : 개인검사, 집단검사, 만화형, 막대사람 검사의 재시도, 시간측정, 평균소요시간 40분 정도

2. K-HTP 그림검사 실시방법

1) 준비물

A4용지, 4B연필, 지우개 등

2) 실시방법

(1) A4 용지를 수평(가로)으로 제시한다.

(2) **지시어** : "집, 나무, 사람을 한 장에 그려주세요.
사람은 무엇인가 활동하고 있는 모습으로 그려주세요."

(3) **내담자의 그림 검사를 실시한 후, 그림 분석 시 고려해야 할 점**

① 집은 적대적으로 인식되는 세계로부터 숨을 수 있는 장소인가?
집이 붕괴되고 텅 비었으며 활기가 없는가?
집이 성공과 부유함을 나타내는가?
집은 당신이 살고 싶은 가정인가?

② 나무가 죽었는가? 위협을 받고 있는 듯한가?
적대적으로 나타내고 있는가?

③ 사람이 공격적이거나 적대적으로 표현되어 있는가?
활기가 있어 보이는가?
신체의 부분이 생략되어 있는가?

④ 집, 나무, 사람과의 간격은 어떠한가?
해나 달 등이 집이나 나무 혹은 사람 위에 그려져 있는가?

⑤ 그림은 어떤 양식으로 그려져 있는가?

⑥ 집, 나무, 사람에 어떤 상징이 나타나 있는가?

⑦ 집, 나무, 사람간의 상호작용이 나타나 있는가?

3. K-HTP 그림 해석을 위한 발달적 단계

K-HTP의 해석에 있어서는 HTP의 해석의 바탕을 이루고 있는 정신분석학적인 관점과는 달리 발달적 체계를 적용하였다. HTP의 해석은 '정신병리적' 집단에 대한 프로이트 학파의 이론적 기반에 의해 주로 이뤄졌다. 프로이트 학파의 사고는 우리에게 통찰을 부여해 주었으나 인간의 건강한 면보다는 병리적인 면이 더 강조되었다. 그러나 매슬로우(Maslow) 체계는 인간의 불 건강한면 뿐 만 아니라, 건강한 면과 인간의 성장과 잠재력도 고려하였다. 또한 성장의 수준을 정의해줄 발달적 모델을 제시해 주었다.

- 1단계 : 생활에 대한 소속감 – 생활, 생존, 안전, 일상에 대한 욕구
- 2단계 : 신체에 대한 소속감 – 신체에 대한 수용, 신체 탐닉과 잠재성에 대한 통제력추구
- 3단계 : 사회에 대한 소속감 – 지위, 성공, 존경, 그리고 힘에 대한 추구
- 4단계 : 자기와 자기가 아닌 것에 대한 소속감 – 자기와 임신한 여성이 그녀의 아이를 수용하는 것처럼 자기가 아닌 것을 포함해서 정의된다. 동정심, 사랑을 주는 것, 양육 – 변화된 동기
- 5단계 : 모든 생명체에 대한 소속감, 사랑을 주고받기, 자아실현, 좋은 기회와 행운, 창조성, 생활에 대한 찬양

매슬로우(Maslow)의 욕구 단계 또는 의식의 단계에서 해석된 상징들

	욕구 또는 의식의 단계				
상징	1	2	3	4	5
공기	생존호흡	에어로빅, 조깅, 호흡, 운동, 신체건강	"정복되어지는 영토"인 비약의 힘	생명을 주는 양육	밝은, 개방적, 정신적인, 탐색, 밖으로, 위로 향하는
새	생존, 탈출, 안전	음식물, 미식가, 식사	육식새인 독수리의 힘	평화의 비둘기, 점잖음	위로 향하는 것, 자유, 밝은
고양이	생존 "nine lives"	감각적인, 모피의, 곱슬곱슬한, 귀여운	힘있는 사냥꾼, 이빨, 발톱	조용한, 온화한, 잔잔한	신비, 독립적인
집	안전한 장소, 안정	우리가 사는 집 즉, 신체	성공 혹은 힘의 상징	보호, 양육, 가족, 가정을 위한 장소	아름다움, 보호, 모두를 섞은 것을 반영하는 창조적 노력
남근	종의 보존	관능적, 쾌락주의	우월, "남성 힘의 상징"	창조적 과정의 활동적 부분	창조적 에너지, 여성적 힘과의 실제적 결합, 하늘과 땅의 양극성
붉은색	생존, 생활, 피	흥분, 산타클로스, 황소를 향한 붉은 깃발	파괴와 혼돈, 불같은 폭력	따뜻한 색깔, 양육, 치료, 에너지	무지개의 한 부분, 치료적 에너지의 단일화 상징
땅	근거 있는 생존	현실적인 예를 들면 유물론적 즐거움 추구	힘:나의 영역 나의 땅	어머니, 땅, 양육자	양극의 한 부분, 창조적 에너지, "하늘과 땅"
불	추위에서의 생존	관능적인 따뜻함	강력한 파괴, 혼란	양육적인 따뜻함	창조적 이용 즉, 스팀, 증류, 에너지화 함
꽃	생존의 씨	관능적 여성적, 성적인 상징	여성적, 수동적 수용을 통한 극복	미, 사랑	아름다움과 경외에 대한 자연적 창조과정
나무	생존, 뿌리	신체, 활력	힘, 크기, "강력한 떡갈나무"	양육, 정착, "접촉함"	새로운 꽃, 과일, 양육, 조화를 창조
물	생존의 미발달 단계	넘쳐흐르는 활력, 쾌락주의	"바다의 활력" 물은 바위를 친다.	양육적인 상쾌한, 유용한	유연성 있는, 겸손한, 잔잔한, 고요한

1) 집 그림에서의 발달적 단계

(1) 1단계 : 생활에 대한 소속감

이 단계에서 그림을 그리는 사람은 생존에 대한 회의나 혹은 죽고 싶은 욕망에 사로잡혀 있다.

① **접근형** : 집은 보호와 안전을 위한 장소이다. 요새나 감옥과 같은 구조를 흔히 볼 수 있다. 보통 접근이 제한되며 문 혹은 손잡이가 생략되어 있다. 집은 사람들에게서 당신을 안전하게 지켜주는 성역이다.

② **회피형** : 여기에 속하는 사람들은 죽으려고 생각하고 있다. 집은 부서지기 쉽고, 붕괴 직전이며, 낡고 약해 보인다. 집은 비어 있고 오래가지 못할 것처럼 보인다.

(2) 2단계 : 신체에 대한 소속감

집과 집의 개방과 돌출, 벽 등은 신체를 나타내는 경우가 있다. 프로이트적인 상징이 여기에 적합

① **접근형** : 부분들이 강조되어 있다. 굴뚝은 문이나 창문들이 그려져 있는 것과 같이 분명하면서도 정밀하게 그려져 있다, 집에는 촛불, 동그라미 혹은 남성성기의 상징들을 포함한 성적 상징들이 장식되어 있을 수 있다. 집은 감각적이며 쾌락주의를 반영한다.

② **회피형** : 부분들이 생략되어 있거나 지워져 있거나 혹은 감춰질 수 있다. 또한 부분들에 음영이 있거나 지워져 있다. 집을 그리는 것을 싫어하며 집이 심미적이지 못하고 거부가 나타난다. 상징은 신체의 갈등 부분들을 반영할 수도 있다. 집이 타인의 침입을 받지 않는 '신성한 장소'를 반영하는 경우도 있다.

(3) 3단계 : 사회에 대한 소속감, 성공

① **접근형** : 집은 성공, 지위, 권력과 존경에 대한 욕구를 반영한다. 이 단계에서 집은 현대적이며 값비싸 보인다. 만약 풍경화가 그려진다면 그것은 정형적이

고 윤택해 보일 것이다.

② **회피형** : 집은 성공하지 못했다는 것은 나타낸다. 집이 비싸 보이거나 현대적이지 못하다. 누추한 집

(4) 4단계 : 자기와 자기가 아닌 것에 대한 소속감

이 단계에서 분열은 숨어 있다. 접근형이나 회피형은 없고 다만 통일된 조화가 있다. 집은 가정이 된다. 더욱 많은 색채들이 따뜻함과 보호적인 느낌으로 사용된다. 커튼은 숨기 위한 것이 아니라 따뜻함과 아름다움을 나타낸다. 꽃, 관목, 나무 등이 첨가될 것이다. 그림에 따뜻한 양육적인 특성이 나타난다. 문과 문에 있는 손잡이를 이용하여 출입할 수 있다. 때때로 집에서 빛이 비쳐 나온다. 가정은 따뜻한 분위기 속에서 다른 사람과 공유할 수 있는 곳이다. 장난감, 원예도구 그리고 꽃 등이 가족과 보호의 상징으로서 나타난다.

(5) 5단계 : 자신과 자신이 아닌 더욱 확장된 것에 대한 소속감

가정은 행복과 환영을 발산하는 창조적인 것이다. 이 단계에서 그림을 그리는 사람은 자신이 아닌 것도 수용한다. 가정은 따뜻하고 자연스럽게 조화를 이루고 있다. 나무, 꽃, 새, 태양, 산 등이 하나의 생활의 향연으로서 사랑스럽게 포함되어 질 것이다. 가정은 신체, 자기, 기타 다른 것들과 정신적인 것을 위해 가정을 확립하려는 창조적 노력과 완전성을 반영할 것이다.

2) 나무 그림에 있어서 발달적 단계

나무는 신화, 관습, 전설, 종교적 문헌, 미술, 시 그리고 꿈 분석에서 묘사되는 것처럼 옛날부터 세계 여러 곳에서 생활과 자기 성장의 상징으로 여겨 왔다. 나무의 가지는 방어, 슬픔, 양유, 성장, 재활과 결심을 상징해 왔다. 씨앗에서 꽃이 피고 열매를 맺어 또다시 씨앗이 되는 나무의 기적적인 재생은 인간 성장과 발달에 대한 은유로 보인다. 나무는 땅에서부터 하늘까지 성장하고 움직이려 하는 인생의 열망을 반영한다. 따라서 그것은 가장 보편적인 상징으로서 정신과 자기 확장의 은유를 나타내고 있다. 나무는 하나된 영상으로서 사람의 모습이다. 나무 성장의 방향은 위와 밖, 혹은 아래와 안이

다. 줄기의 옹이구멍은 보통 '혼란된 마음속'에 있는 고착이나 외상들을 반영한다. 기타 나무와 관련된 상징들은 Metzner(1981)의 논문을 보면 더욱 자세하게 알 수 있다.

(1) 1단계 : 생활력과 에너지에 대한 삶의 수용에 대한 소속감

① **접근형** : 나무가 갈쿠리 같은 손톱 모양의 뿌리를 가지고 있거나 혹은 파묻혀 있다. 나무가 친숙하지 못하다. 가시나 혹은 '가까이 오지 못하게 하는' 특성을 가질 것이다. 기어오를 수 없다.

② **회피형** : 나무가 죽어가고 있거나 죽어 있다. 줄기는 좁고 잎이 없거나 혹은 드문드문 나 있다. 나무가 비틀려 있고 발육이 방해받고 있다. 가지와 잎은 흐느끼는 버드나무의 가지처럼 아래로 쳐져 있다. 가지들은 부러져 있거나 말라 죽어 있다.

(2) 2단계 : 신체에 대한 소속감

① **접근형** : 나무는 감각적 특성을 가지고 있으며 나무껍질 혹은 잎을 강조할 것이다. 잎들이나 가지들이 남근 모양일 수 있다. 감각적인 색채들, 나무들은 줄기에 비해 작은 가지 구조이기 때문에 남근을 닮았다.

② **회피형** : 나무들이 생략되어 있거나 부분이 감쳐줘 있거나 음영이 져 있다. 칙칙한 색채를 띤다.

(3) 3단계 : 사회에 대한 소속감

① **접근형** : 강한 나무, 크고, 화려하며 외관적임. 가지들이 소유하려는 듯이 움켜잡는 식으로 밖으로 뻗어 있다. 나무는 균형이 잡혀 있지 않다.

② **회피형** : 수동적으로 보이는 나무. 가지들은 크지만 밖으로 뻗어 있지 않다. 나무가 한쪽으로 기울어져 있다.

(4) 4단계 : 자신과 자신이 아닌 것에 대한 소속감

접근형이나 회피형이 아니라 단지 우호적인 나무이다. 양육적이고 정착된 나무로 그늘과 올라갈 수 있는 장소를 제공해 준다. 아마도 과일이나 열매들이 그려져 있을 수도 있다(떨어지거나 떨어진 과일이 아닌).

(5) 5단계 : 자기와 확장된 자기가 아닌 것에 대한 소속감

나무가 꽉 차 있으며 완전하고 위와 밖으로 뻗어 있다. 가지들은 부러지지 않았으며 연속적이다. 생기 있고 즐거운 분위기를 자아내는 특성의 색채를 보이며 전체적인 조화 속에 새, 태양, 산 등이 있을 수 있다.

3) 인물화에 있어서 발달적 단계들

(1) 1단계 : 생활에 대한 소속감

① **접근형** : 공격적인 외모와 표현, 편집증적 특징(피카소의 눈)을 가지고 있다. 인물은 무기를 들고 있거나 무섭고 의심하는 듯한 표정이다.

② **회피형** : 얼굴이 텅 비어 있거나 뭉개져 있거나 혹은 매우 슬픈 표정이다. 사람들이 내적으로 죽어 보이거나 교활해 보인다. 인물은 자기 파괴적일 수 있다.

(2) 2단계 : 신체에 대한 소속감

① **접근형** : 신체가 강조되고 감각적이다. 성적인 특성들이 강조되어 매력적이다. 남성일 때 근육이 강조된다. 여성에게 있어서는 가슴, 엉덩이 등을 포함하는 성적인 특성이 강조된다. 아름다운 신체, 세밀하게 그려진 사람들, 조깅하는 사람들 등

② **회피형** : 부분들이 숨겨져 있거나 생략 혹은 가려져 있는 신체, 신체에 대한 수치나 당혹스러움

(3) 3단계 : 사회에 대한 소속 지위, 존경과 권력을 추구

① **접근형** : 현대적이며 성공과 중요함을 느끼게 하는 분위기. 지위와 존경에 대한 욕구를 보여준다.

② **회피형** : 세련되지 못한 모습, 낡은 옷을 입은 가난한 모습.

(4) 4단계 : 자기와 자기가 아닌 것에 대한 소속감

사람 그림이 양육적이고 사랑스러운 얼굴 표정을 보여주며, 행동 또한 양육적이다. 동정심 있고 보호적이며 양육적인 사람

(5) 5단계 : 자신과 모든 생명체들에 대한 소속감

인물은 생활에 축복을 반영한다. 인물은 전체적이며 완전하며 종종 창조적이다. 인물은 표현에 있어서 사랑, 희망찬 미래와 행운의 느낌을 주고 수용적이다. 생활에 있어서 가능성에 대한 열렬한 기대를 반영하며, 색깔 등이 다채롭다.

4. K-HTP 그림의 밀착, 거리, 순서, 해석

1) 밀착

집에 대한 사람의 밀착, 나무에 대한 집의 밀착 등은 그림 그린 사람들이 그들의 생활 속에서 여러 가지 중요한 일들을 분리할 수 없고 해결할 수 없다는 것을 반영해 준다. 자신의 생활 문제를 해결하지 못하며, 순탄한 인생의 행로를 가지 못하는 사람은 만성적으로 충족되지 않은 불만스러운 생활을 나타낸다.

2) K-HTP에서의 그림의 순서

사람들은 지시에 따라서 집, 나무, 그리고 사람을 그린다. 그러나 대부분의 사람들은 K-HTP에 그들 나름대로의 순서로 그림을 그릴 것이다. 여기에 순서가 무엇을 뜻하는가에 대해 다음과 같은 가정이 있다.

(1) 나무를 가장 먼저 그리는 경우

나무를 가장 먼저 그리는 사람은 생활에너지와 성장을 가장 중요하게 생각한다. 이것은 성장하려고 하는 사람이나 살아 있는 전형적인 사람들의 유형이다. 예를 들면, 자살하고 싶은 충동을 가진 사람 혹은 '살려는 의지'를 잃어버린 사람들은 종종 나무를 먼저 그린다. 위로 향하고자, 즉 성장하고자 하는 사람들 또한 나무를 먼저 그린다. 물론 해석을 가치 있게 하려면 전체 K-HTP의 부분으로서 나무를 보아야 한다. 나무가 밀착되어 있는가? 죽었는가? 어느 쪽을 향해 굽어 있는가? 이 같은 정보는 '의미'를 더욱 분명하게 해준다.

6. K-HTP 그림검사 질문지

전체 그림에 대한 질문

- 당신은 그림을 통해 하고 싶은 이야기가 있으면 간단히 쓰세요.
- 당신 그림에는 무슨 일이 일어나고 있나요?
- 당신 그림의 느낌이 따뜻한가요? 차가운가요?

집(H)에 대한 질문

- 그림의 집은 당신에게 보호공간(도피처)인가요?
- 이 집의 분위기는 어떤가요?
- 집이 부서지고, 비었으며 허물어지는가요? 아니면 집의 상태를 간단히 적으세요.
- 그림의 집이 가정적으로 보이는가?
- 그림의 집에서 살고 싶은가?

나무(T)에 대한 질문

- 이 나무는 살았는가? 죽었는가?
- 그림의 나무는 부러지고 약한 나무인가? 건강한 나무인가?
- 그림의 나무는 여자와 남자 중 어느 쪽에 속하는가?
- 그림의 나무는 나이가 얼마나 되었는가?
- 당신이 나무라면 그림의 나무가 되고 싶은가?

사람(P)에 대한 질문

- 그림의 사람은 좋은 사람인가? 나쁜 사람인가?
- 그림의 사람은 나이가 얼마이고 건강한가? 약한가?
- 그림의 사람은 수줍음을 잘 타는 것 같은가?
- 그림의 사람은 가족이 몇 명이고 친구가 몇 명인가?
- 당신은 그림의 사람을 그리며 누구를 생각했는가?
- 당신은 그림의 사람처럼 닮고 싶은가?

마지막 질문

- 당신의 그림에 꼭 그려 넣어주고 싶은 것이 있는가?

〈 밀착 〉

밀 착	유 · 무
H-T	
H-P	
P-T	
H-T-P	
아무것도 밀착되어 있지 않음	

〈 자기상 외의 인물들에 대한 유 · 무 〉

숭배하지 않는 사람	
죽은 사람	
부모	
친구	
우상	
친척	
모르는 사람	
기타	

7. K-HTP 그림검사 보고서

<table>
<tr><td colspan="2">그림을 그린 순서</td><td></td></tr>
<tr><td colspan="2">발달단계
(가장 먼저 그린 그림을 기준)</td><td></td></tr>
<tr><td colspan="2">그림간의 부착여부</td><td></td></tr>
<tr><td colspan="2">행 위</td><td></td></tr>
<tr><td rowspan="6">사용된 상징</td><td></td><td></td></tr>
<tr><td></td><td></td></tr>
<tr><td></td><td></td></tr>
<tr><td></td><td></td></tr>
<tr><td></td><td></td></tr>
<tr><td></td><td></td></tr>
<tr><td colspan="2">그린 후의 질문
(그림 속의 계절, 날씨, 시간, 사람이 누구인지 등을 물어 기록해 둔다)</td><td></td></tr>
<tr><td colspan="2">전체적인 분석</td><td></td></tr>
</table>

제12장

투사적 그림검사 KFD

1. 동적가족화(KFD : Kinetic Family Drawing)

1951년 훌스(Hulse)가 개발한 가족화(Draw A Family)에 운동성을 첨가하여 번스와 카프만(Burns & Kaugman, 1970)에 의해 개발되었다. 가족화에서 발전된 동적가족화는 개인을 통해 가족의 역동성을 파악하기에 더욱 용이하다는 것이 장점이고, 주제통각검사(TAT)와 유사한 점이 많으며 일반적인 가족화가 가지는 상동적인 표현을 배제하고 있다(김동연, 1994). 따라서 연령순이나 사회적 지위 순으로 그리는 가족화의 단점을 보완하여 가족구성원에 대한 감정이나 태도를 투사하게 한다.

KFD는 프로이트의 정신분석 이론과 레빈의 장이론(場理論: Field theory), 지각의 선택성(Selectivity of perception) 등과 같은 이론을 기초로 하고 있다. 특히 내담자가 심리적으로 느끼는 가족 구성원에 대한 내적 상이 시각적으로 표현되는 검사로서 가족 내에서 내담자에게 많은 영향(긍정적, 혹은 부정적)을 미치는 인물에 대해 느끼는 감정과 가족구성원 사이의 친밀감, 서열, 갈등과 같은 역동성을 엿볼 수 있다. 즉, 내담자가 주체적, 선택적으로 지각하는 주관적, 심리적 환경의 가족에 대한 인지가 적용되는 것이다.

가족치료 검사 시, KFD의 도입은 의식적, 무의식적 투사기법으로서 내담자를 진단하고 치료하는데 상당한 가치가 있다고 볼 수 있으며 KFD의 해석에 있어서 많은 연구자들이 방법에 대한 타당도와 객관성(Cho, 1987; Conat, 1988; Shaw, 1989;

Lieberman, 1992)을 연구하고 있다.

2. KFD 그림검사 실시방법

개인상담법 또는 집단상담법을 모두 사용할 수 있으며, 시간제한은 하지 않으나 대체로 30-40분 정도 소요된다. 장소는 상담실 또는 책상과 의자가 있는 곳으로서 중요한 것은 내담자가 자유로운 느낌을 가질 수 있는 친화적 관계가 이루어져야 한다.

1) 검사도구

A4용지, 연필(4B), 지우개 등이다. 여기서 색채화를 하지 않고 연필화로 하는 것은 색채에 부여되는 심상과 감정을 제외시키기 위함이다.

2) 검사의 지시

검사 도구를 내담자의 책상 위에 두고 다음과 같은 지시를 한다.

"당신을 포함하여 가족 모두 무엇인가 활동하고 있는 그림을 그려보세요. 만화나 막대기 같은 사람이 아니고 완전한 사람을 그려주십시오."(Burns & Kaufman, 1970, 1972).

내담자가 "가족 전원이 무엇인가 하나의 일을 하고 있는 것입니까? 그렇지 않으면 개인이 각각 다른 일을 하고 있는 것을 그립니까?"라고 질문을 할 수 있다. 그러면 검사자는 "생각나는데로 자유롭게 그리세요." 라고 답한다.

아동이 내담자인 경우의 지시어는 "선생님에게 너의 가족을 그림으로 소개해 줄래? 너를 포함하여 가족 모두 무엇인가 하고 있는 그림을 그려봐." 라고 변형하여도 좋다.

KFD에서 제일 중요한 것이 지시어이다. 종종 검사자가 하는 중요한 실수가, 자신도 모르는 사이 지시어 속에 "가족 모두가 함께", 혹은 "가족 모두가 각자" 라는 단어가 나오게 되는 경우가 있다. 그런 경우 동적가족화의 해석에 커다란 오류를 범하게 되고 해석은 무의미하게 되므로 검사 전 지시어를 충분히 숙지한 후에 실시하여야 한다.

만약 단체로 검사를 할 경우 검사자는 피검자의 행동을 일일이 파악하여야 하며, 특히 옆 사람의 그림을 따라 그리는 사람이 없는지 관찰하여 KFD 해석 시 고려하여야 한다.

그림을 그린 이후 그린 순서대로 번호를 적게 하고 그 대상이 누구이며 무엇을 하고 있는지 작성하게 한다. 또한 그림 속에 가족구성원 중 빠진 사람이 있는지, 가족 외에 타인을 그려졌는지, 부모와 자식이 함께 생활하는지 등을 파악하여야 한다. 내담자가 그림을 거부할 때는 용기를 주어 말이나 몸짓 등을 이용하도록 허용하고 그림을 완성할 때까지 방에 머물도록 한다. 그러나 검사자가 무엇인가를 의미하는 듯한 응답은 절대로 피하고 완전히 비 지시적이고 수용적인 태도를 취한다.

3) 그림을 완성한 후의 절차

그림을 완성한 후, 그림 속에서 인물상을 그린 순서, 각각의 인물상이 누구인가, 연령대, 무슨 활동을 하고 있는가, 가족 중 생략된 사람이 있는가, 가족 외 첨가된 사람이 있는가를 질문하고, 확인한 후, 관찰지에 기록한다. 이것은 상세하지 않은 그림을 다시 확인하기 위한 절차이고, 정확한 자료를 얻기 위한 것이다.

3. KFD 해석 방법

KFD의 해석은 5개의 진단영역으로 나누어진다. 즉 인물상의 행위(action), 그림의 양식(styles), 상징(symbol), 그림의 역동성(dynamics), 인물화 검사에서 실시하고 있는 인물상의 특징(figure characteristics)과 임상적 의미를 추가하고 있다.

1) 인물상의 행위(action)

(1) 상호작용의 측면

동적가족화가 일반 가족화와 다른 점은 그려진 인물의 행위가 수반된다는 점이다. 구성원의 행위는 지각적 선택에 따른 것으로 해석에 중요한 근거가 된다.

인물상의 행위는 가족 모두가 상호작용하고 있는지, 일부가 상호작용하고 있는지, 상호작용 행위가 없는지에 따라 가족의 전체적 역동성과 친밀도를 볼 수 있다.

(2) 행위로 본 가족 내 역할유형

인물상의 행위로는 아버지, 어머니, 자기상을 중심으로 분석하는데 그 이유는 이 세 사람이 공통되는 가족구성원이라는 점과 자녀에게 있어서 부모는 성격형성의 중요한 장을 형성해주기 때문이다. 대체로 아버지상은 TV, 신문보기, 일하는 모습이 많이 나타나고, 어머니상은 부엌일이나 청소 등과 같은 가사 일을 하고 있는 모습을 많이 볼 수 있다. 자기상은 공부, TV보기, 노는 모습 등으로 그려져 있다. 그러나 행위에 대한 해석은 그림의 양식, 상징 등을 함께 고려하여 전체적 관점에서 해석되어야 한다.

2) 그림의 양식(styles)

(1) **일반적 양식** : 가족관계에서 자기의 감정과 상태, 신뢰감을 나타낸다. 복잡한 혹은 명백한 장벽을 나타내지 않고 온화하고 우호적인 상호관계를 암시하는 그림을 그린다.

보통의 신뢰감에 가득 찬 가족관계를 체험하고 있는 내담자의 그림이다. 가족 간에 상호작용이 긍정적이고 온화하며 우호적인 아동의 KFD에서는 인물 외에는 별다른 첨가가 그려지지 않거나 최소한으로 그려진다 .
그린 순서나 인물상의 크기도 가족에 위계질서 순으로 나타나며, 가족의 행위가 함께하는 특징이 있다. 해석에 있어서 별다른 해석이 불필요한 이상적인 그림이다.

(2) **구분** : 하나 또는 그 이상의 직선이나 곡선을 사용하여, 그림에서 인물들을 의도적으로 분리하는 경우이다. 또는 미리 용지를 접어서 몇 개의 사각형의 테를 만들고 그 안에 가족성원을 각각 그리는 경우도 있는데 이것은 구분의 극단적 양식이다. 솔직한 애정표현이 허용되지 않을 때, 내성적인 아동에게서 나타난다. 다른 가족성원으로부터 그들 자신과 그들의 감정을 철회하고 분리시키려는 욕구를 표현한다.

해당 인물이나 가족구성원을 직선이나 곡선을 사용하여 의도적으로 구분하고 분리하는 경우이다. 상호작용이 미흡하고 솔직한 애정표현이 허용되지 않을 경우의 표현양식이다.
다른 가족구성원들로부터 감정을 철회하고 분리시키려는 욕구의 표현이다. 외롭거나 억압된 분노감이 있는 아동에게서도 자주 나타난다. 극단적인 경우 용지를 접어서 그리는 경우도 있다.

(3) **포위** : 하나 또는 그 이상의 인물을 어떤 사물이나 선으로 둘러싸는 경우이다. 위협적인 개인을 분리하거나 치우고 싶은 욕구로서 가족과의 관계에서 자기 자신이 개방적인 감정적 태도를 갖지 못할 때, 가족원 혹은 자기 자신을 닫아버리는 양식이다. 두 인물을 함께 포위할 때 둘 사이를 밀접하게 동일시하는 경향이 있다. 주로 책상, 그네, 줄넘기, 자동차 등으로 교묘히 표현되는 경우가 많다.

가족 간의 관계에서 자기 자신과 갈등이 있거나 위협을 느끼는 인물을 선이나 사물로 둘러싸서 포위하는 경우이다. 개방적인 감정적 태도를 갖지 못할 때, 지기자신이나 가족구성원을 닫아버리는 양식이다. 이 양식은 줄넘기, 그네, 자동차, 책상 등으로 교묘하게 표현하는 경우가 많다. 두 인물을 함께 포위하는 경우 둘 사이를 동일시하는 경향이 있다.

(4) **가장자리** : 인물상을 용지의 중앙을 비워두고 주변에 나열해서 그리는 경우이다. 이 양식은 상당히 방어적이며 문제의 핵심에서 회피하려는 경향이 있다. 또한 상담시 강한 저항을 보이는 경우가 많다.

(5) **인물하선** : 자신 혹은 특정 가족구성원에 대해서 불안감이 강한 경우에 그 인물상의 아래에 선을 긋는 경우가 있다. 가족 상호간에 불안정성을 선이나 물체로 안정감을 얻고자 하는 욕구를 나타내는 양식이다. 한쪽 면으로 몰려 그려진 경우는 위치에 따라 해석을 달리한다.

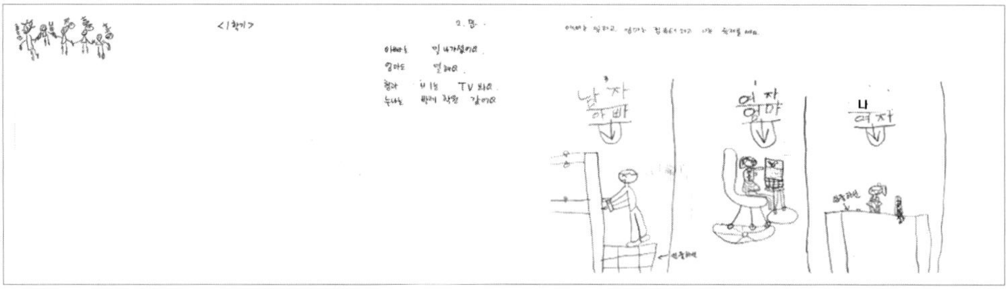

(6) **상부의 선** : 하나 이상의 선이 종이의 상단에 그려진 경우를 말한다. 이 양식은 스트레스를 지닌 사람에게 많이 보여지며 가정의 불안감이나 걱정, 두려움 공포가 존재함을 의미한다.

(7) **하부의 선** : 성인의 경우 불안할 때 하부에 선을 그리는 경우가 있다. 그러나 아동의 경우 연령에 따른 묘화의 발달과정에서 기저선이 나타나는 것은 지극히 당연한 것이다. 한 선 이상이 전체적으로 하단을 따라서 길게 그려진 경우 붕괴 직전에 놓여 있는 가정이라든가 강한 스트레스하에 있는 아동이 안정을 강하게 필요로 하고 또 구조받고 싶은 욕구가 강할 때 나타낸다.

3) 상징(symbol)

(1) **다리미** : 어머니의 과잉 혹은 그 표현방법에 적절함이 결여된 애정, 관심, 주의 등을 피험자가 인지하고 있는 것으로 해석하는 것이 적절하다. 또, 종종 동시에 그려진 다리미대가 어머니상에 대한 포위의 양식으로써 채점되는 일도 있다.

(2) **편물(뜨개질)** : 그것 자체는 어머니다운 따스한 애정을 느낄 수 있지만, 편물은 단독작업으로, 다른 가족성원과의 교호작용을 시사해 오지 않는 경우가 많다. 따라서 편물과 그것을 하는 인물상의 묘화 중에 차지하는 위치, 크기 등의 역동적인 관점에 있어서 해석상의 의미가 부여되지 않으면 안 되는 것이다.

(3) **비** : 비와 같이 바다, 호수, 강, 때로는 수돗물도 포함해서 일반적으로 물은 억울한 경향과 관련한다.

(4) **의자** : 의자는 책상과 함께 이용되는 것으로서 함께 그려지는 일이 많다. 이들은 어느 것이나 개인적 사용에 관계하는 것이고, 다른 가족성원과 서로 관계함을

의미하지 않는 경우가 많다. 의자는 그 크기나 등받이 부분, 팔걸이 부분에 의해서 교묘하게 사용자들을 둘러싸 버린다. 또 등받이 부분이 그려진 경우, 인물상은 후두 부분만이 보인다. 전자는 포위의 양식이고, 고립이나 소외감을 후자는 해당 인물에 대한 거부감을 표시하고 있다.

(5) **개** : 고양이 항을 볼 것

(6) **부채** : 부채는 거의 정신장애군의 남자에게만 보여지는 경우가 많고, 극히 드문 것이다. 차가운 것이지만 묘화자가 자아기능장애를 가지고 있는 것과 관련되는 것인지 더욱 검토를 해야 할 것 중의 하나이다.

(7) **앞치마** : 어머니에 대한 역할 기대를 의미하는 것이다. 안정감, 때로는 생존의 보장을 의미하는 뜻도 있다. 반면, 옷에 의한 포위라고도 할 수 있는 의미를 나타내기도 한다. 더욱이 해당 인물이 등 쪽으로 그려진 때에는 종종 앞치마끈은 사선으로 묶기, 즉 X자형이 되고, 그 인물에의 부정적인 감정을 의미하는 것이 된다.

(8) **연필** : 연필은 어린이에게 있어서 가장 친근하고 친숙함이 있는 자기표현을 위한 용구의 하나이다. 그 의미에서는 동적가족화 중에 많이 발견되는 것 중의 하나이기도 하다. 따라서 피험자가 당면한 문제나 묘화 속에서 연필이 무엇을 위해 이용되어지고 있는 것인가 하는 관점에서 해석되어야 하는 것이다.

(9) **계단, 사다리** : 계단(사다리)의 도중의 인물이나 혹은 계단이나 사다리를 지나서 계단 위나, 옥상이나, 지붕 위에 위치한 인물에 관계하여 불안이나 불안정감을 상징

(10) **집** : 가족이 안고 있는 불안감이 불안정성과 관련

(11) **집의 보수(補修)** : 전항에서 서술한 것처럼 가정생활의 기반이 되는 집의 보수작업은 대부분 페인트칠과 같은 아버지의 행위로서 묘사된다. 결국 아버지의 물리적인 집의 형태로 표현된다. 심리적인 가정에의 새로운 관계를 의미하는 것이기도 하고, 부모다운 모습을 나타낸다.

(12) **가구** : 장롱, 미닫이, 침구 등이 강조되어 있기도 하고, 그 외의 도구가 크게 강조되어 그려진 경우가 있다. 가정 내의 물질성이 도형으로 표시되고, 따뜻한 마음의 연결이 빈약하다고 느껴지고 있는 내담자의 KFD에서 많이 보여진다.

(13) **카드** : 딱지(카드), 트럼프 종류이다. 카드놀이가 두 명 이상의 상호작용으로서

묘사되는 경우와 혼자 놀이로서 묘사되는 경우에는 물론 의미가 다르다. 전자는 그 상호작용의 의미와 내용이 이해되지 않으면 안 되고, 후자는 만족스럽지 못한 인간관계가 문제된다.

(14) **낫** : 농사짓는 작업의 묘사에 자주 나타난다. 공격 혹은 거세공포와 관련하는 것이라고 생각한다(칼 종류의 항 참조).

(15) **완구** : 장난감의 종류이다. 어떤 의미에서는 상당히 지적인 작업으로 받아들여지는 장난감은 피험자의 퇴행 기분과 관련하는 것 같다.

(16) **쓰레기** : 먼지, 티끌 등의 폐기물이다. 쓰레기를 버리는 것은 가족의 존재에 있어서 바라지 않는 '더러운' 부분을 버리는 것과 같다(Burns & Kaufman, 1972). 그 존재를 수용하기 어려운, 새로 태어난 갓난아기에게 행해진 공격적 감정 같은 것이다. 따라서 그림에서 누가 쓰레기를 버리려 하고 있는 것인가, 쓰레기와 새로운 갓난아기가 어떠한 위치에 그려져 있는 것인가 등과 같은 관점에서 역동적 해석이 가능하다.

(17) **화로, 난로** : 가정의 따스함, 또는 우호적 인간관계를 의미하고 있다.

(18) **방석** : 개인의 사용에 관계하는 물체이고, 몸 밑에 깔려지는 것이다. 결국 인물하선의 양식으로써 채점되는 성질의 것이고, 그것이 강조된 묘사는 해당 개인에의 불안감을 의미한다.

(19) **자전거** : 특히 남성적인 힘을 의미하고, 그와 같은 힘의 강화, 보충을 시도하기 위한 것이라고 할 수 있다. 왜냐하면, 자전거는 스스로의 힘으로 움직이고, 힘을 몇 배씩 증가시켜 행동 범위를 확장하는 것이다. 일반적으로는 남아의 묘화에 많이 보여진다.

(20) **자동차** : 자동차는 심리적, 물리적 격리를 의미한다. 종종 승차하고 있는 사람은 포위양식이고, 다른 가족성원과의 격리를 표현하는 것이 된다. 그 사람에게 있어서 자동차는 심리적, 물리적으로 또 다른 거주공간이고, 더구나 다른 가족구성원과의 거리는 임의로 결정할 수 있는 것이다.

(21) **하수구** : 이것은 부엌과 수도(씽크대)를 묘사할 때 자주 나타난다. 그러나 물의 출구라고 하는 점에 있어서는 비와 물의 해석과 같이 여러 가지 형편의 억울한 경향을 시사하는 경우가 있다.

(22) **나무** : 상징적 의미를 단순히 결정짓기는 어렵다. 그러나 기본적으로 다음과

같은 것을 지적할 수 있다. 나무는 '성장하는 것'이고, 동시에 개화에서 결실에 이르는 생성과정을 해마다 반복하는 것이다. 정신적인 소생, 재생 등을 의미한다. 또한, 특수한 형태의 나무로서 분재와 작은 정원수는 다른 사람의 성장 과정을 지배하고 싶다는 욕구와도 관련하는 것 같다.

(23) **식탁** : 화로, T.V 등과 같은 의미가 있고, 가족의 연대감을 표현하는 경우가 많다. 혼자서 사용하는 것에 관계하는 책상과 의자와는 반대의 의미를 가진다.

(24) **음식** : 일반적으로 어린아이와의 접촉도가 높은 KFD에 있어서 어머니의 대표적인 행위는 부엌일과 요리이다. 그 행위의 결과로서 음식물이 묘사되는 경우가 적지 않다. 이 같은 소위 일차적인 생리욕구의 충족에 관계하는 사물의 묘사는 그 욕구충족을 항상 가정에서 구하고 있는 것이다. 혹은 그 같은 가정의 당연한 기능을 KFD에 투영하지 않으면 안 될 정도로 그 충족패턴이 불안정성이 있다는 두 경우가 예측된다.

(25) **서적** : 이것은 명백히 지적 욕구와 관련된다. 그러나 그것이 교과서인지 만화책인지에 의해서 의미가 달라진다. 전자는 가족으로부터의 기대와 강요되는 모습, 바램이기도 하고, 후자는 퇴행과의 관련 등이 검토되어야 한다. 또 서적은 합리화와 관계하는 것은 확실하다.

(26) **식기, 찻잔** : 식기와 찻잔은 음식물의 항에서 서술한 것과 거의 같다고 생각해도 된다. 즉 일반적으로 가정의 어린이에 대한 섭식 욕구의 충족을 의미하는 것이기 때문에 이것을 묘사해야만 한다는 그 기제가 문제시된다.

(27) **물조리개** : 이것은 기본적으로 물과 관계하는 것이다. 조리는 분재와 정원수의 손질을 행하는 인물에 동반해서 그려지는 일이 많다. 따라서 해당 인물에 관계하는 불안이나 억울한 감정과 관련한다(나무와 물의 항 참조).

(28) **침구** : 이것은 수면 시에 이용되는 것이기 때문에 그같이 그려진 인물에게 나타나는 거부감정과 퇴행, 그리고 억울한 감정 등을 나타내고 있다.

(29) **신문** : 동적가족화에서 신문을 읽는 사람은 아버지이다. 신문은 사회사상의 정보원이라고 할 수 있어, 그것을 읽는 사람의 사회에의 관심을 의미한다.

(30) **스토브** : 전기, 가스, 석유 등에 의한 온방기는 사용 목적 그 자체는 가족관계의 따스함을 의미하는 것이다.

(31) **세탁물** : 일반적으로 아름다움을 좋아하는 어머니라든가 가족생활에 있어서 물

적 관계에 중점을 두는 어머니 등 어머니의 당위적 태도와 관련하는 것 같다. 또 때로는 다시 시작함이나 재생을 상징하는 일도 있다.

(32) **청소기** : 지배적이고, 통제적이며 거부적인 태도이다(빗자루, 먼지털이의 항 참조).

(33) **태양** : 태양은 밝음과 따스함을 의미하는 것임을 상식적으로 이해할 수 있다.

(34) **부엌, 수도(씽크대)** : 섭식욕구의 충족이라고 할 수 있는 가정의 일차적인 기능과 관련하는 것이다. 내담자가 음식물을 먹는 것에 강한 관심이 있는 경우와 그 같은 욕구가 안정적으로 만족되지 않는 경우의 불안감이 있는 경우 등에 음식물과 식기, 부엌일 하는 행위와 함께 그려지는 일이 많다.

(35) **연(풍선, 애드벌룬)** : 좋아하지 않는 가족 상황에서의 이탈 도피를 의미한다. 자동차와 침구 그리고 그네 등에 의해 둘러싸인 인물상이 현실 상황의 일부에 가두어지는 모습에 반해서 연이나 풍선은 그 자체가 공중에 떠 있는 것이다. 따라서 전자만큼 현실성을 갖지 않고 오히려 공상화된 자유에의 희망을 의미한다고 볼 수 있다.

(36) **담배** : 남자상에 동반되어 그려지는 경우가 많고, 성인다움이나 가까이 하기 어려운 어른의 세계를 시사

(37) **나비** : 사랑이나 아름다움을 상징한다. 태양이나 꽃이 의미하는 것보다도 오히려 어느 정도 공상화된 심정을 표현

(38) **책상** : 이것은 물론 의자와 함께 그려지는 일이 많고, 해석상 의자와 같다. 그러나 의자보다는 포위의 양식으로써 채점되는 일이 많고, 그 외의 경우 개인적 사용을 의미하고, 그 인물의 고립, 격리 등을 나타낸다. 해당 인물상이 등을 보이고 그려지는 때에 그 인물에 대한 부정적인 경향이 더욱 강조된다. 책상이 부적응아에게는 적응아의 두 배 이상의 출현률이 많다.

(39) **T.V** : 안식이나 오락을 의미한다. 그림에서 T.V를 보고 있는 사람이 한 명인지, 혹은 복수의 사람인지, 확인하는 것이 중요하다 복수의 사람은 가족의 공통 관심사 또는 상호작용이 시사되고 있는 셈이다.

(40) **전선** : 전기와 번개가 상징적, 도식적으로 그려지고 있는 때에는 어쩔 수 없는 강한 힘에 의한 충격이나 지배를 의미

(41) **전등** : 밝음, 따뜻함, 애정을 의미. 빛이 가족 전원에 비치고 있는 경우와 그렇

지 않은 경우와는 의미가 다르다.

(42) **진흙, 오물** : 더럽혀진 것, 더러운 것, 즉 버려야 할 것이라는 부정적 감정을 표현하고 있다.

(43) **줄넘기** : 줄넘기의 줄은 해당 인물에 대해서 포위의 양식으로 그려진다. 에너지를 주는 곳이 없음을 표현하고 있는 것이고, 해당 인물의 갈등, 자기고착 등의 상황을 의미한다(그네의 항 참조).

(44) **바늘** : 고통을 줄 수 있는 것이다. 대부분의 경우 할머니와 어머니가 재봉하는 모습과 함께 그려지고, 억제된 공격행동을 의미하는 일이 많다(칼 종류의 항 참조).

(45) **고양이** : 고양이가 가진 체온, 털의 부드러움과 발톱이나 이의 예리함에서 보듯이 부드러움과 공격이라고 하는 불균형적인 태도와 양가적 감정을 상징하고 있다. 개는 충성심과 공격성을 의미하는 것이다. 고양이는 여아에 의해, 개는 남아에 의해 그려지는 일이 많은 것 같다. 종종 침대와 함께 그려지는 인물은 다른 가족구성원과의 유의한 관계를 갖기 어려운 것을 시사하고 있는 경우가 있다.

(46) **열과 빛** : 열과 빛이 주제로 그려지는 것은 밝음, 따뜻함, 애정, 희망 등의 긍정적인 감정과 관련하고 있다.

(47) **노트** : 연필과 함께 그려지는 경우가 많다. 그 해석상의 의미는 연필의 그것에 준하는 것이라고 생각된다.

(48) **솔(붓)** : 페인트칠의 행위를 하는 사람(대부분은 아버지)과 함께 그려지는 것이 많다. 페인트칠은 집에 대한 보수, 재생을 위한 행위이다. 그 의미는 가정에 관계하고, 가족관계의 조정을 시도하기 시작한 사람(대부분 아버지)의 모습이다.

(49) **양동이, 세면기** : 억울한 감정이지만, 동시에 수동의 뉘앙스를 수반하고 있다.

(50) **방망이** : 이것은 팔의 연장이 되는 것이고, 주로 힘, 공격을 의미하고 있다.

(51) **꽃** : 꽃은 아름다움과 사랑을 상징한다.

(52) **칼종류** : 괭이, 톱, 삽, 도끼, 낫, 부엌칼, 바늘 등으로 공격, 거부, 거세공포 등에 관련하고, 반사회적 부적응행동을 나타내는 남자 내담자의 KFD에 보여지는 일이 많다. 가족 내에 있어서 거부적, 공격적인 인간관계를 이야기하는 것이다. 피험자가 안고 있는 파괴적, 파멸적인 감정 경향의 강도는 그려진 칼 종류의 수

와 실물의 크기, 그리고 그림에 있어서 상대적 크기 등과의 관련 하에 예측될 수 있는 것이다.

(53) **불** : 불은 두 가지로 해석될 수 있다. 우선 화로, 난로, 스토브 같은 난방기구의 경우와 같이 따뜻함이나 애정에의 욕구라고 생각된다. 또 하나는, 전자와 반대의 경우로, 만족되지 않는 애정 욕구에의 심한 증오나 분노의 상징

(54) **그네** : 그네를 타고 있는 인물상은 확실히 포위양식의 전형적인 경우이다. 때로는 그네와 지주와 지면의 선에 의해 이중으로 포위되고 있고, 그 인물이 안고 있는 폐쇄감, 끌어들임의 강함이나 불안정성을 의미한다.

(55) **침대** : 침구의 항을 참조

(56) **뱀** : 뱀, 도마뱀, 개구리의 종류는 억압된 공격 충동과 수용될 수 없는 자기에게 다가오는 초조감 등과 관련하는 듯하다. 뱀은 억압된 성적 원망의 상징이라고 하는 견해는 너무나도 잘 알려진 해석이다.

(57) **페인트** : 솔의 항을 참조

(58) **화장실, 배설물** : 공격과 부정 감정의 충동적 표현으로써 어린 아동의 그림에 나타나기도 한다.

(59) **빗자루, 먼지털이** : 종종 청소를 하는 어머니상에 동반해서 그려진다. 이들은 팔의 연장이 되고, 그 인물의 지배 범위를 확장하는 것이다. 따라서 지배 통제하는 역할을 담당하고 있는 인물을 상징하는 것이고, 때로는 공격과 거부의 감정을 의미하는 것이 된다. 또 동시에 빗자루와 먼지털이는 가옥이나 가구와의 관계를 시사하는 것이기 때문에 가족관계의 본질보다도 오히려 가정생활의 외면이나 체제에의 관심의 강함을 의미하는 경우도 있다.(가옥, 가구의 항을 참조)

(60) **부엌칼** : 칼 종류의 항을 참조

(61) **별** : 별은 차갑고 멀리 있는 것이고, 물심양면에 있어서 박탈과 관계한다(Burns와 Kaufman, 1972).

(62) **모자** : 위 만들어진 상태와 자기방어를 의미하고, 더욱이 수동적인 태도와 관련

(63) **공** : 공은 힘을 상징한다. 그리고 공은 현재의 상태에 의해 명백하고 단순한 힘(공격)이나 현실화되지 않은 폐쇄상태에 있는 힘(갈등) 등 여러가지 상황의 힘을 표현한다.

(64) **귤** : 가정 내의 따스함이나 안정성을 의미한다고 생각되지만 동시에 서민성의

상징

(65) **물** : 바다, 강, 수영장 등 여러 가지고 물은 그려지지만 그들은 모두 여러 가지 상태에서의 억울한 감정을 의미

(66) **냉장고** : 냉장고는 어린이의 최대의 바램인 식욕, 즉 피양육 욕구를 만족시키기 위한 재료의 모습인 동시에 차가운 것이라고 할 수 있는 불균형적인 질을 가지고 있다. 따라서 그림 중에 점유하는 냉장고의 모습은 피험자의 어머니에게 기대하는 의존욕구의 상황을 시사하는 것이 된다.

(67) **기차** : 기차는 Burns와 Kaufman(1972)의『어린이들, 특히 소년들이 동일시하는 힘의 상징이다.』라고 하는 해석을 인용할 필요도 없이 일본의 많은 소년들이 기차를 표현하는 것을 보면 알 수 있다.

동적가족화에서 나타난 모든 사물들에 대한 임상적 의미를 부여하기는 어렵다.

히비(日比, 1977)는 동족 가족화 묘화2에서 많은 동적가족화를 통해 보편적으로 발견되는 사물과 거기에 공통된 임상적 의미를 예측한 것이 상징의 영역으로 간주하고 있다. 아래의 영역은 임상적으로 의미를 부여할 수 있는 사물들을 영역화해서 몇 가지만 나열하였다.

① **공격성, 경쟁심** : 공, 축구공 그밖에 던지는 물체, 빗자루, 먼지털이 등

② **애정적, 온화, 희망적** : 태양, 전등, 난로 등이 열과 빛이 적절할 때, 빛이나 열이 강렬하고 파괴적일 때는 애정이나 양육의 욕구, 증오심을 나타내기도 한다.

③ **분노, 거부, 적개심** : 칼, 총, 날카로운 물체, 불, 폭발물 등

④ **힘의 과시** : 자전거, 오토바이, 차, 기차, 비행기 등 자전거를 제외하고 모두 의존적 요소에 의한 힘의 과시

⑤ **우울감정, 억울함** : 물과 관계되는 모든 것. 비, 바다, 호수, 강 등

4) 역동성(dynamics)

(1) 인물묘사의 순위

인물상의 묘사순서는 가족구성원의 일상적 서열을 반영한다. 그러므로 가장먼저 그려진 인물이 가족 내에서 중심적인 위치에 있다고 볼 수 있다. 때문에 자기상을 먼저

그린 경우에는 아동이 심리적으로 생각하는 가족 내에서의 위치에 대해서 특별한 해석이 가능하다. 또한 심리적으로 긍정적이든 부정적이든 의미 있는 사람을 먼저 그리는 경우도 있다.

(2) 인물상의 위치

용지를 상하로 구분했을 때, 윗 쪽으로 그려진 인물상은 가족내 리더로서의 역할이 주어지고 있는 인물을 나타낸다. 반대로 아래쪽은 억울함이나 침체감과 관계한다. 좌우로 구분했을 때 우측은 외향성과 활동성에 관계하고, 좌측은 내폐성이나 침체성과 관계한다. 일반적으로 자기상을 남자는 우측에 여자는 좌측에 그리기 쉽다고 한다. 따라서 좌측에 그린 아버지 또는 남자 가족과 우측에 그려진 어머니 또는 여자 가족에 대해서는 해석상 특히 주의를 요한다. 단, 적절히 적응하는 사람들은 남녀 모두 자기상을 우측에 그리는 일이 많다. 중앙부에 그려진 인물상은 문자 그대로 가족의 중심인물인 경우가 많다. 만약 아동이 중앙부에 자기상을 위치시켰을 때는 자기중심성이나 미성숙한 인격을 의미하는 일도 있다.

(3) 인물상의 크기

일반적인 양식에서 인물상의 크기는 가족의 위계질서 순으로 그려지는 것이 보통이다. 그렇지 않은 경우 가족구성원에 대한 관심의 정도가 인물상의 상대적인 크기로 투영되고 그려진다. 긍정이든 부정이든 관심이 크고 중심적인 인물을 크게 그린다. 반면 키가 작게 나타난 것은 경멸이나 무시의 의미가 될 수도 있다.

5세 여아 사랑이의 그림이다. 큰언니–작은언니–나–어머니–아버지의 순서로 그림을 그렸다. 큰언니를 제일먼저 그리고 가장 크게 그렸다. 큰언니의 머리위에는 왕관을 그려 넣어 큰언니에 대한 관심과 동경을 표현하였다. 그 다음에 어머니를 크게 그렸고 사랑이는 큰언니와 어머니 사이에 작게 그려 넣어 두 사람에게 어리광을 부리는 모습으로 보여진다. 그 반면에 중간크기로 그려진 작은 언니와 아버지는 나와는 멀게 그려져 큰 언니와 어머니와는 다른 심리적인 거리를 보여주고 있다.

(4) 인물상간의 거리

인물상 사이의 거리는 내담자가 본 그들 사이의 친밀성의 정도나 혹은 감정적 거리를 의미할 수 있다. 인물상이 겹쳐지거나 접촉되어 있을 때 두 개인간에 친밀함이 존재함을 의미한다. 반대로 거리가 먼 두 인물은 실제 생활에서도 상호작용이나 의사소통이 소원한 경우가 많다.

윤서는 어머니–동생–아버지–나의 순서로 그림을 그렸다. 어머니와 동생은 밀착되어 붙여 그려졌고, 마지막에 그려진 나는 가족과 떨어져 밖에 그려져 있다.

(5) 인물상의 얼굴의 방향

그려진 인물상의 얼굴의 방향이 '정면', '측면', '배면' 중 어느 것인가는 임상적으로 의미가 크다. 이것은 피험자의 가족관계 방향을 표현하고 있다. 얼굴의 방향으로 봐서 정면은 긍정, 옆면은 반긍정 혹은 반부정, 배면은 부정적인 인물로 지각한다고 볼 수 있다.

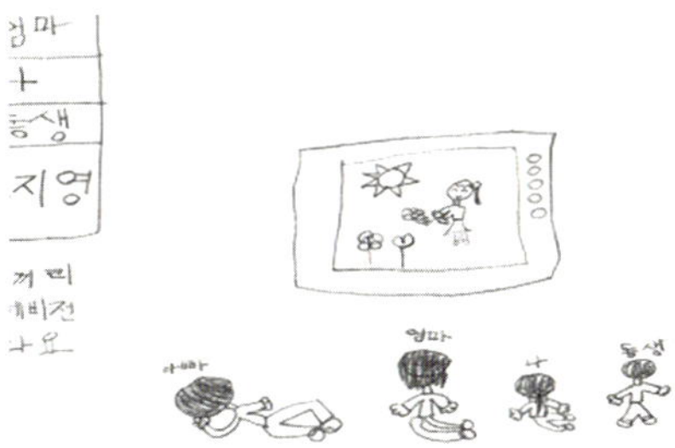

인물의 얼굴 방향은 그 가족구성원에 대한 감정을 표현한 것으로 임상적 의미가 크다. 종종 식탁에 앉아 있는 모습에서 몸은 배면인데 얼굴은 측면으로 그림으로써 긍정적으로 표현하기도 한다. 정면을 그렸다면 긍정, 뒷모습을 그렸다면 부정적 감정 그리고 측면을 그렸다면 반 긍정 혹은 반 부정으로 해석해야 하므로 얼굴의 표정을 확인해 보아야 한다.

(6) 인물상의 생략

인물상을 지운 흔적은 지워진 개인과의 양가감정 또는 강박적이거나 갈등이 있음을 시사할 수도 있고, 자기 자신을 그리지 않는 경우 자신의 존재감이 가족 내에 없는 경우로서 불안정한 심리상태로 나타난다. 가족을 아예 그리지 않았거나 가족원의 일부

제13장

투사적 그림검사 DAS

1. 이야기 그림검사(DAS: Draw A Story)

1) 그림검사의 개념

실버(Silver, 1988)가 고안한 이야기 그림검사 DAS는 공격성과 우울을 평가하기 위해 개발되었다. DAS에서 제시되는 14개의 자극 그림 중 그림을 그릴 때 참고할 수 있는 그림자극을 제공하는데, 2개의 그림을 선택하여 두 주제의 사이에 무슨 일이 일어나는지 상상하여 그리는 검사로서 내담자가 선택한 그림 내용을 통해 그 사람의 '자아상'과 '관계성'에 주목하여 채점하게 되며 이를 통해 내담자의 정서 상태를 이해하려는 검사이다. 특히 언어적으로 제한된 반응을 보이거나 그림을 그리는 것에 어려움을 호소하는 내담자들의 심리상태를 평가하는 유용한 도구로 알려져 있다.

그림은 그것을 그린 아동의 지적능력과 정서 및 심리적 어려움을 이해하는 데 중요한 검사도구로 사용되었다. 이러한 그림검사의 대부분은 도화지에 검사자가 제시한 주제를 그림으로 그리는 것이 요구되는데, 이러한 검사는 그린 아동의 다양한 측면을 이해하는데 유용한 것이 사실이나 우울하고 위축된 아동의 경우 그림을 시작하는 것 자체를 힘들어하여 어려움을 호소하는 경우가 많다.

그림을 시작하는 것 자체가 어려운 아동의 경우, 그림의 주제뿐 아니라 구체적인 그림자극이 있을 경우, 보다 쉽게 반응을 산출하게 된다.

제공되는 14가지의 그림자극에는 부정적인 환상을 촉발할 수 있는 자극들이 섞여 있어서 아동이 자신의 내적 우울 상태를 쉽게 그림으로 나타낼 수 있도록 한다. 공격성과 파괴, 죽음 등의 우울한 정서와 결합된 이미지는 털이 선 고양이, 칼, 폭발하는 화산, 이를 드러낸 공룡 등으로 나타나고, 병아리나 작은 쥐, 마른 나무 등의 이미지는 무기력감이나 취약함, 위축된 자아 등의 정서와 결합되어 우울을 표현하게 해준다. DAS 검사법은 이렇게 우울과 관련된 주제를 그림자극으로 제시하여 선택된 두 가지 이미지의 관계를 통해 평가한다.

DAS에서 사용되는 자극 그림은 A형과 B형 두 가지가 있다. 실버는 B형을 만든 이유가 A형에 나타난 자극 그림(stimuius drawing)들이 부정적인 환상을 자극하는 경향이 있으므로 부정적인 부분을 완화하기 위해서 추가하였다고 한다. 그 경우에는 B형을 내담자에게 먼저 제시한 후, 치료가 종결될 시기에 사후 검사로 DAS를 재실시할 경우 A형을 사용하는 것에 추천하고 있다. 실버의 그림 이야기법은 내담자들의 동일 자극화에 대해 각기 다른 지각을 하며 이는 개인의 경험과 성격을 반영하며 양적 평가가 가능하다는 전제에서 출발하고 있다.

DAS는 초기에는 언어장애를 가진 아동들의 의사소통 방법으로 사용되었으나 점차 표현을 끌어내는 자극화를 선택하여 일반 아동과 성인의 심리진단 도구로 발전되었다. 이후 DAS는 우울증의 조기진단과 공상적 사고의 진단 도구로 사용되었으나 일반적인 정신건강 문제와 관련하여 치료기법으로도 적용될 수 있다.

DAS의 장점은 지금까지 소개한 DAP(Goodenough. 1926)나 HTP(Buck, 1948) 또는 KFD(Burns & Kauffman, 1972) 등의 검사보다는 덜 구조화되어 있으므로 개인과 집단에서 사용 가능하다는 점이다. 뿐 만아니라 인물화(DAP)의 경우 사람을 그려보라고 지시받은 내담자는 개인에 따라 어떻게 그려야 할지 매우 난감해 하는 경우가 있으므로 심리적인 부분 뿐만 아니라 기술적인 부분에서도 많은 불편감으로 오는 방어가 있을 수 있다. 그에 비해 DAS는 자극화를 그대로 옮겨 그리도록 하여 이야기를 끌어내기 때문에 비교적 편안할 수 있다는 장점이 있다.

동적가족화(KFD)나 인물화(DAP) 등의 투사적 그림검사의 경우 그림을 그릴 때 어려움을 호소하거나 그리기에 난감해 하는 일이 종종 발생한다. 그에 비해 DAS는 자극화를 모사해 그리도록 하기 때문에 비교적 편안하고 자기방어가 적다는 장점이 있다.

2. DAS 그림검사 실시방법

DAS는 14개의 그림을 보여주면서 2개의 그림을 선택하도록 하여 선택한 그림을 자극화로 사용하게 된다. 대상은 5세부터 노인까지 가능하고, 시간 제한은 없으나 대략 10분 소요, 준비물은 DAS 그림, 검사지, 4B연필, 지우개

1) 지시어

"그림을 잘 그리고 못 그리고를 보는 것이 아닙니다. 중요한 것은 자신의 생각을 표현하는 것입니다. 다음 14개의 그림이 있습니다. 14개의 그림 중에서 2개를 선택하세요.

그 둘 간에 어떤 일이 일어나는지 상상해 보고 상상이 끝나면 그림으로 그려주세요. 선택한 그림을 수정하여도 되고 다른 것을 더하여 그려도 좋습니다. 그림을 다 그린 후에는 그림에 대한 제목과 이야기를 검사지 아래에 써 주세요. 현재의 기분이 어떤지도 표시해 주세요."

2) 실시과정

(1) 선택한 DAS 자극화를 보면서 이 그림에서 어떠한 일이 일어나고 있는지를 상상해 보도록 한다.
(2) 상상에 따라 2개의 자극화를 합하여 하나의 그림을 그리게 한 후 그림의 제목을 붙이고 이야기를 만들어보도록 한다.
(3) 그림을 다시 변화시킬 수 있다고 설명한 후 자신의 생각을 추가하여 변형과정을 거친다.
(4) 그림이 완성되면 그림의 이야기를 기록해 보도록 한다.
(5) 그림의 의미에 대한 나눔과 현실의 자신과 유사한 점이 있는지 등에 관한 나눔 시간을 갖는다.

3. DAS 그림 검사시 유의사항

DAS는 우울을 평가하는 검사이므로 가능한 격려적인 분위기를 제공하는 것이 중요하다. 특히 아동은 분위기에 주눅이 들면 자신이 표현하고자 하는 바를 충분히 드러내지 않으므로, 편안한 분위기를 제공해야 한다. 또한 그림을 완성하고 난 뒤 그림에 나타난 대상의 의미를 분명하게 하기 위하여 아동으로 하여금 자신의 그림을 설명하도록 충분한 시간을 주고 필요하면 질문으로 반응을 유도한다. 주어진 그림을 바꾸거나 변형해도 된다는 지시를 아동이 충분히 이해시킨다.

4. DAS 그림 검사시 주의점

그림에 나타난 내용이 비록 부정적이라 할지라도 내담자가 반드시 아동기 우울증상을 겪는 아동이라고 진단해서는 안되며 아동의 정서 · 행동의 특징과 그림을 그린 아동의 상황을 듣고 총괄적으로 함께 평가되어야 한다. 아동들은 정서적으로 예민하고 상황에 따라 감정과 인식에 영향을 크게 받을 수 있기 때문이다. 그러나 DAS에 나타난 내용이 1점에 해당한다면 우울의 가능성이 매우 높은 것이라고 판단해 볼 수 있다. 일반 아동들을 대상으로 검사를 실시할 때는 관계성과 생활환경에 잘 적응하며 환경의 대처방법 여부를 평가하는 데 초점을 두는 것이 바람직하다.

5. DAS 점수척도 및 검사기준

선택한 두 개의 자극도 모두 생명체라면 둘 중 어느 것이 자신으로 생각하는지를 질문하는 것이 필요하다. 왜냐하면 예를 들어 공룡이 사람을 잡아먹는 그림이라면, 자신과 동일시한 인물이 잡아먹히는 사람인지, 잡아먹고 있는 공룡인지에 따라서 자아척도와 공격성 척도가 달라지기 때문이다.

DAS가 처음 개발되었을 때(1988)는 정서척도, 자기상척도, 유머사용 척도의 하위 영역에 5점 척도가 사용되었지만 현재(2007)는 중립적인 3점의 척도에서 불행한 결과를 나타내면 2.5점, 희망적인 결과를 나타내면 3.5점으로 7점 척도로 하고 있다.

〈DAS의 정서 내용 척도〉

점수	주제	세부내용
1점	매우 부정적인 주제	내용 – 슬픔, 외로움, 고립, 무기력, 자살, 살인 관계 – 살인적, 파괴적, 생명을 위협 형식 – 공간활용 1/4 이하, 첨가없이 모방 이야기 – 슬픔, 매우 불행
2점	다소 부정적인 주제	내용 – 놀람, 좌절, 두려움, 불행, 두려움 관계 – 적대적 관계, 스트레스 형식 – 간활용 1/3 이하. 세부묘사 거의 없음 이야기 – 놀람, 불행, 화가 남
2.5점	양가적 주제	내용 – 부정적, 희망 없음
3점	중립적 주제	내용 – 부정과 긍정적 정서의 공존, 갈등 관계 – 애매한 내용, 불분명, 무감각, 감정없음 형식 – 공간활용 1/20이하, 어느 정도의 묘사 첨가 이야기 – 감정 없음
3.5점	양가적 주제	내용 – 긍정적, 희망적
4점	다소 긍정적인 주제	내용 – 행운, 수동적 관계 – 우호적. 즐거운 관계 형식 – 공간활용 3/2 이하, 세부묘사, 일부 표현 첨가 이야기 – 행복, 우호적
5점	매우 긍정적인 주제	내용 – 행복, 성취감, 사랑 관계 – 사랑, 보살핌, 양육 형식 – 전체 사용, 높은 수준의 표현적 묘사 이야기 – 매우 행복

◎ 정서 내용 척도에서 형식 부분에 있어서 1점의 경우를 예를 들면, 화지에 그림을 그릴 때 공간 활용이 1/4 정도로 그렸다면 그 피검자는 우울경향이 있다고 볼 수 있다. 그러나 DAS에서는 1/4 공간을 활용한 사람은 우울이라고 볼 수 있지만 다른 내용은 1점에 해당하는데 화지를 전체 사용한 사람은 1점이 아니냐는 문제에 봉착한다. 왜냐하면 DAS는 자극도를 보고 묘사하는 것이라서 1점의 사람도 화지를 가득 채운 그림을 그릴 수가 있기 때문이다. 즉, 공간 활용에 구애를 받지 않고 해석을 해야 한다.

이야기 : "어느 날 민수는 들에 나가 걷고 있었어요. 저 편에서는 강아지를 데리고 산책 나온 영미가 있었지요. 바람이 솔솔 부는 날이었어요. 갑자기 하늘에서 "참 멋진 마을인데, 어디에 내려앉을까?" 하는 남자의 목소리가 들려 왔어요. 민수는 궁금해서 고개를 돌렸어요. 여행을 하고 있던 남자가 점 점 땅으로 내려 앉았어요. 파랑새 한 마리가 낙하산을 따라 내려오고 있었어요."

나이 : 만 35세 직장여성

정서척도: 5점

관계 : 보살핌. 행운

자기상척도 : 4점 . 유쾌한 상상

Draw-A-Story(유형 A)

다음 그림들 중 2개를 선택하세요. 그 둘 간에 어떤 일이 일어나고 있는지 이야기를 상상해 보세요. 상상이 끝나면 생각한 것을 그려주세요. 선택한 그림을 고쳐도 되고 여러분의 생각을 더하여 그림을 그려도 좋습니다. 다 그린 후에는 그림에 관한 이야기를 글로 표현해 주세요. 현재의 기분이 어떤지도 표시해 주세요.

Draw-A-Story(유형 B)

다음 그림들 중 2개를 선택하세요. 그 둘 간에 어떤 일이 일어나고 있는지 이야기를 상상해 보세요. 상상이 끝나면 생각한 것을 검사지에 그려주세요. 선택한 그림을 고쳐도 되고 여러분의 생각을 더하여 그림을 그려도 좋습니다. 다 그린 후에는 그림에 관한 이야기를 글로 표현해 주세요. 현재의 기분이 어떤지도 표시해 주세요.

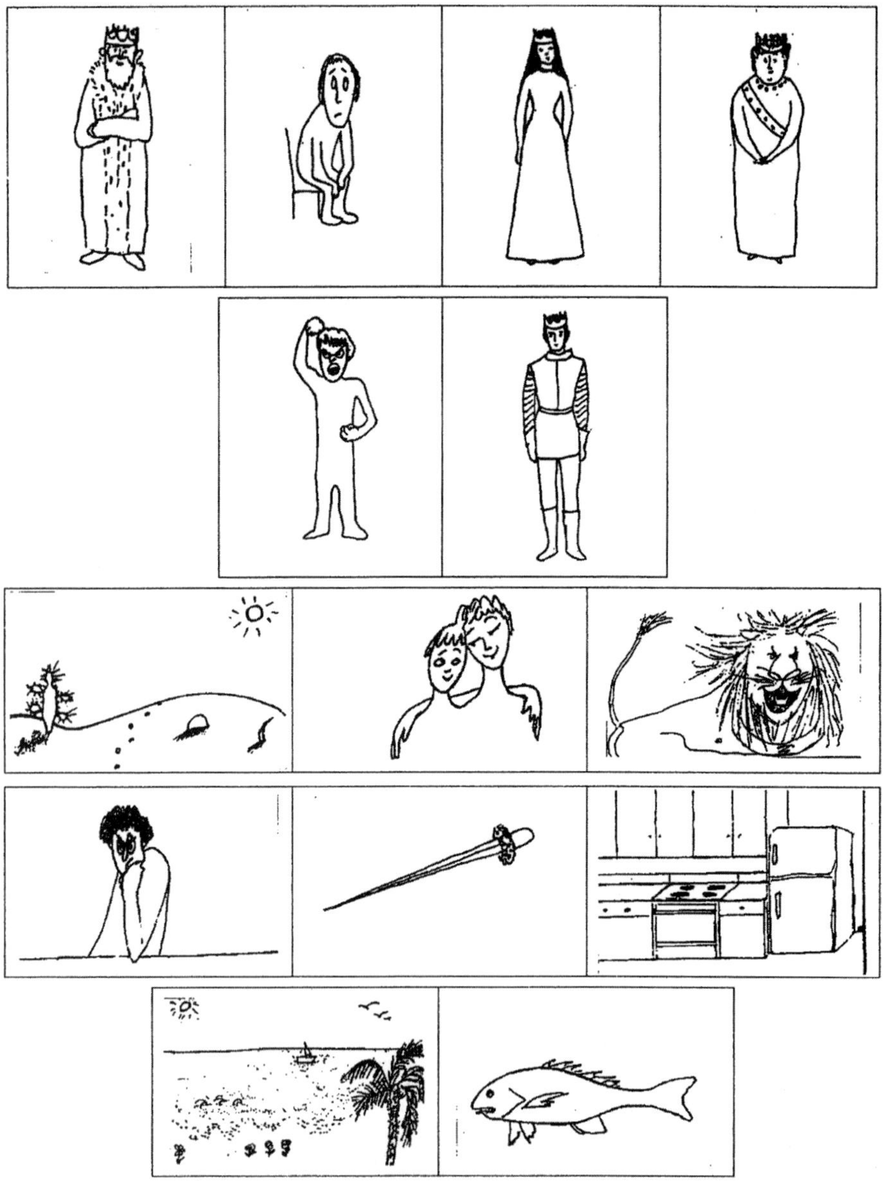

※ 다음 칸에 그림을 그려주세요. 유형 B

그림의 이야기를 글로 표현해 주세요.

이름(　　　　　　　) 성별(남, 여) 나이(　　) 학년(　　의　　)

나는 지금 기분이 ① 매우 좋아요(　　) ② 괜찮아요(　　) ③ 화나요(　　)

④ 불안해요(　　) ⑤ 슬프다(　　)

또한, 프로이트의 학설인 외디푸스콤플렉스는 고대 희랍신화 외디푸스(Oedipus)에서 따온 것으로 프로이트가 일찍이 '외디프스 콤플렉스'를 '햄릿 콤플렉스'로 부르려고 했다는 이야기가 있는 것으로 미루어 보아 연극과 신화에 대한 그의 관심을 짐작할 수 있다. 이러한 배경으로 그는 일찍부터 미술(art)의 치료적인 효과에 대하여 언급하였는데, 프로이트는 미술은 환상세계와 현실세계를 이어주는 교량이니, 미술가는 창작을 통해 환상세계를 현실세계로 구체화 시킴으로써 현실에서 억압되어 있던 욕망과 그로 인한 갈등을 해방시킬 수 있다고 하였다. 즉, 프로이트는 꿈 속에서의 상징적 심상으로 생생하게 표현되는 무의식의 개념을 발전시켰다.

프로이트의 입장은 예술이 사회가 받아들일 수 있는 출구를 만들어 충동적인 요소를 창작을 통하여 승화시킨다는 것과 또한 이러한 요소가 예술가나 관객들에게 자기애적(narcissistic) 욕구를 충족시켜 준다는 것이다. 미술의 치료적 입장이 용인되는 한 창작행위를 통해 그들이 충족시키지 못했던 성장 초기의 억압된 자아의 요구나 욕구를 표현할 기회를 주게 된다. 그리고 충동적인 표현을 수용하게 되면서 그림이 치료적인 효과가 있다고 하였다. 즉, 프로이트 자신은 정신분석에서 환자에게 그림을 그리도록 하는 시도는 하지 않았으나 프로이트의 초기 학설이었던 무의식의 의식화를 미술치료(art therapy)와 연결시킨 것으로 미술을 통하여 본능적 충동 요소, 이드(id)가 자리하던 곳을 에고(ego)로 대치시킨다는 것이 중심이론이다. 그 이후, 그림이나 놀이를 통한 치료법은 프로이트의 막내딸 안나 프로이트(Anna Freud)가 아버지의 뒤를 이어 정신분석가가 되면서 더욱 발전하게 되었는데, 안나 프로이트는 환자들의 그림작업을 정신분석에 적용하였다. 프로이트의 분석이론에 입각한 미술치료사들은 환자들의 상상이나 자유연상에 의한 자유로운 표현과 즉흥적인 표현을 중요시하였다. 이러한 점과 관련하여 미술치료사들은 환자들이 그리는 그림은 모두 무의식의 고통이나 억압된 갈등을 나타내고 있다고 보았다. 또한 미술치료사들은 환자들의 꿈이나 무의식의 내용을 내포하는 백일몽, 판타지, 갈등과 유년의 그림들을 이미지로 표현하게 하여 그 상징성에 대한 해석을 하였다. 또한, 어린이들의 경우 언어로의 자유연상이 불가능하고 소아의 정신 집중에 그림 그리기 등의 창작활동과 장난감 등의 놀이가 치료자와의 간격을 메워주고, 심리적 저항의 벽을 허무는 좋은 도구가 되었다.

2. 지그문트 프로이트(Sigmund Freud)의 생애

프로이트(Freud)는 빈의 한 가정에서 7남매의 맏이로 태어났다. 그는 학창시절 7년 동안 수석을 하였고 의과대학에 입학하였으나, 유태인이였기 때문에 전공 선택에서 제약을 받았다. 그는 생리학과 신경학을 공부하면서 인간의 성격형성 이론으로 정신분석학을 창안하였다. 신경과의사인 프로이트는 프랑스에서 최면술로 히스테리아를 치료하던 샤르코(Charcot)에게 최면술을 배워 히스테리아 환자들을 치료하기 시작하였는데, 최면에 걸리지 않는 환자들이 있다는 사실을 알게 되면서 최면술의 한계를 극복하고자 연구를 시작하게 되었고, 그후 자유연상과 꿈의 분석으로 이어지는 정신분석학이 탄생하게 되었다.

한편 프로이트는 30세부터 40세 중반이 될 때까지 의학계에서 성욕에 사로잡힌 창피한 이단자 취급을 받았으며 그에게 등을 돌린 동지들도 상당수 많았다. 특히 아끼는 제자였던 융이 자신에게 결별을 선언할때 현기증을 일으킬 정도로 충격을 받아서 쓰러지기도 하였다. 그 이후 사랑하던 둘째 딸을 폐렴으로 잃게 되고, 딸의 어린 손자까지도 잃는 슬픔을 겪는 등의 일생동안 정신적으로 많은 고통을 받으며 살았다.

또한, 프로이트가 77세 되던해 히틀러에 의해 베를린 광장에서 프로이트 저서들이 공개적으로 불태워졌으며 82세때 유대인 학살을 피하기 위해서 가족들을 이끌고 고향 빈을 떠나 런던으로 피신해야만 하였다. 그러나 미처 피신하지 못하고 남아 있었던 그의 여동생은 가스실에서 처형당하게 되었다. 프로이트는 67세부터 턱 뼈에 암이 발생하여 오른쪽 윗 턱뼈와 치아를 도려내고 틀니를 했지만 잘 맞지 않아서 죽을 때까지 고통을 겪었으며 말년에는 말을 할 수 없게 되면서 글로 의사소통을 해야만 했다. 33

차례의 턱암 수술과 16년 동안 투병생활 속에도 연구에 몰두하였고, 2차 세계대전 중인 1939년 3월 23일 89세의 나이로 사망하게 되었다.

더욱이 프로이트는 무신론자였기 때문에 하나님의 위로도 받을 수 없었으며 죽음으로 고통이 끝나고 그 후에 평화가 온다는 생각은 이런 고통스런 상황을 끝내고 싶은 마음이 반영되었을 것이다. 그가 주장한 죽음의 본능 개념과 일치하였다.

프로이트의 정신분석은 유아기 성욕의 발견뿐만 아니라 인간 행동의 이해와 모든 분야에 걸쳐 강력한 영향을 주었기 때문에 무엇보다도 무의식 세계의 체계적인 연구는 훌륭한 업적이라고 말할 수 있다.

3. 프로이트 학설의 기본개념

1) 인간관

(1) 정신결정론

인간의 모든 행동은 생애 6년간의 초기 생활경험, 무의식적 동기, 생물학적 욕구 및 충동에 의해 결정되며 그 후에는 그 성격이 점진적으로 발현될 뿐이라고 보았다.

(2) 성격의 구조적 이론

① 이드(Id: 원시적, 쾌락추구)

원초아는 쾌락의 원리를 따르고 이것은 고통을 피하고 쾌락을 얻으며 긴장 해소를 목적으로 한다. 이드는 본능적인 충동에 의해 생기는 정신에너지를 즉각적으로 방출하기 때문에 충동적이고 자기중심적인 특성을 지닌다.

② 에고(Ego: 현실과 환경을 고려한 합리적 자기)

자아는 현실원리에 의해 움직이며 이드의 욕구를 현실세계와 연결지어 판단하고 외부와 자신의 관계를 중재한다. 또한 현실적 상황과 조건이 초자아에 맞추어서 현실원리에 따라 본능의 욕구를 표현한다. 또한 본능적 욕망을 실현하기 위해서는 환경적 조건이나 만족할 대상물이 나타날 때까지 억제되거나 지연시킨다.

③ 슈퍼에고(Super ego: 도덕적 규범, 사회적 가치)

초자아는 개인의 사회화 과정을 통해서 발달되는데 사회적 규범, 행동기준이 내면화된 것이다. 초자아는 부모에게서 계승되는 전통적인 가치나 도덕적 판단, 사회의 이상 등을 나타내고 어린 시절 부모, 교사 그리고 주변의 인물들과 상호작용하는 과정에서 형성된다. 초자아는 이성적이고 도덕적인 특성을 지닌다. 그러므로 초자아는 양심과 자아 이상의 두 가지로 나뉜다. 양심은 부모가 나쁜 행동이라고 말하는 것, 꾸중이나 벌을 받는 것 등 처벌과 관련되어 있는 반면, 자아 이상은 부모가 인정하고 상을 주는 것으로부터 형성된다.

즉, 초자아는 부모의 기대와 통제에 의해 발달되지만, 부모의 통제에서 자신의 통제로 변화될 때 충분하게 발현된다.

위 세가지 성격의 구조간의 갈등들은 개인의 구체적인 행동을 결정한다.

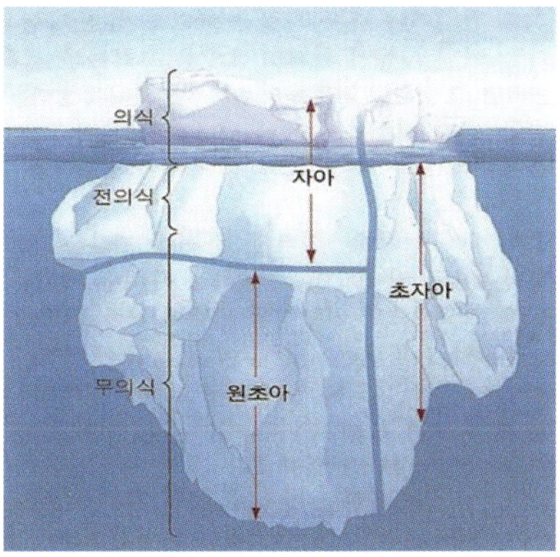

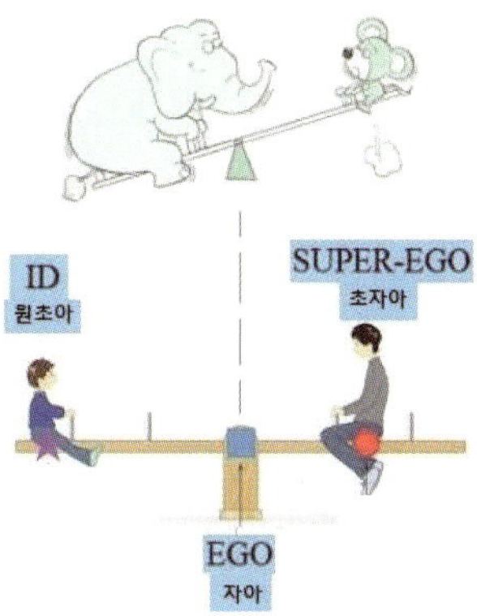

2) 인간 정신의 의식수준

(1) 의식(Consciousness)

의식은 현재 직접 경험하고 있는 심적 현상이다. 의식은 인간의 지식, 감정, 의지라는 일체의 활동을 포함하고 있으며 물질세계의 반영으로써 생긴 산물이다. 의식은 한 개인이 현재 각성하고 있는 모든 행위와 감정을 포함한다. 의식은 인간의 모든 생활에서 아주 일부에 국한되며 잠시 동안만 의식되고 나머지는 무의식으로 사라져 버린다.

(2) 전의식(Preconsciousness)

전의식은 이용 가능한 기억으로 불리는데 이것은 조금만 노력을 기울이면 의식으로 떠올릴 수 있는 생각이나 감정을 말한다. 전의식은 의식과 무의식을 연결시켜 주며 정신분석적인 기법을 통해 무의식이 전의식으로 떠오르고 이것이 의식화될 수 있다.

(3) 무의식(Unconsciousness)

무의식은 인간 행동의 동기가 되며, 무의식의 내용은 개인이나 사회에서 허용하기 어려운 생각이나 감정, 경험과 기억, 충동이 억압된 것이다. 이러한 무의식의 내용은 개인으로 하여금 갈등을 경험하게 하고 이것을 억압하기 위해 다양한 방어기제를 사용한다. 무의식은 꿈, 실수, 실언, 농담을 통해 나타나기도 한다.

3) 불안(Anxiety)

불안은 무엇을 하기 위해 동기를 유발하게 하는 긴장상태이다. 이것은 유용한 심적 에너지를 통제할 수 없을 때 발달하는 것으로 본능과 자아 그리고 초자아간의 갈등이며 불안은 자아가 통제할 수 없는 자극에 의해 발생한다.

프로이트는 불안이 닥쳐올 위험에 대한 신호라고 하였는데, 불안은 현실적 불안(Reality Anxiety), 신경증적 불안(Neurotic Anxiety), 도덕적 불안(Moral Anxiety)으로 분류할 수 있다. 현실적 불안은 외부요인에서 오는 위험에 대한 두려움이다. 신경증적 불안은 본능이 통제되지 않아서 그로인해 어떤 행동을 하게 됨으로써 처벌을 받을 두려움에서 기인한다. 도덕적 불안은 자신의 양심에서 생기는 두려움으로서 양심이 발달된 사람은 자신의 도덕적 규칙에 위배될 때 죄책감을 느끼게 된다.

4) 자아방어기제(Defense Mechanisms)

방어기제는 불안, 죄책감, 갈등, 고민, 드러낼 수 없는 욕구들 중 자기에 대한 여러 위협으로부터 자신을 보호하기 위해 사용하는 마음의 반응 양식을 말한다. 방어기제는 병적 행동이 아니고 정상적인 행동이다.

방어기제는 내적인 자아가 합리적, 직접적인 방법으로 자신이 느끼는 불안감을 통제할 수 없을 때 자아는 의식하지 못하는 가운데 비현실적인 방법으로 불안감을 제거하려고 하는 무의식적인 심리적 기제를 말한다. 방어기제는 개인이 불안에 대처하고 현실에 적응하기 위해 활용되지만, 과도한 사용과 지나친 집중은 현실의 합리적 판단을 어렵게 하여 부적응을 가져온다. 적절하지 못한 방어기제 사용으로 인한 부적응은 성격 형성에도 부정적인 영향을 미쳐서 성격장애를 일으키기도 한다.

방어기제의 종류는 다음과 같다.

(1) 억압(Repression)

억압은 불안을 회피하는 가장 기본적이고 일차적인 방식이다. 가장 많이 사용되는 방어기제로 사회적이나 윤리적으로 용납될 수 없는 생각, 충동, 욕구, 소망을 갖고 있으나 이것이 의식되지 않도록 무의식 속으로 눌러 넣어 버리는 것이다.

억압을 통해서 자아가 얻는 이득(Gains)은, 위협적인 충동, 감정, 소원, 환상, 기억 등의 의식을 막을 수 있다는 것이다. 특히, 죄의식, 창피 또는 자존심의 손상을 일으킨 경험은 매우 고통스러운 불안을 불러일으키는데 이런 경우 억압이라는 방어기제가 동원된다. 그러나 억압된 내용은 해결된 것이 아니고 무의식 속에 남아서 현재 행동의 동기로 작용하게 된다. 충격적인 경험이나 스트레스를 유발하는 사건을 억압하는 것은 신경증적인 행동, 신체화 장애의 근본 원인이 된다.

예를 들면, 부모가 빨리 돌아가시기를 바라는 마음을 완강하게 부정하나 무의식중에 그런 소망이 있다.

(2) 투사(Projection)

현실에서 자신이 받아들일 수 없는 자신의 무의식적인 욕구나 충동을 다른 대상의 것으로 간주하여 스스로 불안을 피하려는 방어기제이다. 즉 사회적으로 인정받을 수 없는 자신의 행동과 생각을 남의 탓이나 환경의 탓으로 돌리는 것으로서 자신이 수용할 수 없는 결점이나 욕구, 관심이 다른 사람에게 속한 것으로 지각하고 이를 비판함으로써 불안을 감소시켜 자신을 보호하는 것을 말한다.

투사된 내용(Projected Material)은 투사하고 있는 사람의 무의식에 내재되어 있으면서 불안을 조정하고 있는 충동이나 욕구들이다. 이러한 충동이나 욕구가, 사고 과정으로 투사되면 망상(Delusion)이 되고, 지각 과정으로 투사되면 환각(Hallucination)

이 된다.

예를 들면, 지나치는 사람들의 표정에서 그들이 자신을 비웃는다고 생각한다.

(3) 반동형성(Reaction Formation)

사회적으로 용인될 수 없는 무의식적인 생각, 소원, 충동이 받아들 일 수 없는 두려운 것일 때, 그것과는 정반대의 언행을 강조하고 선택함으로써 의식에 떠오르는 두려움을 막아버리는 방어기제이다. 부정적인 감정을 숨기면서 타인에게 잘해주어 자신의 무의식적 충동이나 공격성을 감추는 경우로서 실제로 느끼는 감정을 직접 표현하기에 너무 강한 상대(무모, 상사)에게 오히려 정 반대의 감정을 드러내는 것이다.

예를 들면, 무의식적으로는 상사를 미워하지만, 의식적으로 드러내면 자신이 불리하기 때문에 그를 아주 존경하는 것처럼 행동한다.

(4) 승화(Sublimation)

본능적 욕구나 참기 어려운 충동 에너지를 사회적으로 용납할 수 있는 형태로 바꾸어 사용하는 가장 건전하고 건설적인 방어기제이다.

승화는 다른 방어기제와는 달리 이드(id)를 반대하지 않으며 자아의 억압이 없고 충동 에너지를 유용하게 전용하는 것이 특징이다.

본능이 신경증적인 행동으로 전이되지 않고, 오히려 정서적 긴장이나 원시적인 에너지의 투입을 사회적으로 바람직한 행동으로 나타나는 것을 말한다.

예를 들면, 가정폭력을 경험한 사람이 권투선수가 되어 사회적으로 바람직한 방향으로 인생을 풀어나가는 것이다.

(5) 합리화(Rationalization)

합리화란 자기보호(Self protection)와 체면유지를 위해서 우리가 가장 많이 사용하는 방어기제이다. 자기 행동과 생각의 진정한 이유나 동기를 감추고 그럴듯한 다른 이유를 찾아 자신의 감정을 정당화하는 것이다.

인식하지 못하고 있는 어떤 동기에서 나온 자신의 행동을 이론체계[논리 불통, Logic-tight]에 맞추어진 이유를 들어 설명하는 것으로써, 자신의 행동 속에 숨어 있는 실제 원인을 의식에서 용납할 수 없는 내용일 경우가 대부분이지만 자기 자신은 그

원인이 무엇인지 모르고 있는 경우가 대부분이다. 그래서 실제 지적당하게 되면 화를 내게 된다.

※ 논리불통 심리란, 논리적으로 모순되는 두개의 심리적 현실을 공존시키면서도 어떤 갈등도 느끼지 못하기 때문에 양심의 가책을 받지 않는 심리상태를 말한다. 그러나 논리 불통자는 인격 성장 저해, 자기혼란, 대인관계 곤란으로 이어지게 되어 끝내 자기 파멸을 맞게 된다.

※ 합리화란 거짓말과는 다른 무의식의 방어기제이므로 자신의 설명이 허구라고 의식하지 못한다. 그러나 거짓말은 자신의 행동에 대한 설명이 허구라는 것을 의식한다.

예를 들면, 연인관계의 경쟁자가 싫어하는 이유를 생김새나 옷차림이 마음에 들지 않는다고 한다. 또한, 이솝 우화 중「여우와 신포도(Sour grapes)」도덕성을 외치며 검은 정치자금 뒷거래하는 행위

(6) 전이(Transference)

전이는 높은 수준의 불안을 해소하기 위해 위협적인 대상보다 약한 대상에게 자신의 충동이나 감정을 해소하는 것이다. 부모에게 억울하게 야단맞은 아이가 자기집의 강아지를 때리는 행동으로 약한 대상에게 자신의 감정을 해소하거나 꿈에서 부모에게 화풀이를 하며 무의식적으로 자신을 보호한다. 감정을 직접 표현하지 못하고 다른 대상에게 표현하는 것이다.

예를 들면, 종로에서 뺨 맞고 한강에서 화풀이하는 것이다.

(7) 동일시(Identification)

동일시란 부모 등 주위의 영향력 있는 사람의 태도와 행동을 닮아 가는 것을 말한

다. 영화, 운동 등의 주인공과 자기를 동일시함으로써 주인공의 강점을 자기 것으로 만드는 작업 즉, 소원성취(Wish – fulfillment)가 그것이다.

자신보다 강한 상대의 가치관이나 특성에 자기를 맞춤으로써 자신의 약함을 감추려는 것이며 자아가 약하여 의식의 기능을 강화하고자 할 때, 다른 사람의 태도, 신념, 가치 등을 자기 것으로 택하여 다른 사람의 특성을 자신의 성격에 흡수하는 것으로서 초자아를 형성시키는 데 유익하다.

예를 들면, 청소년들이 인기 연예인의 의상을 모방함으로써 자신의 가치를 찾는다.

(8) 보상(Compensation)

어떤 분야에서 탁월하게 능력을 발휘하여 인정을 받음으로써 다른 분야의 실패나 약점을 보충하여 좌절감을 줄이는 방어기제이다. 자신의 성격, 외모, 지능 등의 결함을 보완하기 위한 무의식적인 노력을 말하며 심리적으로 어떤 약점이 있는 사람이 그 약점을 보완시키기 위해서 다른 어떤 것을 과도하게 발전시키는 정신현상을 말한다.

예를 들어, 허약한 몸을 단련하기 위해 운동에 과도하게 집착하는 것이다.

작은 사람들이 야무지게 일을 잘하는 케이스

(9) 퇴행(Regression)

좌절감과 심한 스트레스를 받았을 때 유치한 수준으로 후퇴하는 현상을 말하는데, 주로 고착시기로 퇴행한다. 고착(Fixation)시기는 항문기에 좌절을 심하게 겪었거나 반대로 너무 재미를 보았다면 그 사람은 무의식적으로 항문기 시기에 고착하게 되는데 이런 시기를 고착시기라고 한다.

현재의 불안이 지나치거나 좌절이 두려워 이전 발달단계로 다시 돌아가 미성숙하고 부적절한 행동을 통해 불안을 극복하려는 태도를 말한다. 이러한 현상이 과도하게 지속되면 심리성적 발달에 부정적인 영향을 줄 수 있다.

생의 초기에 성공적으로 사용했던 생각이나 감정과 행동에 의지하여 자기 자신의 불안이나 위협을 해소하려는 것이다.

예를 들면, 동생이 태어난 아동이 아기처럼 행동하거나 대소변을 못 가리는 행동을 하면서 후퇴하는 현상을 보이는 경우이다. 또한, 심한 충격을 받은 사람이 갑자기 어린아이처럼 행동하는 것이다.

(10) 부정(Denial)

가장 원초적인 방어기제 중 하나로서, 의식화 된다면 도저히 감당할 수 없는 어떤 생각, 욕구, 또는 현실적 사실 자체를 무의식적으로 부정하는 방어기제이다. 기억에서 그 현실을 완전히 차단해 버리며 용납하기 힘든 사건에 대해 사실이 아니라고 인정하지 않는 것이다.

즉, 감당할 수 없는 현실에 직면했을 때, 그 사실 자체를 부정해 버림으로써 마음의 평정을 찾고 스스로 불안을 피하려는 것을 말한다.

예를 들면, 죽어가는 딸을 가진 부모가 죽음을 슬퍼하기보다 '딸이 천당에 간다'라며 태연해한다.

(11) 고착(Fixation)

고착은 성격 발달의 단계를 거치는 과정에서 어느 일정한 단계의 좌절이나 불안이 지나치면 해결하기 더 힘든 다음 단계로 이동하기보다는 현재의 발달수준에 머무는 것이다. 예를 들어, 부모에게서 독립하는 것이 불안한 아동이 의존적 행동을 지속적으로 보이는 것을 말한다. 퇴행이 심각하거나 정상적인 발달이 이루어지지 않을 때, 욕구가 충분히 충족되지 않았던 발달 시기에 머무는 것으로서 어머니의 사랑을 충분히 받지 못한 아이가 나이가 든 후에도 어머니의 사랑을 계속 확인하고 의존하려 한다.

(12) 신체화(Somatization)

불안이나 내적 충동이 올라올 때 신체적인 반응을 은폐하는 행위이다. 중년 부인에게서 전형적으로 나타나고, 건강에 대한 염려가 심한 사람들에게서 병이 없는데도 불구하고 기능이 안 되는 현상을 볼 수 있다. 신체화는 고통스러운 감정을 신체적 고통으로 변형시키는 것으로, 받아들일 수 없는 감정, 걱정, 염려 등을 항상 신체적 고통으로 호소하면서 주변의 동정이나 관심을 집중시킬 수 있다.

(13) 억제(Superssion)

억제는 의식적으로 잊으려고 노력하는 방어기제이고 억제 외의 다른 방어기제들은 무의식적인 방어기제이다. 해롭고 바람직하지 못한 생각과 충동에 대해 의식적으로 통제하는 것이다. 이 기제는 억압과 같은 목적을 가지고 있지만 개인의 의식적 의도가 있는 것이다.

예를 들면, 실연당한 젊은이가 옛 기억을 잊으려고 한다든가 화가 났을 때 참으려고 하는 것 등이 여기에 속한다.

(14) 전이(Transference)

과거에 알던 사람과 현재의 사람을 동일시하여 과거에 알던 사람에게 가졌던 사랑이나 미움의 감정을 현재의 사람에게 옮겨와 반복시키고 있는 특수착각 현상(Specific illusion)으로 대부분 무의식적으로 본인이 모르는 경우가 많다.

(15) 역전이(Counter transference)

전이는 보통 아랫사람 또는 환자에게 많은 반면, 역전이는 관리자나 치료자에게 많으며 전에 다른 사람에게 가졌던 동일한 감정을 아랫사람이나 환자에게 갖게 되는 현상이다. 업무를 하는 과정 속에서 부하직원으로 인해서 어떤 관리자의 마음속에 큰 슬픔이나 우울함 또는 분노나 증오심이 현실적으로 타당한 이유 없이 생겼다면 이것이 바로 역전이 현상이다. 이것은 부하직원의 문제가 관리자를 자극해서 관리자의 무의식 속에 감추어져 있었던 숨겨진 갈등이 노출되어 나온 현상인 것이다.

(16) 치환

사람의 에너지를 원래의 목표에서 대용 목표로 전환시킴으로 해서 긴장을 해소하는 방법인데 대용 목표와 원래 목표가 아주 유사할 때만 유용하다.

(17) 이지화

정서적인 문제를 이성적으로 설명하여 감정을 느끼지 않으려 하는 것이다.

예를 들면, 첫 해부 실습을 하는 의대생이 '이것은 과학의 발전을 위한 것이다' 라고 생각하며 끔찍함을 극복하려고 한다.

(18) 히스테리

사람이 어렵고 힘든 상태에서 잘 벗어날 수 있는 신체적 증상을 발달시키는 기제. 기질적 장애가 없는데도 신체적 고통을 느낀다.

이처럼 정신분석적 상담이론에서는 정신병리가 성격구조의 구성요인인 본능인 원초아, 자아, 초자아 간의 갈등에서 불안이 야기되고 불안을 다루기 위해 자아 방어기제의 과도한 사용으로 인해 생긴다고 보았다. 요약하면 정신분석적 상담과 미술치료는 프로이트를 중심으로 정신분석가들이 사용하는 자유연상법이나 꿈의 해석, 저항과 전이의 분석과 해석 등을 기법으로 사용하는 것이다. 특히 자유연상의 경우나 꿈의 내용을 전달할 때 그림이나 창조적 매체를 통해서 표현하게 하는 것이다. 아동의 경우는 성인에 비해 자유연상에 대한 준비성이 결여되어 있어 언어의 사용보다는 그림 등의 사용이 의사소통을 용이하게 하고, 성인의 경우에는 난화나 핑거페인팅 등을 통해 자유연상을 하게 하거나 연상되는 것을 그리게 하는 방법을 적용하기도 한다. 정신분석적 미술치료는 내담자가 자유롭게 자신을 표현하게 하여 그 작품을 분석한다. 미술의 상징적 언어를 사용하여 무의식적인 상징과 전이를 분석하는 해석의 기법으로 사용한다.

4. 프로이트의 심리성적 발달이론

1) 심리성적 발달이론의 특징

정신에너지 리비도(Libido)

리비도는 생물학적인 힘이 아니라, 생명의 본능이 사용하는 에너지의 형태를 리비도라고 한다. 프로이트는 초기 저술에서 성적 에너지를 표현하기 위해 리비도라는 용어를 사용했다. 그러나 동기 이론을 수정하면서 리비도란 모든 생명의 본능이 갖는 에너지라고 정의했다. 리비도의 개념은 처음에는 협의의 성적에너지로 생각되었다가 점차 그 개념이 넓어져 사랑과 쾌감의 모든 표현이 포함되었다.

프로이트에 의하면, 성격 발달은 유아기부터 청소년기까지 다섯 단계에 걸쳐 이루어지는데 초기의 세 단계가 성격 형성에 결정적 역할을 하게 된다. 이 시기에 리비도는 정신에너지로 전 생애에 걸쳐서 다양한 쾌락을 추구하며 리비도가 신체적 특정 부위에 자리 잡고 이 신체 부위에서 만족을 추구한다. 리비도가 만족을 추구하는 특정 부위는 연령에 따라 변화한다. 그러나 심리성적 발달단계가 모두 성공적으로 진행되는 것이 아니고, 한 단계에서 다음 단계로의 진행이 저해되면 특정 단계에 고착될 수 있다. 즉, 리비도는 에너지가 신체의 한 부분에 머무르는 형태로 나타나는데, 구강에

이 단지 공격적인 방식으로 성적 행동을 한다.

(5) 생식기(Genital stage)

생식기는 사춘기부터 성적으로 성숙되는 성인기 이전까지의 시기로 심한 생리적 변화가 특징이며 격동적 단계로 불린다. 호르몬과 생리적 요인들로 인해 그 동안 억압되었던 성적 감정들이 크게 강화되면서 잠복기 동안 억제되었던 성적, 공격적 충동이 자아와 자아의 방어를 압도할 정도로 강해진다. 따라서 이전의 방어 양식들은 적절치 않게 되고 광범위한 재적응이 요구된다. 사춘기 전기에는 리비도가 다시 유아기의 애정대상을 지향한다. 원초아가 우세할 때는 지나치게 쾌락 추구에 몰두해 공격성, 야수성, 범죄 행동이 왕성해지며, 반대로 자아가 너무 표면화되면 불안이 심해지고 금욕주의, 지성화의 경향이 강해져서 원초아를 억제하고 자아를 방어하려고 애쓴다. 사춘기에는 성적 성숙이 다 이루어져서 사춘기 전기의 불안은 사라진다. 이 시기에는 부모에 대한 관심이 사라지고 가족 밖에서 연장자와의 친교를 가지며, 이성을 향한 성욕 충족을 추구한다. 이러한 성적 욕구는 독서, 운동, 자원봉사 등 다른 활동을 통해 승화되기도 한다. 이 시기에 성격발달을 위해서는 근면을 배워야 하고 즉각적인 만족을 지연시켜야 하며 책임감이 있어야 한다.

프로이트의 이론은 융에 의해서 지나친 성적몰입이론이라고 비판을 받은 바 있다. 이 이론은 현재 다수학자들에 의해 비판적으로 수용되어 성적 요인만이 아니라 다양한 심리적 요인에 의해 새롭게 적용되고 있다.

5. 정신분석적 미술치료

정신분석학적 미술치료에서 환자의 그림에 나타난 상징들은 프로이드의 상징해석에 의거한다. 프로이드의 상징해석은 치료에 중요한 역할을 하고 있지만, 그의 상징해석이 모든 문화에서 반드시 동일하고 보편적이지 않기 때문에, 다른 해석이 있을 수 있다는 것을 미술치료사도 받아들여야 한다. 어떤 상징은 수많은 문화권에서 그것이 표현하는 대상이나 사고의 특성을 지칭하는 것이 동일한 내용으로 나타나고 있는 현상을 고려한다면 사실로 보아도 좋을 것 같다. 그러나 프로이드 자신이 지적한 바와 같이 "때때로 담배는 단지 담배일 뿐"이며, 꿈꾼 사람의 연상을 확증하거나 반박하기 위해서 치료자는 명시적 내용에서부터 상징적 의미로 해석된 모든 것을 가설로 간주하는 것도 학습하여야 한다.

상징의 예 : 꿈을 해석하는데 있어서는 보편적 상징보다는 환자가 그것에 대해 펼치는 자유연상을 토대로 하는 것이 더 중요하고 정확한 것으로 되어 있다.

- 고층건물, 뱀, 칼 같은 길고 뾰족한 것은 남자의 성
- 구멍, 숲, 지갑은 여성의 성기
- 간호원, 배, 대양, 백화점은 어머니
- 두목, 폭군, 왕, 신, 사자는 아버지
- 주먹싸움, 춤, 놀이, 율동적인 운동은 성교
- 상실, 상처, 부재, 절단은 거세
- 물에서 나오는 것은 출산
- 동굴은 자궁

무엇보다 미술치료사들은 미술활동 과정과 미술을 통한 의사소통을 통하여 환자가 보이는 방어기제를 완화시켜 주며, 미적 도구를 통하여 퇴행을 다양하게 표출하게 한다.

프로이트 학파에서는 이러한 미적 퇴행을 다양한 이름으로 명명하였다. 즉 환자들의 그림에 나타나는 퇴행을 탈 중심적, 정서적 단계의 재수용, 자아의 미분화, 억압된 정서의 분출, 카타르시스적 분출과 리비도적 부담의 경감, 예술을 도구로 한 불안의 승화라고 하였다. 즉 이 학파는 예술을 승화의 관점, 자기의 관점, 사회통합의 관점, 시험적 시도로 보고 있다. 여기에서 미술치료는 퇴행, 카타르시스, 인식, 승화, 자기수용에 이르게 하는 것을 목적으로 한다.

또한, 미국 미술치료의 선구자인 나움버그는 발견되지 않은 무의식의 힘을 상상과 상징을 통하여 얻게 되는 통찰력을 강조하였다. 그녀는 환자의 즉흥적인 표현을 장려하기 위하여 혹은 어떠한 심리적 봉쇄를 피하기 위해 대표적으로 낙서기법을 적용하였다. 환자는 낙서를 한 후에 그것에서 연상되는 것을 치료사에게 말하고, 치료사는 그에 대한 의미를 분석한다.

나움버그의 관점과는 달리 크레이머는 아동미술치료에서 창의적 과정을 통한 승화에 중점을 두었다. 승화는 프로이트에 의하면 성적 에너지나 공격적 에너지를 더 높은 사회적 가치로 전환한 것으로 자아의 방어기제이다. 크레이머는 그녀의 저서 『아동치

료로서의 미술』(Art as Therapy with Children)에서 아동들의 미술활동은 그들의 성적 에너지나 공격적 에너지가 승화하도록 강화시켜준다고 하였다. 그녀는 이 책에서 미술치료가 아동들의 근원적인 본능욕구를 다른 방향, 즉 미적 방향으로 전환될 수 있는 사례들도 함께 제시하고 있다. 그러나 리히터는 그녀의 저서인『아동치료로서의 미술』을 분석하면서, 크레이머가 아동의 미술적 표현을 프로이트의 승화이론에만 적용하여 해석하는 것을 비판하고 있다. 예를 들어 아동이 난화를 그리거나 색들을 주무르는 것 대신, 사실적으로 그리려 하는 것이 항상 '저항'하는 것이 아니라는 것을 알아야 한다는 것이다. 아동은 치료사의 지시와는 다르게 자신의 연령에 맞는 발달단계에 따라 그림을 그린다는 사실을 크레이머는 간과하고 있다는 것이다. 리히터는 예술적 생산을 승화의 기능이라고 한 프로이트의 입장에 따라, 크레이머가 이러한 승화를 아동과 청소년들의 모든 그림에 적용하는 것을 비판한다. 반복되는 그림이 항상 억제된 본능욕구만을 말하는 것이 아니라, 다양한 원인을 가지고 있다는 것을 치료사는 알아야 한다는 것이다. 모든 아동의 그림을 모두 '방어'라는 것으로 받아들인다는 것은 아동화를 너무 단순화시킨다는 지적이다.

정신분석가이며 미술치료사인 슈메어(Schmeer)는 환자가 그림을 통하여 자신의 억압된 무의식을 표출하도록 유도한다. 그녀는 그림에 나타난 자아상징, 무의식의 상징, 초자아, 대상관계, 불안, 억압, 방어기제 및 자아 동일화와 자율성의 상징들을 분석하며 치료한다.

위니캇(Winnicott)은 융 학파와 프로이트 학파의 상징이해를 이해하려는 시도를 하였다. 그는 정신분석을 아동심리치료에 적용하는데 있어서 그림이 지니는 상징성을 이용하였으며, 놀이처럼 그리는 그림의 상징에서 구체적인 것과 아동이 상상하는 것을 밝혀낸다. 위니캇은 아동이 그린 상징을 "과도기 대상"(Transitional Objects)으로 규정하고, 여기에 나타난 아동의 양가감정을 발견하려는 시도를 하였다. 즉 그는 치료를 맡은 아동을 통하여 아동과 어머니와의 정서적 교환을 밝혀내고자 하였다. 그는 이러한 사례를 1971년 Therapeutic Consultations in Child Psychiatry(우리나라에서는『그림놀이를 통한 심리치료』로 번역)라는 저서에서 구체적으로 제시하고 있다.

정신분석적 미술치료의 구체적인 내용은 다음과 같다(한국미술치료학회, 2001).

첫째, 치료자는 내담자가 자유로이 미술매체를 선택하여 '아무것이나 그리고 싶은 것을 그리도록' 한다. 이것은 자유연상에서와 같이 개방적 비구조적 접근으로서 내담자를 괴롭히는 사항을 표현하도록 도와주는 기법이다(Rubin, 1973). 내담자가 자발적으로 말을 하는 동안 치료자는 말을 최소한 적게 하여 내담자가 사고를 언어화하는 흐름과 자료를 찾아내는 과정을 촉진한다.

둘째, 치료자는 내담자가 자발적으로 지적하는 말들을 경청하고 행동을 관찰한다. 질문은 꿈 분석에서와 같이 미술작품에 관련된 특정한 연상에 관한 질문만 한다. 그러한 자료에서 의미를 발견하여 정신분석적 진단의 윤곽을 생각한다. 의뢰이유, 생활사 그리고 가능한 환경적 스트레스 요인들이 이에 해당한다.

셋째, 내담자의 미해결된 갈등과 그것을 반복하는 기제를 찾는다. 정신분석적 이해는 외적인 사실(불안, 우울)뿐만 아니라 내담자가 기능하고 있는 발달적 수준과 관련된 내담자의 내적 상황의 사정(assessment), 뚜렷한 고착이나 퇴행의 사정도 포함한다. 미해결된 갈등이 대부분의 신경증의 원인이므로 갈등의 잠재적 원천도 조사한다. 갈등은 외적인 것(대인관계), 내적인 것(양가감정) 또는 구조적인 것(원초아, 자아, 초자아 간)으로 대별된다.

넷째, 정신분석치료의 가능성을 결정하기 위하여 내담자의 좌절감 내성 정도, 승화능력, 불안에 대한 전반적인 태도 및 일반적인 발전적 힘과 퇴행 경향성 등을 면밀히 사정하여야 한다.

요약하면 치료자는 내담자가 발달 과정상 어느 시점, 어떤 상황에 갇혀 있는지(고착)와 방어 대상(두려워하는 충동)에 관한 단서 및 방어기제를 알고 다루는 것이다.

참고문헌 [미술치료]

곽금주(2016). 발달심리학. 서울; 학지사.

권석만(2012), 현대 심리치료와 상담이론. 서울; 학지사.

김동연(2000). 미술치료 비디오 활용 지침서. 마이코 미디어.

김동연(2002). 아동미술치료. 중문출판사.

김동연, 공마리아, 최외선(2006). HTP와 KHTP 심리진단법. 대구; 동아문화사.

김갑숙, 정미숙(1999). 학교 부적응 학생의 집단미술치료 사례연구. 미술치료연구, 6(2), 167-188.

김상식 역(2001). 동적 집-나무-사람 그림검사. 서울; 하나의학사.

김선명(1995). 막스 에른스트 작품의 정신적 배경과 양식구조 연구.

김선명(2013). 집단미술치료가 대학 운동선수의 우울감 및 스트레스에 미치는 효과. 한국미술치료학회. 미술치료연구, 20(4), 811-834.

김선명(2014). 집단미술치료가 대학 운동선수의 스트레스, 우울 및 자아존중감에 미치는 영향. 한국미술치료학회. 미술치료연구, 21(2), 215-238.

김선명(2015). 집단미술치료가 대학 운동선수의 정서적 요인에 미치는 효과. -스트레스, 우울감, 자아 존중감을 중심으로- 한양대학교 박사학위논문.

김선명, 김준형(2021). 예술치료의 이론과 실제(The Theory and Practice of Arts Therapy). 서울; 계축문화사.

김선현(2006). 통합의학에서의 미술치료의 역할에 관한 연구: 한·독·미·일 미술치료 프로그램 비교연구를 중심으로. 한양대학교 대학원, 박사학위논문.

김선현, 전세일 옮김(2006). 임상미술의 이해 이론과 실천. 서울; 학지사.

김수경 외(2019). 임상미술치료 이론과 실제. 고양; 공동체.

김애순(2015). 청년기 갈등과 자기이해. 서울; 시그마프레스.

김인선(2004). 미술치료를 위한 재료의 표현가능성과 활용방안, 원광대학교 보건환경대학원, 석사학위논문.

김인선 외(2018). 임상 적용을 위한 미술치료기법. 서울; 학지사.

김정숙 외(2009). 아동미술치료의 이론과 실제. 서울; 교문사.

김진숙(1993). 미술 심리치료의 이론과 실제. 서울; 중앙적성출판사.

노안영(2005). 상담이론과 실제. 서울; 학지사.

박경, 최순영(2004). 심리검사의 이론과 활용. 서울; 학지사.

박경화(2013). 통합집단예술치료가 초등학생의 자아개념 및 자아효능감과 교우관계에 미치는 영향. 원광대학교 박사학위논문.

박미옥(2009). 꼴라쥬 중심 집단미술치료가 정신분열증 환자의 대인관계에 미치는 영향. 대구대학교 대학원, 박사학위논문.

박윤미(2014). 만다라에 표현된 상징의 심리적 의미. 한양대학교 대학원, 박사학위논문.

박현주(2011). 미술치료 진단기법의 이해. 서울; 양서원.

백외조(2015). 콜라주 집단미술치료가 결혼이주여성의 스트레스와 자기효능감 효과에 관한 사례연구. 중앙신학대학원대학교, 박사학위논문.

서울교육대학교 미술교육연구회 옮김(1998). 인간을 위한 미술교육. 서울; 미진사.

서울미술치료연구소(2002). 미술치료에서의 매체, 70~77.

손혜숙(1998). 어머니와 교사의 복합애착 유형에 따른 유아의 자아개념 및 사회성에 관한 연구. 중앙대학교 대학원, 박사학위논문.

신민섭 외(2003). 그림을 통한 아동의 진단과 이해 - HTP와 KFD를 중심으로- 서울; 학지사.

신승녀(2015). 미술치료핸드북. 서울; 창지사.

신재균(2006). 동적가족화에 나타난 유아들의 가족지각 특성연구. 순천향대학교 대학원, 석사학위논문.

양경희(1997). 열린 아동미술교육. 서울; 학지사.

오승진, 류정미(2016). 미술심리진단평가. 서울; 동문사.

옥금자(2016). 이상심리 미술치료 지침서, 서울; 하나의학사.

왕금미(2016), 중도입국 청소년의 콜라주 미술치료 사례 연구. 인하대학교 대학원, 박사학위논문.

유재연 외(2009), 특수교육의 이해. 서울; 시그마프레스.

이근매, 아오키 도모코(2012). 콜라주 미술치료. 서울; 학지사.

이근매, 최외선(2003). 유·아동의 발달을 돕는 미술치료의 실제. 서울; 교육과학사.

이부영(2011). 분석심리학. 서울; 일조각

이수진(2013). 지크 라캉의 이론에 기초한 정신분석적 미술치료. 순천향대학교 대학원, 박사학위논문.

이숙희, 김숙령(1996). 아동의 부모에 대한 애착과 사회적 능력과의 관계. 아동학회지, 17(1), 87-100.

이윤로(2006). 인간행동과 사회환경. 서울; 학지사.

이은진 외(2011). 예술심리치료의 이해. 서울; 창지사.

이재화(2004). 미술치료가 청소년의 자기성장에 미치는 영향 : Kohut의 자기심리학을 중심으로. 원광대학교 보건환경대학원, 석사학위논문.

임두빈(1996). 미술비평이란 무엇인가. 서울; 서문당.

임두빈(2001). 원시미술의 세계. 서울; 가람기획.

임두빈(2016). 한권으로보는 서양미술사 101 장면. 서울; 미진사.

잉그리트 리델 저/정여주 역(2001). 융의 분석심리학에 기초한 미술치료. 서울; 학지사.

전세일(2006). 통합의학 속의 미술치료의 역할. 임상미술치료학연구, 1(1), 40-49.

전순영(2011). 미술치료의 치유요인과 매체. 서울; 하나의학사.

정문자(2016). 아동상담의 이해. 서울; 학지사.

정여주(2003). 미술치료의 이해. 서울; 학지사.

조정옥(2019). 예술철학·예술치료 이야기. 서울; 성균관대학교 출판부.

조현춘, 조현재, 문지혜(2003). 성격심리학. 서울; 시그마플러스.

주리애(2002). 미술치료는 마술치료. 서울; 학지사.

주리애(2010). 미술치료학. 서울; 학지사.

차현희(2013). 뇌기능분석을 통한 만다라 집단미술치료의 효과성 연구, 서울불교대학원대학교, 박사학위논문.

최외선 외(2006). 마음을 나누는 미술치료. 서울; 학지사.

최외선 외(2012). 미술치료기법. 서울; 학지사.

최은실 외(2016). 발달정신병리 사례집 제3판. 서울; 시그마프레스.

최재영, 김진연(2004). 미술치료. 서울; 조형교육사.

한국미술치료학회(1998). 김동연. 공마리아 편역.

한국미술치료학회 편(2011). 미술치료의 이론과 실제. 대구; 동아문화사.

한국예술치료학회(2010). 예술치료 용어사전. 경기; 양서원.

한국장애인개발원(2015). 장애인백서. 서울; 행복한 나무.

한국청소년예술치료연구소(2016). 특수 아동·청소년 미술심리치료 사례분석. 서울; 컬처스토리.

Aspinwall, L. G., & Brunhart, S. M.(2000). What I do know won't hurt me: Optimism, attention to negative information, coping, and health. In J. E. Gillham (Ed.), The science of optimism and hope: Research essays in honor of Martin E.P. Seligman (pp. 162-200). Philadelphia: Templeton Foundation. Published, 2000.

Barry Cohen, Mary-Michola Barnes, Anita B. Rankin(2003), 이윤희·주리애 역, 상처입은 마음의 성형. 서울; 도서출판 KATC.

Bowlby, J.(1958). The nature of the child's tie to mother. International Journal of Psychoanalysis, 41, 89-113.

Cahy A. Malchiodi.,(2001). 김동연 외(2003). 아동임상미술치료. 서울; 학지사.

Chapin, J., & Coleman, G. (2009). Optimistic bias: What you think, what you know or who you know?. North American Journal of Psychology, 11(1), 121–132.

Farrell–kird, Raquel. American Journal of Art Therapy, Feb2001. Vol, 39 Issue 3, p88. 번역.

Gerald Corey 저/김충기, 김현옥 역(1997). 상담과 심리치료의 원리와 실제. 서울; 성원사.

Gouveia, S. O., & Clarke, V. (2001). Optimistic bias for negative and positive events. Health Education, 101(5), 228–234.

James, W. (1890). Text of Psychology. London:Macmillanco.

Lewis, M., Alessandri, S. M., & Sullivan, M. W. (1992). Differences in shame and pride as a function of children's gender and task diffi– culty. Child Development, 63, 630–638.

Malchiodi, 김동연 외 공역. 아동미술심리이해. 서울; 학지사.

Papalia, D. E., & Olds, S. W.(1979). A child's world. New York: McGraw–Hill.

Rosal, M. L., (1996). Approaches to Art Therapy with Children. Burlingame. CA: Abbeygate.

Rubin, j. A., (1999). Art Therapy : An Introduction. Philadelphia, Brunner/Mazel.

Rubin, J. A., (2005). Child Art Therapy. Hobken, NJ: Wiley Rubin.

Scheier, M. F., & Carver, C. S. (1993). On the power of positive thinking: The benefits of being optimistic. Current Directions in Psychological Science, 2, 26–30.

Stipek, D. J., Recchia, S., & McClintic, S. (1992). Self–evaluation in young children. Monographs of the Society for Research in Child Development, 57 (1, Serial No. 226).

Ulman, E., (1961). Art Therapy : Problems of Definition. Bulletin of Art Therapy. (1), 10–20.

Wadeson, H., (1980). Art Psychotherapy. New York: John Wiley & Son.

Yalom, I. D. and Molyn, L., (2005). The Theory and Practice of Group Psychotherapy (4th Ed.), New York: Basic Books.

Yalom, I. D., (1993). The Theory and Practice of Group Psychotherapy. 최해림, 장성숙 공역(2008). 집단정신치료의 이론과 실제. 서울; 하나의학사.

제2부

무용치료

- 예술과 삶을 향한 춤 치유 -

제1장

무용치료

"춤 추지 않고서 어찌 인생을 알리요."
2세기 그노시스 교도의 찬송가 Gnostic Hymn 「그리스도 Christ」 중에서

춤은 모든 예술의 어머니이다. 음악과 시는 시간 속에 존재하고 회화와 조각은 공간 속에 존재한다. 그러나 춤은 시간과 공간 속에 동시에 존재한다. 창조자와 창조물, 즉 예술가와 작품은 아직 하나인 채로 있을 따름이다. –리드미컬한 동작과 패턴, 조형적인 공간감각, 가시세계(可視世界)나 상상세계의 생생한 재현– 이러한 것들을 인간은 자신의 몸을 가지고 춤으로 창조해낸다. 곧 내적 경험을 표현하기 위한 도구로써 물질이나 돌, 언어 등을 사용하기 전에 몸을 사용하는 것이다.

춤이 필요한 이유는 생명에 대한 고조된 열정이 인간의 팔 다리를 가만히 있게 내버려 두지 않기 때문이며, 춤을 갈망하는 까닭은 춤을 추는 사람은 마력(magic power)을 얻게 되고 그 마력은 그에게 승리와 건강과 생명력을 가져다 주기 때문이다.

억압된 힘들이 풀려나서 자유로운 표현을 추구하게 되면 타고난 리듬감각은 그 힘들을 새로운 조화로 이끌어 간다. 춤추는 사람은 몸에 밴 유희를 통해 최상의 즐거움 속에 자신을 내던지게 된다. 바로 이 순간 상상(imagination)과 환상(fancy)과 꿈(vision)이 눈을 뜨게 되면서 창조력이 발휘되게 된다(쿠르트작스, 1983).

이와 같은 춤의 특성은 무대예술로서의 춤의 기능뿐만 아니라 삶에 도움이 되는 방편의 하나로 무용치료로 분화되어 발전하였다.

무용치료(舞踊治療, dance therapy)는 음악, 미술, 드라마 등과 함께 하는 예술치료의 한 분야로 동작을 심리 치료적으로 사용하여 개인의 감정과 정신 · 신체를 통합시키는 것을 목적으로 한다. 무용치료는 무용의 표현적이고 창의적인 개념들을 정신치료의 통찰력과 결합시킨다. 이것은 우리의 일상적인 자각과 내부에 존재하는 무의식적인 정신 과정들을 이해하기 위해서 치료사와 환자의 관계에서 환자를 변화시키는데 초점을 두고 있다(두산백과 참고).

무용치료는 자유로운 내면 표현과 인간 본성의 회복을 주창하고 탄생된 현대무용의 즉흥춤 기법을 이용하여 2차대전 이후 시작된 정신, 신체적 결함을 치료하는 방법이다. 불안정한 정서와 잠재되어 있는 문제를 움직임을 통해 정서, 감정을 파악해 냄으로써 불안정한 정서의 결함을 창조적으로 치료해 나간다.

무용치료는 움직임을 통해 정서적 기억과 관련된 근육의 반응을 관찰하여 심리적 균형과 움직임을 지각하거나 통제하는 근육운동과 감각발달을 촉진시켜 표현적 움직임을 확대시켜 변화를 이끌어 낸다. 이로 인한 치료 효과로는 정서적 안정, 그라운딩, 개별화, 사회적 의사소통, 재사회화, 긴장된 근육이완, 회복탄력성, 유능감 등을 들 수 있다.

1. 무용/동작 심리치료의 이해

1) 무용/동작 심리치료 개념

무용/동작 심리치료는 개인의 정서적 · 육체적인 통합을 돕기 위한 과정으로 움직임을 이용한다. 자유로운 움직임을 통해 신체 이완과 정서적 이완을 유도하고, 인간 내면의 본질 중에서 불안전하고 파괴되어진 면을 치료하는 것이다. 즉, 신체의 지각적인 활동을 통해 육체적 긴장을 완화시켜 정서발달을 촉진하고 사회성을 증진시킨다(류분순, 2000).

2) 무용/동작 심리치료의 목적

몸에서 나오는 심리적 움직임을 치료적 매개로 사용해서 개인이 가지고 있는 생각이나 경험, 정서를 사회적으로 통합하고 기능하게 한다. 그 과정에서 일어나는 '자발적인 창조적 과정'을 중시하는 과정 중심적 심리치료이다. 신체 움직임의 내적 감정 상태를 반영하고 움직임 행동의 변화는 정신을 변화시켜 건강과 성장을 촉진시키고 신체, 인지, 정서가 통합되어서 사회적 통합을 이루고 더 나아가 영적 통합을 이루는 것을 궁극적 목표로 하고 있다(류분순, 2000).

(1) 내담자에게 동작을 통한 감정의 경험이 심리적, 신체적으로 재결합을 할 수 있도록 도와준다. 즉, 춤동작을 하면서 느끼게 되는 감정이 어떤 기억이나 억압된 상처와 연관되어 있는지를 이해할 수 있도록 해 준다.

(2) 개인의 일상적인 행동과 대인관계를 원활하게 할 수 있도록 하기 위해 집단 작업에서 동작을 사용한다. 개인이 경험하는 감정은 주로 대인관계를 통해서 일어난다. 이러한 대인관계에서 가장 어려운 것이 언어 아래 놓여 있는 마음이라고 할 수 있는데, 이러한 마음을 표현하고 소통하기 위한 방법으로 동작을 사용한다는 것이다. 이는 동작은 언어가 전하지 못하는 깊은 마음을 아주 쉽게 드러내 주기 때문이다.

(3) 개인과 집단에 존재하는 무의식적인 감정에 접근하기 위해 창의적인 동작을 도입한다. 창의적인 동작은 자기의 습관이나 패턴에서 나오는 것이 아닌 새로운 동작이며, 이러한 동작은 이제까지 경험해 보지 못했던 감정을 새롭게 경험하게 하는 역할을 한다.

(4) 자신의 현재 모습을 받아들이고 사랑할 수 있게 한다(박선영 외1인, 2010).

이렇듯 무용/동작 심리치료는 미적으로 아름답고 정확하고 완벽한 움직임을 하여 관객에게 보여주기 위한 무용이 아니라 자신 스스로 존재하고 느껴지는 내적 감정을 탐색하여 내면으로 다가가게 하는 것에 더 목적을 두고 있다.

3) 무용/동작 심리치료의 특성

신체 동작의 어떤 부분들을 심층적인 상상력으로 나타날 수 있고, 심층적 상상력은 의식적인 요소들과 무의식적인 요소들이 창의적인 경험을 하는 동안에 일어난다는 개념이므로(Chodorow, 1984), 무용/동작 심리치료는 감정적 경험을 심리적, 신체적 경험으로 통합하는데 최상의 수단이라고 본다. 또한 자발성과 창의성이 정신적 건강을 세울 수 있다고 보기 때문에 무의식적인 감정들에 접근하기 위해서 창의적인 동작을 사용한다. 무의식에서 일어나는 동작과 심상을 통해서 감정들을 상징적으로 표현할 수 있으며, 감정들, 감각들, 환상들, 상상들과 같은 무의식적 내용들을 자각하고 그것들을 의식 속으로 통합하는 과정은 무용/동작 심리치료가 심리 치료분야에서 중요한 장점이 될 것 이다(류분순, 2007).

질적 주제들을 분류하여 다시 유목화한 무용/동작 심리치료의 특징을 통해서 보면, 대인관계 속에서, 자신을 표현하고, 감정을 정화하며, 자신을 새롭게 인식하고 확장하는 과정은 무용/동작 심리치료의 가장 중요한 핵심이라고 할 수 있다. 특히 정서적인 부분을 정화하고 표현하는 부분과 움직임으로 자신을 표현하면서 자신에 대한 재인식, 이해가 발생한 부분이 가장 주요한 특징으로 감정과 자기표현은 심신통합적인 이해로 확장하는 과정에서 대인관계 대처 양식의 변화나 긍정적 사고, 몸의 기능 활성화도 발견할 수 있다(김용량, 2012).

4) 무용/동작 심리치료의 기본 5가지 원리

(1) 정신과 신체는 끊임없이 복합적으로 상호작용을 한다.

움직임 수준에서 일어나는 중요한 변화들은 전체 기능에 영향을 줄 수 있다. 무용/동작 심리치료사는 환자의 자유연상을 격려하고 움직임에 대한 해석을 함으로써 환자가 자신의 움직임 경험과 언어적 통찰을 연관시킬 수 있도록 돕는다.

(2) 움직임은 성격과 감정을 반영한다.

신체의 자세, 제스처, 움직임이 공격성, 불안의 방어기제의 증거가 된다고 했다. 그는 더 나아가 신체가 우리가 의식하지 못하는 아동기의 외상을 보여주며, 억압된 정서는 만성적 근육 긴장으로서 신체 속에 축적된 것이다. 생애 초기부터 축적된 정서, 긴장, 외상은 비언적인 움직임으로 드러나고, 심리발달과 성격형성에 지대한 영향을 미친다.

(3) 움직임을 미러링하고, 동조하고, 과장하고, 상호작용함으로써 행동적 변화를 가능하게 하며, 치료 작업의 효과를 높인다.

환자들은 치료사가 그 환자의 제스처에 반응할 때 가지고 있는 정서와는 전혀 다른 감정을 표현할 수 있다. 실제로 아주 아프고 퇴행이 심해 언어치료로 접근할 수 없는 환자에게 유용한 개입법이다. 또 언어치료에서 매우 방어적인 환자에게 효과적인데, 무의식적인 감정에 접근하기 위한 방법으로 신체를 사용하기 때문이다.

(4) 움직임은 꿈, 그림, 갈겨쓰기, 말실수, 자유연상과 마찬가지로 무의식을 드러낸다.

움직임은 환자의 무의식에 접근할 수 있는 중요한 매개체 이며 무의식적인 감정들을 의식과 재통합 할 수 있게 도와준다. 그러나 무용/동작 심리치료에서는 무의식을 다루는데 있어 신경증을 일으키는 무의식의 결정요소, 성정체성, 성격을 형성하는 무의식의 역할, 치료사와의 전이관계보다는 무의식에서 올라오는 움직임과 이미지를 통해서 감정을 상징적으로 표현하는 것에 관심을 갖는다. 이 부분은 동양의 명상과 상당히 유사한 출발점을 가지고 있다. 무의식적 내용(감정, 감각, 환상과 이미지)을 그대로 표현하고, 인정하고, 자각하고, 의식과 통합하는 것이 중요하다.

(5) 즉흥을 통한 창조적인 움직임은 그 자체로서 치료적이다.

개인은 새로운 방식의 움직임을 탐험하면서 새로운 존재 경험(being-in-the-world)을 하기 때문이다. 무용에서 무의식은 창조적 영감의 원천이 된다. 창조성은 새롭고 예기치 않은 관련성을 발견하는 것이며, 시간과 공간 속에서 새로운 관계를 창조하는 것이며, 나아가서는 새로운 의미를 발견하는 것이다. 위스콘신(Wisconsin)대학의 교수였던 마가렛 도블러(Margaret D'Houbler, 1925)는 "춤의 진정한 본질을 찾아라." 라고 했으며 춤의 진정한 본질에서 "창조적인 활동을 통하여 자신을 표현하는 실제적 가치와 인간의 미적인 능력"이 드러날 것이라고 믿었다. 창작행위의 비언어적이고 불합리한 특성 때문에 언어로 표현할 수 없는 심층적 감정들이 상징적으로 나타날 수 있다(김용량, 2012).

이 원리들을 통해 그들이 스스로 자신을 표현하고, 억압된 감정을 정화하며, 자신을 새롭게 인식하고 확장할 수 있는 가능성을 체험하여 심신통합적인 변화와 긍정적 사고, 몸의 기능 활성화가 이루어지도록 한다.

2. 무용치료의 역사와 발달과정

1) 무용치료의 역사

(1) 고대 : 원시 사회에서 춤은 카타르시스와 치료의 도구이며 자신을 표현하고 감정을 전달하는 소통, 샤먼, 주술적(사냥, 기우제) 의식 이었다.

(2) 중세 : 교회와 귀족의 농민 착취로 무도병. 이분법적 사고, 이성적, 관념적. 데카르트의 심신이원론으로 신체의 억압이 무용의 억압이 되었다.

(3) 20세기 : 2차 대전 이후 폐허와 상실감, 허무주의를 해결하는 대안으로 '정신질환의 보조 치료법'인 무용/동작 심리치료가 등장하였다.

루돌프 라반, 마가렛 도블러, 마리안 체이스, 화이트 하우스, 블랑쉬 이반 등 무용치료의 선구자들이 등장하였다.

춤은 인류가 시작되면서부터 제례의식이나 종교와 함께 있어 온 인류 최초의 예술이었으며 비언어적 의사소통의 수단이었다. 원시시대는 언어로 표현될 수 없는 공포, 경외, 숭배의 감정들을 춤으로 표현하며 주술적으로 공유했다. 주술적인 것은 치료로서의 성격을 띠며 엑스터시의 황홀경 상태는 춤에 의해 뭉쳐지고 억눌린 감정 정화와 해소를 통해 카타르시스의 경험을 갖는다.

1920~1940년대에 전쟁 속에서 황폐화된 정신을 치료하기 위해 정신분석학자들이 언어를 통해 무의식의 표현을 통해 시도하였을 때, 현대무용가들은 신체 동작을 무의식의 표현 수단으로 사용하기 시작하였다. 이러한 시대적 배경에서 1940년대 무용치료가 시작되었다. 이 시기의 무용치료는 주로 병원에 입원한 정신분열증 환자를 대상으로 정신병원에서 이루어졌으며 특히 제2차 세계대전 이후 비언어적인 의사소통 수단인 움직임과 춤을 통한 무의식의 표현이 심리치료에 적용하여 효과를 보게 되었다. 춤을 통해 마음과 신체의 관계를 발견한 무용가들은 정신분석학자들의 이론을 결합하여 환자의 대인관계를 증진하는 단계로 발전시켜 나갔다.

2) 무용치료의 발달과정

춤은 고대 주술적인 제의와 종교제례 속에서 지혜의 매개체로, 치료의 매개체로, 하늘과 땅의 메신저로 확고한 자리를 잡았었다. 춤은 때로는 영적으로, 때로는 제례의 한 부분으로, 때로는 접신의 형태로, 때로는 카타르시스를 통해 광적으로, 때로는 치료제로, 때로는 성스러움으로, 때로는 성적으로, 때로는 놀이적 유희로, 때로는 공동체의 문화로, 때로는 인간정신의 상징과 예술의 형태로 나타났다.

20세기 초에는 자연의 움직임(바람, 파도, 생명의 움직임)에 대한 내적 경험을 움직임과 춤으로 표현했던 이사도라 덩컨(Isadora Duncan, 1878-1927), 하늘로 날아오라 중력을 벗어난 듯한 공간을 보여준 바슬라프 니진스키(Vaslav Nijinsky, 1890-1950), 인간 내면에 흐르는 영적 느낌을 춤으로 표현했던 마리 뷔그만(Mary Wigman, 1894-1973) 같은 위대한 무용가들이 나타났다. 이들의 노력은 점차 창의적 자기표현(Creative Self-Expression)을 주제로 하는 현대무용으로 이어졌다.

2차 대전 이후 폐허로 변해버린 서구 여러 나라에서는 정신치료이론과 방법들이 활발히 연구되면서, '정신질환의 보조 치료법'으로 무용/동작 심리치료가 등장하기 시작했다. 무용/동작 심리치료는 점차 정신과 신체를 분리해서 사고하는 이분법에 대한 반성과 함께 하나의 치료분야로 성장하기 시작했다.

이 시기에는 루돌프 라반(Rudolph Laban, 1879-1958), 마가렛 도블러(Margaret H'Doubler, 1889-1982), 마블 에즈워드 토드(Mabel Ellsworth Todd, 1891-1958), 어므가아드 바아테니프(Irmgard Barteniff, 1900-1981)가 많은 공헌을 했다. Margaret H'Doubler는 신체적 교육, 레크리에이션 또는 오락의 형태로 보여지는 것을 뛰어넘는 춤에 대한 개념을 확장시켰다(Halprin, D. 2006).

가장 대표적인 초기 무용/동작 심리치료사로는 마리안 체이스(Marian Chace, 1896-1970), 블랑쉐 이반(Blanche Evan, 1901-1982), 릴리안 스펜악(Liljan Espenak, 1905-1988), 마리 화이트하우스(Mary Whitehouse, 1911-1979), 알마

호킨스(Alma Hawkins, 그리고 트루디 스쿱(Trudi Schoop, 1903-1999)을 들 수 있다. 66년에 미국무용치료학회가 설립됐다. 70년대에는 정신치료의 전문 분야가 되었다.

무용/동작 심리치료는 대인관계 분석 측면에서 설리반(Sullivan), 독립과 자기-신념을 향한 긍정적인 힘에서 아들러(Adler), 적극적 상상, 상징, 신화 그리고 무의식의 가치의 통합에서 융(Jung), 정신신체적 표현에서 라히(Reich), 비언어적 행위에서 펄스(Perls), 실존적 측면에서 메이(May), 존중과 공감에서 로저스(Rogers), 창조적 동기와 인간 잠재력에서 매슬로우(Maslow), 그리고 사이코드라마를 발전시킨 집단 상호작용과 연극적 대화의 통합에서 모레노(moreno, 1889-1974)의 심리학적 이론을 가져왔고, 이것들과 함께 결합되었다. 이 모두는 무의식과 상상의 긍정적이고 창의적인 측면을 강조한 정신과 신체와의 강력한 관계들을 강조했다(Halprin, D. 2006).

최근에는 발달장애인, 통증클리닉, 치매환자들을 위한 프로그램에도 적용될 만큼 그 영역이 확장되고 있으며, 일반인의 심리적 통합과 의식 회복, 성장에도 많은 역할을 하고 있다.

3. 무용치료의 접근방법

1) 무용치료의 대상

무용치료를 적용할 수 있는 대상은 증상에 따라 정신분열과 같은 정신질환이나 심리적인 신경증이 있는 사람, 트라우마, 애착, 기질적인 문제가 아닌 일반적인 심리문제를 가진 사람, 통증과 같은 신체적인 질환이 있는 사람 등으로 구분할 수 있다.

이와 같이 대상에 따른 구분은 주로 정신과 병동의 내담자들과 작업하며 취약한 심리 구조를 감정적인 지지와 구조화된 형태의 움직임을 강화하면서 심리적 발달을 도와주는 데 중점을 둔다. 이와는 반대로 기질적으로 문제가 없는 일반 성인의 경우에는 무의식적인 것을 드러내고 자신의 무의식을 의식화하여 의식과 무의식을 통합하는 것에 큰 주안점을 둔다.

유아나 아동, 청소년, 성인, 노인과 같은 연령별 대상과 이슈에 따라서도 각각 프로그램의 목표와 과정이 다르게 적용된다.

2) 무용치료의 범주

(1) 신체적 자아의 수용과 이해를 통한 자아개념의 향상

(2) 신체적 · 심리적 접촉으로 공유된 움직임 경험과 비언어적 의사소통을 통한 개인간의 관계 촉진

(3) 창조적 과정을 충분히 경험하여 심적 과정의 개발로서 상상력을 통한 움직임 이용

즉, 무용치료는 신체를 통해 자아를 인식해 나갈 수 있도록 하며 이러한 신체 자각은 심리적인 활동 영역을 알 수 있고, 공통된 경험을 하게 되는 것이다. 또한 움직임을 통해 자신의 내부에 있는 감정들을 움직임으로 자유롭게 표현함으로써 정신과 신체의 조화로운 통합을 이루어내는 것이다.

무용치료는 개개인의 내면생활을 신체와 움직임을 통해 표현하는 것이 중요하다. 자신의 정신과 신체 감각의 지각을 통해 자신을 통합해 나가도록 유도하는 것인데, 이러한 과정은 자아를 발견하고 성장시키는 데 큰 역할을 한다. 더 나아가면 무용치료를 통해 정서와 감정의 긴장상태를 순화할 수 있으며, 현재의 움직임을 주시하고 개인의 변화를 발견하여 심신의 균형 있는 통합을 이루어가는 과정 그 자체도 매우 중요하다.

3) 정면과 후면 신체의 심리적 의미

우리 몸의 각 부분에는 심리적인 의미가 담겨 있다. 신체적 긴장도에 따라 사회적, 개인적, 심리적 태도를 나타낸다. 몸의 긴장이나 그에 따른 움직임을 관찰하면 무의식적으로 숨겨진 원인을 발견할 수 있으며, 긴장되는 부분을 움직임으로 표현하면서 자신에 대해 자각하고 통찰할 수 있다.

복부와 등에서 가슴과 복부가 있는 앞부분은 수용적 감성, 뒤쪽은 방어와 공격성을 나타낸다.

(1) 정면

① **머리** : 의식의 중심이며 우리의 지성, 인간적이 면이 가장 크게 드러나는 부분이다.

② **목** : 느낌과 생각, 자극과 반응 사이의 중계자로서 머리가 몸의 각 부분과 소통하는 가장 큰 통로이며 자신의 에너지를 억압하는지, 또는 자유롭게 흐르게 하는지를 나타내 준다. 심리적으로는 주로 죄의식에 대한 두려움을 말한다.

③ **어깨** : 실질적이고 정신적인 책임과 고통을 의미한다.

④ **가슴** : 내향적인지 외향적인지를 나타낸다.

⑤ **횡격막** : 호흡을 위한 중요한 근육으로 생명체로서의 기반이 되며, 몸의 에너지 흐름에서 중요한 역할을 한다.

⑥ **허리** : 복부의 느낌이 몸의 윗부분으로 전달되는 관문으로, 만성적인 긴장은 느낌을 차단하게 된다.

⑦ **천골** : 생명의 원천이며, 중력의 중심으로 자신이 굳건하게 설 수 있는 기반을 마련해준다.

⑧ **무릎** : 유연성과 탄력을 담당하는 부분으로 무릎에 통증이 느껴진다면, 이는 죽음과 변형, 그리고 변화에 대한 두려움을 느끼고 있는 것이다.

⑨ **발목** : 발목의 긴장은 노력과 애씀, 유동성 또는 움직임의 두려움을 나타낸다.

⑩ **발** : 안전의 향상과 자유를 의미한다.

(2) 후면

① **등** : 자아(ego)를 나타내며 신체적으로는 중력에 저항하는 하나의 개체를 의미한다.

② **팔꿈치** : 세상과의 관계를 잘 보여주는 부분으로, 팔꿈치의 긴장은 외부에 대한 저항을 나타낸다.

③ **손, 발** : 관계를 담당하는 부분이다. 특히 손은 주변 세상과의 접촉을 의미한다.

④ **팔, 허벅지** : 팔꿈치의 윗부분과 허벅지는 자연스러운 상태에서 자신에게 해가 되는 에너지로부터 자신을 보호할 수 있는 능력과 자유를 의미한다.

⑤ **엉덩이** : 성적인 느낌을 드러내는 역할을 한다(박선영, 유경숙, 2010).

4) 무용치료와 심리학

예술치료의 한 분야로 동작을 심리 치료적으로 사용하여 개인의 감정과 정신, 신체를 통합시키는 것을 목적으로 한다. 무용의 표현적이고 창의적인 개념들을 정신치료의 통찰력과 결합시켜 무의식적이고 감정적인 움직임으로부터 은유, 상상력을 끄집어낸다.

(1) 정신역동적 입장

〈프로이드의 정신분석학적 의식구조〉 '무의식은 언어보다는 이미지다'

- 의식 : 현재의 경험과 감각, 사고, 지각, 감정을 포함한다.
- 전의식 : 잠재의식으로 의식과 무의식을 연결한다.
- 무의식 : 인간 정신의 가장 깊고 중요한 부분으로 의식 속에서 끌어올리기 어려운 심리적 상태를 말한다.

〈프로이드의 성격구조〉

- 본능 : 본능의 목적, 본능적 충동, 소망, 욕망 등 본능적 삶에서 신체의 욕구가 마음에서 떠오르고, 마음의 욕구 충족을 요구하는 주장으로 본능은 의식에 접근하기 어려우며, 역동적이고 에너지가 강한 진정한 힘의 저장소다.
- 자아 : 개인의 자기 보전 방식으로 바깥 세상이 만들어 놓은 이상을 따라가려 하며 내면 깊숙이 일어나는 욕구와 바깥 세상과의 사건 사이에 발생하는 충돌을 중재한다. 성격의 합리적인 부분으로 우리가 말하는 '나'는 우리 몸과 성격 특성의 알고 있는 부분으로 마음의 의식적인 본능을 말한다.
- 초자아 : 개인의 생각과 행동에 도덕적 윤리적 판단을 내리고, 양심을 가능하게 하여 개인의 사회적 일원으로 살아가게 한다(류분순, 2017).

(2) 행동주의적 입장

목표 행동을 바람직한 방향으로 변화시키려는 목적으로 움직임을 강화, 수정, 보완, 반복 학습의 수단으로 사용한다. 움직임 반영을 통해 자신의 움직임에 대한 반영과 인식, 수정을 가질 수 있고, 타인과의 조율, 조절 과정을 가짐으로 자신의 행동을 수정할 수 있도록 돕는다(김선명, 2021).

(3) 인본주의적 입장

인간의 근본적인 본능 중에서 치유성과 창조성은 스스로 자기를 지킬 수 있는 힘이 있고, 치유할 수 있고, 항상성을 유지할 수 있는 자신의 몸이 있다는 것을 의미하며 인간의 몸은 기능적 신체가 아닌 표현하는 주체로서의 몸을 의미하며 표현하는 것을 존중하고 수용할 수 있다고 본다.

표현주의 문화사조에 영향 받았으며 몸을 움직이게 하는 근육과 신경 물질을 전달하는 신경계, 호르몬 등이 움직임을 주관하고 정서와 표현을 이끈다는 일원론적 입장(김진숙, 1996)이다.

4. 무용치료 선구자들의 접근법

1) 마리안 체이스의 무용치료

(1) 원리 : '소통'이 인간의 기본적 욕구를 충족시킨다.

고립을 끌어내기 위한 자기표현과 소통을 위한 무용치료다.

① 신체활동

감정을 표현하는 몸의 활동이 강력한 의사소통이며 신체인식, 호흡패턴, 감정적 표현을 차단하는 긴장 수준을 파악하여 감정적 반응성을 높일 수 있는 단서, 정보를 얻는다.

② 상징성

무용과 동작의 결합을 통해 시각화와 언어화, 이미지, 환상, 회상, 연기를 사용하는 과정이며 자신의 표현적 과정에서 신뢰감과 수용을 경험하고 정서적으로 해소한다.

③ 움직임을 통한 치료적 관계

깊은 감정적 수용과 의사소통을 반영하는 방법으로 비언어적이고 상징적인 의사소통을 진지하게 받아들이고 확장, 확대하여 명료해진다.

④ 집단의 리듬적 움직임 관계

집단의 리듬 활동을 활용하여 정리되고 조절된 방식으로 생각과 감정의 표현을 활성화하고 지지한다(김유선, 2003).

(2) 마리안 체이스의 무용치료 방법론

① **준비단계** : 직관적, 자발적 단계로 직접적 소통과 접촉을 시도하는 것이 목표다.

- **미러링** : 경험하고 소통하려는 것을 운동 감각적, 시각적으로 경험한다.
- **명료화/확장** : 개인적 표현과 소통능력을 돕기 위해 정체감과 책임감을 강화한다.
- **움직임 유도/움직임 대화** : 언어적, 비언어적 통합과 움직임과 반응을 유도한다.
- **집단 전개** : 초기 접촉 후 집단 전개가 준비되었는지 타이밍을 확인한다.
- **리듬적 표현/신체적 준비활동** : 신체 전체를 포함하는 춤 동작을 확장하며 전신 동작으로 발전, 활성화하며 집단의 신뢰 형성, 정서장애환자에게 자아인식을 통합한다.
- **테마** : 다양한 주제, 지향적 활동을 통해 감정, 주제, 갈등을 탐색. 비언어를 언어로 구조화한다.
- **마무리** : 반복적, 공동의 움직임으로 집단의 연결감, 지지감, 견고함, 안녕감을 제공한다.

② 주요기법

- **미러링 테크닉** – 움직임 반영기법
- **원형구조** – 소통을 위한 무용으로 상호 동등, 나눔, 유대감, 단결심, 안정감, 공감과 반응, 상호작용, 수용능력, 연대, 지지, 결속, 신뢰, 자율성, 리더쉽

2) 마리 화이트하우스의 무용치료

(1) 마리 화이트하우스 무용치료 기법의 특성

'진정한 자기 자신이 되는 것'이 치료의 목적이며 융의 분석심리와 사상이 동작과 연결되었다.

'자기표출'로 심리묘사되며 '자기'란 인간의 가장 완전한 잠재력에 대한 원형적 이미지이며 전체로서의 인격을 통합시키는 존재, 동작은 전체성이나 개인성에 도달하기 위한 수단, 개인은 자기 자신과 타인들, 인류의 총체적인 역사에 대한 자기 자신과의 진정한 관계를 인식하였다.

- 신체적 자각, 근감각적 자각(kinesthic awareness)
- 양극성(polarity)
- 적극적 상상(active imagination)
- 진정한 움직임(authentic movement)

(2) 마리 화이트하우스의 공헌

동작 경험이 무의식에 접근하기 위해 이용될 수도 있고 그것이 심리의 변화 가능한 요소들인 원형들을 포함하고 있다.

- 내적 감각 : 시각적 이미지가 충동으로 하여금 신체 행위의 한 형태를 취하게 하면서 환상에 있어서 활동적인 상상력을 수반하는 것처럼 동작에서 나타나는 활동적인 상상력이다.

3) 브랑쉐 이반의 무용동작치료

창조의 자연스러운 형태로서 즉흥에 주목하였다.

- 무용즉흥 : 자신의 내면 세계를 신체 움직임을 통한 자연스러운 창조의 형태로 풀어 나가는 것이며, 특정한 자극에 내재된 감정의 선택과 구조화된 육체적 잠재의식의 자유로운 표현이다.

(1) 이론적 기반

개인의 창조적이고 정서적인 잠재력이 표면된 행동으로 나타나 현실과 연결시켜 줄 수 있는 매체로서 자신에게 향하는 즉흥무용으로 원인을 찾아내었다.

형식적인 것으로부터 자발적인 움직임으로 확대하여 인간 내적인 감정 세계를 표현하여 신체적, 감정적, 인지적인 전인적 치료를 하였다.

(2) 중재기법

- 신체 준비운동 : 긴장 완화 과정, 한 사람씩 스스로 리더가 되어 동작 시작(GO/STOP)한다.
- 기능적 테크닉의 체계 : 회복- 자신만의 공간- 창조적인 표현 움직임 어휘 제공- 안전한 표현- 의식을 이전의 인식에서 벗어나 신체와 접촉- 움직임 기능의 확장과 축소 통합하여 효율적, 의미 있는 표현을 확보하였다.
- 창의적 즉흥 움직임/연기 : 자신의 내면 세계를 신체 움직임을 통한 자연스러운 창조의 형태로 풀어 나감으로써 감정을 자각하고 새로운 감각을 불러 일으키며 나아가 의식의 전환까지 체험하였다.

제2장

소매틱 무용치료의 창조적 적용

무용치료나 임상심리학 상담분야에서 몸의 지능은 미개척의 자원으로 소수의 교육 프로그램이 치료효과를 얻기 위해 소매틱 방법을 사용하고 있으며 그 필요성과 효과는 매우 긍정적으로 발전, 적용되고 있다.

소매틱(somatic)이란 '신체의', '육체적인' 등의 뜻을 가진 용어로 '소매틱스(somatics)'란 신체적 자각(perception)과 경험(experience)을 통해 몸의 감각을 일깨우는 움직임 학습법으로 이해된다. 다른 말로는 '몸(soma)과 환경의 상호관계에 대한 자각(awareness)을 함양하는 예술과학(artandscience)'이라 할 수 있다(정미영, 2020).

토마스 한나(Thomas hanna, ph. D. 1928-1990)는 1988년 『Somatics』에서 소매틱스 개념을 언급하면서 '소마(Soma)'를 "개인이 내부에서 제1자적 관점으로 인지한 몸" 또는 "나 자신이 스스로 인지한 살아 있는 몸"이라 정의하였다(Hanna, 1986). 즉, "소마는 제3자적인 객관적 관점에서 분석의 대상인 물질로서의 신체가 아니라, 정서와 인지 그리고 영적 요소들을 담고 있는 역동적인 생명체로서의 경험을 스스로 느끼고 인식하는 몸(임용자, 유계식 & 안미연, 2016)"이라고 정의하였다.

이분법적인 몸이 아닌 일원론적인 몸으로서 '어떻게 보이는냐'의 Body개념이 아니라 '느끼는 몸'의 Soma적 관점과 소매틱(somatic)으로 치료적 접근을 하는 새로운 패러다임의 핵심에 '감각의 접촉'이 치료의 열쇠이기 때문이다. 이 장에서는 소매틱 기법을 기반으로 하는 치료법을 소개한다.

1. 표현예술치료의 이해

1) 표현예술치료(Expressive Arts Therapy)의 정의

"머리를 버리고 감각으로 내려오라."라고 주창한 게슈탈트 심리치료의 창시자 프릿츠 펄스(Fritz Perls, 1893-1970)는 표현예술치료의 정립에 지대한 영향을 미쳤다.

표현예술치료란 개인의 신체, 정서, 인지를 통합하기 위하여 복합 모형의 예술 과정들을 사용함으로써 표현예술과 심리치료를 통합한 것이다(임용자, 2004).

표현예술치료는 사전적 의미로 인간의 성장발달과 치유를 촉진하기 위해 다양한 예술적 방법을 통합적으로 사용하는 심리치료라고 정의(네이버 상담학 사전)한다. 국제표현예술치료협의회(IEATA)는 표현예술치료란 "내담자의 내적인 것, 흔히 신체 내에 갇혀 있는 것들을 표현예술치료 과정에서 형태를 이루어서 그리고 그것을 변형시켜 밖으로 꺼내도록 돕는 일" 이라고 정의했다(도윤지, 2010).

표현예술치료는 게슈탈트 심리치료의 일환으로서 창조적인 매체를 사용한 예술치료 기법이다. 독일에서는 프릿츠 펄스(Fritz Perls)의 연구소를 중심으로 드라마 기법, 신체 및 동작치료, 춤 치료, 예술치료, 음악치료, 집단명상 등을 게슈탈트 심리치료에 응용하여 집단치료 기법으로 발전시켰다. 또한 게슈탈트 예술치료는 청소년 집단, 노인 집단, 만성 정신 장애자 집단 등 다양한 집단에서 효과적으로 사용되고 있다.

표현예술치료는 창조적 예술치료, 다학문적 예술치료, 상호복합양식 예술치료 등과 동일시하며 심지어 단순히 통합치료나 통합연구라고도 언급되면서 상호 교환적으로 사용된다. 표현예술치료 분야에서는 예술매체의 통합적 사용을 강조하는 동시에 매체별 예술치료의 전문성을 인정하며, 심리치료의 도구로 사용하는 등 통합적 접근방식을 취하고 있다.

표현예술치료는 표현을 돕는 예술매체를 통한 치료적 접근으로 부적응적인 심리적 요인을 스스로 인식하고 통합할 수 있도록 하고 개인은 물론 사회 공동체의 성장을 위해 시각, 예술, 춤, 드라마, 음악, 글쓰기 등의 통합예술이 중요함을 인정하고 심리치료와 교육, 사회 공동체 예술의 다각적인 접근을 권장한다(김정숙, 2016; 박성원, 2020).

상담학 분야에서 처음으로 표현예술치료(Expressive Arts Therapy)의 개념을 공식화한 아팔레치아 학파(Appalachian)는 표현예술치료를 "인간의 성장발달 및 치유를 촉진하기 위해 이미지, 스토리텔링, 무용, 음악, 미술, 시문학, 동작, 꿈 작업 등의 다양한 예술매체를 통합적인 방법으로 사용하는 실천기법"으로 정의한다(김춘경, 이수연, 이윤주, 정종진 & 최웅용, 2016).

표현예술치료가 하나의 독립된 전문 분야로서 시작된 것은 1974년 S.McNiff와 P. Knill 등이 마사추세츠 주 캠브리지에 있는 Lesley 대학에 표현예술치료 교육학과를 처음으로 개설하면서부터였다(Levine & Levine, 1999; Halprin, 2003).

칼 융(Jung, Carl Gustav, 1875-1961)의 분석심리학 (analytical psychology)과 프릿츠 펄츠(Perls, Fritz, 1893-1970)의 게슈탈트 치료법(gestalt psychology), 그리고 칼 로저스(Rogers, Carl, 1902-1987)의 인본주의심리학(humanistic psychology)과 같은 심신일원론적인 입장을 견지한 심리학은 표현예술치료에 지대한 영향을 끼쳤다.

2) 표현예술치료의 특징

표현예술치료의 특징은 예술을 상담과정이나 집단 소통의 언어로 사용한다는 것이다. 표현예술은 "속일 수 없는(difficult to falsify)" 특징 때문에 언어로는 하기 힘든 내담자와 치료자 두 사람의 깊은 수준의 의사소통을 돕는 비언어적 의사소통의 방식이 될 수 있으며 내면을 탐색하고 타인과의 관계에도 긍정적인 효과를 가져온다는 것을 알 수 있다. 언어 매체는 인지적이고 합리적인 소통도구이기 때문에 기억을 언어로 표시하는 것보다 시각적 이미지로 기억하고 있는 것이 더 많으며 예술매체는 내면을 자극하여 심상을 표출하는데 도움을 주며 이는 창조적인 과정으로 인도해준다(권옥

빈, 2016).

또한 모든 사람에게 내재되어 있는 예술성을 일깨워서 새로운 양식의 표현, 경험, 자발성을 시도하게 하고 자기의 모든 측면 즉, 신체, 마음, 정서, 정신을 자각하고 통합하는 과정에 참여할 수 있도록 한다(김정숙, 2016). 한편 표현예술치료는 억압이나 방어가 심한 내담자들이나 심리적, 정서적으로 문제를 지닌 대상자에게 언어적인 중재에서 벗어나 새로운 의사소통 가능성을 적용할 수 있다.

즉 표현예술치료는 성장과 치유를 촉진하는 지지적 환경을 만들어 내기 위해 다양한 예술의 장르로 음악, 동작, 그림, 소리, 글쓰기, 즉흥극 등을 이용하며, 이것은 여러 형태의 예술을 통해 깊은 내적 정서로부터 드러나는 자신을 발견해 나가는 과정이다. 인간은 몸을 움직이고 그림을 그리고 글을 쓰고 성대를 사용하면서 육체적으로 활동적인 상태가 되는데, 이와 함께 중시해야 할 것이 조용하고 수용적인 방식으로 내면으로 들어가는 것이다(박성원, 2020).

표현예술치료는 표현을 돕는 예술매체를 통한 치료적 접근으로 부적응적인 심리적 요인을 스스로 인식하고 개인의 신체 · 정서 · 인지를 통합할 수 있도록 하는 예술치료 방법이다. 한 장르의 예술형태에 국한하지 않고 그림, 음악, 무용, 동작 등 한 가지 이상의 예술매체를 통해 안전하고 자기주도적인 표현을 이끌어낸다. 또한 다양한 예술매체를 통해 내면에 대한 깊은 탐색으로 자신의 감정을 발견하고 표현할 수 있도록 한다. 또한 작품 제작 과정과 완성된 작품의 감상을 통해 자기존중감을 형성하고 미래의 희망적인 대안을 가지며 창조적인 작업을 통해 건강한 성장을 이룰 수 있도록 돕는다. 표현예술 활동을 통해 심리적으로 억압되고 불쾌하고 표현하기 힘든 감정과 생각들을 자연스럽게 표출할 수 있으며, 이러한 과정에서 치료사는 심리적으로 안정된 지지자의 역할과 언어적 상호작용을 통해 내담자에게 통찰을 제공하는 것이다(김미선, 2018).

융은 인간의 심리기능 중 상상기능에 주목하면서 예술매체가 치유효과에 강력하게 작용한다고 주장하며 심층 무의식 이론과 발달이론을 심리치료에 적용하기 위한 모델로서 '적극적 상상(active imagination) 기법'을 제시했다. 이는 무의식의 영역에 존재하는 내적 자아를 의식화하기 위한 '무의식의 의식화'에 적용된다(정미영, 2020).

융은 인간의 무의식을 개인무의식(personal unconscious)과 집단무의식(collective unconscious)으로 구분했다. 개인무의식은 개인의 삶 속에 축적되어 있는 억압된 기억과 환상, 소망이나 욕구의 저장공간으로서 인간 성격의 착한 면과 악한 면을 모두 갖고 있는 그림자이다. 융은 "성격의 그림자 측면을 분석하여 통합함으로써 정신치유와 완전성이 이루어질 수 있다."라고 했다(김춘경, 이수연, 이윤주, 정종진 & 최웅용, 2016).

3) 철학적 배경

언어적 표현의 한계가 인식되고 신체 표현 및 예술 표현에 대한 치료 효과를 추구하며 대두된 표현예술치료의 시작은 시대적으로 필연적이다. 표현예술치료의 탄생은 이성 중심의 틀 안에서 언어 표현 위주의 심리치료 기법을 다양하게 실천해 왔던 것을 실존주의 철학과 포스트모더니즘이 대두되는 시대적 흐름 속에서 풍부하게 각 예술의 영역의 경계가 해체, 융합되며 새로운 대안을 모색하게 된 결과로서의 산물이다.

실존주의 현상학에 의한 인간 존재의 재발견과 함께 치료의 실제가 심리학적 이론과 표현예술치료의 이론과 실제가 서로 변주되며 모색되어지고 있다. 존재를 깨닫는 것 자체를 말하는 실존(Existence)으로부터 출발하는 실존주의 심리학은 현상을 기술하고 설명하는 현상학적 방법을 활용하기 때문에 주관적 관찰자의 입장에서 보여지는 사물을 그대로 이해하고 접근한다. 이것이 표현예술치료의 핵심 방법론이다.

특히 니체(Friedrich Wilhelm Nietzsche, 1844-1900)와 융(Jung Carl Gustav, 1875-1961) 그리고 실존주의 철학은 형식적 관념에 얽매이지 않는 감각적 경험, 의미, 새로운 해석, 관계를 찾아서 새로운 미학적 관점을 예술 심리학과 교육학과 광범위하게 사회적 문제들에 적용하면서 탄생된 포스트모더니즘에 영향을 끼쳤다.

니체(Friedrich Wilhelm Nietzsche)는 감각적인 것들을 넘어서 선재한다는 플라톤의 형이상학적 관념을 뒤집어 놓음으로써 인간을 관념의 존재가 아닌 의지(Will)의 존재로 바꾸었다. 니체의 사상은 인간을 무의식적 존재로 규정한 Freud의 영향 만큼이나 코페르니쿠스적이었다. 이것은 예술을 보는 관점에 중요한 영향을 미쳤다.

니체는 예술을 인간의 삶을 긍정하고 그 의미를 찾는 도구로서 평가하였으며 예술은 천재적이고 영웅적 소명이 아니라 일상의 보편적 삶의 방식으로서 필요성을 주장하였다. 이런 니체의 사상은 삶을 긍정하는 이미지나 신화를 만들어 내는 예술의 창조성과 예술의 기초가 되는 인간 감각적 심미적 가치를 높이 평가하였을 뿐만 아니라 예술을 삶의 차원으로 일상화시키는데 기여했다.

니체의 '비극의 탄생(The Birth of Tragedy)'이라는 작품에 의하면, 플라톤의 로고스는 우리에게 다가오는 고통을 피하는 수단으로 사용하는데 반해서 우리의 내적 중심부에는 어떤 근본적인 열망 또는 노력들, 인간의 의지가 있어서 이것들은 고통을 수용할 힘을 가진 이미지(Image)들을 밖으로 투사하여 세상에 자신을 드러내는 것이라고 하였다.

니체는 인간의 존재 중심부에 근본적인 고통이 존재하고 있는데 그 고통은 예술을 통해서 수용될 수 있다고 보았다.

포스트모더니즘이 가지고 있는 아름다움의 관점인 미의 경험, 즉 조화와 균형의 경험은 불협화, 부조화 및 혼돈에서 찾아지는 것이다(Levine, 1999; D.Halprin, 2003)라고 한다.

존 듀이(John. Dewy. 1859-1952)는 프래그머티즘(pragmatism,실용주의)의 창시자로 교육의 분야에서 자발적 활동을 촉진시킨 활동 학습 방법(Learning By Doing)을 중시하고 현실 생활의 문제해결 과정 속의 경험 그 자체가 교육의 내용이라 하여 〈경험과 교육〉에서 '경험의 교육', '경험에 의한 교육', '경험을 위한 교육'이라고 표현하며 학습자의 상황과 사회적 맥락을 생각하지 않고 정제된 지식을 단순히 주입시키는 것은 죽은 교육이라고 비판하며 '교육의 코페르니쿠스적 전환'을 이끌어낸 근대교육학의 아버지이며 미국의 심리학, 철학자로 표현예술치료가 탄생된 철학의 배경에 영향을 미쳤다.

루돌프 슈타이너(Rudoif Steiner, 1891-1925)는 독일의 사상가, 교육가로 인지학을 창설하였고 감각적 지각이나 예술적 표현 그리고 개별화 학습을 통해 비선형적이고 상호 통합적 방법으로 교육에 접근했다. 오늘날의 대안 교육들은 예술을 통한 감성 교육을 시도함으로써 치료적인 동시에 성장 발달과 통합적 효과를 추구하며 '감각의 교육'에 주목하고 있으며 트라우마 치료에서도 '감각의 접촉'이 열쇠가 되고 있다.

아들러(Alfred Adler, 1870-1937)는 '개인 심리학(Individual Psy-chogy)'을 수립하고 인간의 행동과 발달 형성 과정(Becoming)의 인간관을 가정했다. 개인의 사회적 존재로서 사회적 관심과 사회적 유용성을 추구하는 것이 심리치료의 궁극적 목표라고 강조하며 개인의 성격의 형성은 힘이나 개인적 강화욕구, 사회적 감정과의 일치욕구라는 두 요소의 상호작용의 결과라고 보았다.

칼 로저스(Carl Ransom Rogers, 1902-1987)는 인본주의 심리학자로 인간현상학이 충분히 전개되지 않았다고 보았으며 정신통합이론(Psychosynthesis)이 예술치료의 영역에서 실천되기까지는 그 통합 과정이 더 필요하다고 보았다.

이렇게 시대적으로 예술 영역의 혼합 매체와 선구적 학자들과 학문 영역 간의 융합은 포스트모더니즘에 영향을 받으며 예술가, 심리학자, 교육자, 철학자, 과학자들 모두 상호 통합적 시도의 접근 속에서 표현예술치료는 탄생되고 발달해오고 있다.

21세기의 새로운 패러다임은 혼돈 및 다양성, 어떤 새로운 질서의 탄생 및 끊임없는 의식의 변화와 함께 살아가는 포스트모던 시대에 인간 삶의 복잡성을 이해하길 요구한다. 우리 삶의 경험과 삶의 자료들을 보고 거기서 새로운 자원과 해결을 이끌어 내기 위해서 예술과정은 어떤 '틀을 깨뜨리는 탈중심화(decentering)' (Halprin, 2003) 방법이라고 한다.

4) 안나 할프린(Anna Halprin, 1920-2021)의 움직임 중심 표현예술치료

(1) 안나 할프린의 업적

표현예술의 기본토대는 누구나 움직이고 반응하고, 느끼고, 창조하고, 수용적이며 누구나 할 수 있다는 철학으로 그림, 소리, 언어, 움직임, 몸을 통합한 치유작업을 하였으며 삶과 예술의 통합을 주장하며 배타적 무용예술로 여겨졌던 예술을 대중화하여 공동체와 치유 예술로서의 춤으로 승화시켰다.

몸을 신체적, 정서적, 정신적 수준이 하나라고 하는 통합적 시각을 바탕으로 춤과 치유에 접근하고, 몸, 마음, 감정 사이의 관계를 반영한 감정과 이미지를 통합하는 춤을 구현했으며, 21세기의 새로운 패러다임인 창조성과 예술로서의 춤을 통하여 삶과 예술을 통합하는 포스트모던적인 철학을 가지고 무대 예술, 치유예술, 공동체 예술로서의 삶과 예술을 통합하는 노력을 통해 이 시대에 큰 영향을 미치고 있다(김진희, 2011).

(2) Life/Art Process 접근

감각 깨닫기 연습, 표현적인 동작과 춤으로 내면 깊은 곳으로 이끌어 이미지와 명상, 마음과 몸에 기초한 심리요법 등을 통한 정신치유에 중점을 두어 삶의 문제와 질병에 대한 통찰의 춤을 통해 치유하였다.

① 감각

감각은 육체로 가는 통로다.

내면의 세계는 느낌, 감정, 정신이 살고 있는 곳이다. 조상의 기억과 과거, 현재, 미래에 대한 기억까지 그곳에 머물러 있다. 몸은 생존을 위해 복잡하게 디자인되어 있다. 몸은 위대한 삶의 춤을 출 수 있는 지혜와 경이와 신비를 지니고 있다.

② 동작

동작은 세포와 맥박, 피와 호흡의 리듬이 만들어 내는 몸짓이며 생명이자 춤의 근원이다.

③ 동작과 느낌 사이의 상호 피드백 과정

억압되거나 모순된 감정은 면역체계를 차단하여 고통이나 질병을 유발한다.

동작과 느낌 사이의 결합, 상호작용은 다양한 감정적 반응을 불러 일으킨다.

낯선 동작을 경험하게 되면 새로운 감정적 근원을 발견할 수 있다.

④ 느낌과 감정

느낌과 감정은 동작으로 가는 통로를 열어준다.

⑤ 이미지

'정신 운동 감각적 시각화(Psychokinetic Visualization)' : 이미지를 그려 시각화하여 이미지, 동작, 느낌, 감정을 춤을 통해 결합시킨다.

이런 이미지화 과정은 'PKIP(Psycho Kinetic Imagery Process)'를 만들어 구조화시켰다.

⑥ PKIP(Psycho Kinetic Imagery Process〉

'정신운동감각 이미지화 과정'의 적용 방법론을 소개하고 있다. 이 방법론의 초기 수행 모델은 신체동작을 하는 동안 떠오르는 정서와 내적 이미지를 그림으로 표현해 보는 것인데 '개인의 무의식적 자료들이 심층에서 표면으로 떠오르게 하고'(김정향, 2014) "두 개 이상의 예술매체들 사이를 왕복하는 사이에 이미지와 예술매체들이 심리적인 내면으로 더욱 깊이 들어가 탐색하게 하고 심리 내적인 것을 밖으로 드러내는 외향화 과정을 통해 통찰을 얻게 되는 방법론"(임용자, 2014)이다.

⑦ 춤

동작과 느낌의 관계, 상상의 결합을 연구하였으며 동작과 느낌, 감정, 이미지가 몸에서 통합될 때, 치유력으로 가득한 춤을 출 수 있다고 하였으며 동작과 느낌, 감정, 이미지의 합일을 이루는 춤을 통해 창조성을 생산해 내고 치유에 적용되고 창조적인 행위인 춤을 통해 객관화 단계에 이르게 된다. 즉흥을 통해 유발된 동작과 감정 간의 유대 관계를 인지하고 동작을 통한 심리치유와 감정과 이미지를 통합하는 춤이다.

고정관념과 경계, 익숙한 패턴에서 탈피한 자유로운 시도와 공동체 예술로서의 춤으로 확장(커뮤니티댄스의 대모)하였다.

안나가 주창한 삶-예술 과정은 개인의 일상생활과 춤 예술의 표현이 자연스럽게 연결되고, 이 춤 작업 과정에서 생겨나는 의미들은 다시 생활에서 체험되는 순환적 관계로 나아간다. 그러므로 안나가 추구하는 새로운 예술미학은 지금-여기에서 일어나는 삶의 경험을 그대로 표현하는 것이며 이 과정은 '정신운동감각 이미지화 과정(Psycho Kinetic Imagery Process, PKIP)'이라는 기법 속에서 이루어진다.

참여자(내담자)들은 PKIP 과정을 통해 자신의 문제를 발견(identification)하고, 직면(confrontation)하며, 해소(release)하고, 변화(change)하여, 성장(growth)하는 이른바 The Five Part Process(5PP)를 거쳐 삶/ 예술 과정을 완성시켜 나간다.

(3) 플래니터리댄스(지구 춤)를 만들어 공동체의 춤, 커뮤니티댄스를 만들었다.

안나 할프린은 치유로서의 춤, 삶을 위한 춤으로 커뮤니티댄스를 치료적으로 좀더 접근한 무용가이다.

2. 감각운동 심리치료의 이해

1) 감각운동 심리치료의 의미

감각운동 심리치료는 론 컬츠(Ron kurtz, 1990)와 롤프(Rolf)의 구조 통합(Rolf, 1987)작업의 영향을 받아 펫 오그던(Pat Ogden)이 1980년대에 개발한 몸 작업 중심, 언어 기반 치료이다. 감각운동 심리치료는 애착, 신경과학, 해리 이론의 기여로 풍부해졌다. 감각운동 심리치료는 인지적 접근과 정서적 접근, 언어적 개입과 신체적 개입을 통합해 외상의 암묵적 기억과 신경생리학적 영향을 직접 다룬다. 외상 치료에서 주요한 시작점으로써 "이야기" 중심으로 사건을 다루기보다는 몸 경험을 사용함으로써 우리는, 몸의 정보와, 감정 및 인지적 의미 만들기와의 접점을 어떻게 처리하는지에 관심을 기울이게 된다(Ogden, 2002; Fisher, 2003; Sensorimotor Psychotherapy Official Training Course Level 1, 한국신체심리치료교육원).

2) 감각운동 심리치료의 특성

자신 및 주변 환경을 인식하는 방식과 주변 상황과의 관계 속에서 자신을 위치시키는 방식에 과거의 트라우마가 지속적으로 영향을 준다는 것을 직접 다룬다. 내담자들이 자신의 경험에 부여하는 의미(과거에 대한 그들의 이야기)에 초점을 맞추기보다 신체적 경험과 자기 인식에 더 초점을 맞춘다. 신체 중심 치료법들은 과거의 경험이 현재의 생리적인 상태와 행위 경향성에 영향을 미친다는 개념에 근거하고 있다. 트라우마가 호흡, 자세, 감각적 지각, 움직임, 감정, 사고를 통해 재연된다는 것이다. 여기서 치료자의 역할은 트라우마를 알아차리고 해석하는 것이 아니라 내담자가 자기 인식과 자기조절을 잘 할 수 있도록 돕는 것이다. 감각운동 심리치료는 새로운 방식으로 정향하고 살아가는 법을 발견할 수 있도록 감각과 행위 경향성을 통해 작업한다(트라우마와 몸, 펫 오그던 외 2인. 김명권 외 4인 역, 2019).

펫 오그던은 치료란 내부 느낌이 들어오고 나가는 것을 관찰하는 주의 깊은 관찰자가 되는 법을 배우는 것이라고 말하였다.

트라우마, 혹은 치료가 필요하다고 느껴지는 증상과 회복을 위해 필요한 몸과 뇌에 관련된 용어에 대해 알아보면 다음과 같다.

(1) 주요 용어

① **감각운동(sensorimotor)** : 운동 및 감각기능, 움직임, 신경 경로를 모두 포함한다. 오감 지각, 감각, 모든 종류의 움직임을 포함하고 '몸' 수준의 정보처리를 말한다.

② **과대각성(hyperarousal)** : 초조, 떨림, 빠른 심박수 등과 같은 강렬한 감각 또는 분노, 공포, 공황과 같은 압도적인 감정과 관련된 것으로 '수용의 창'의 위쪽 가장자리를 지나치게 상회하는 각성을 말한다.

③ **과소각성(hypoarousal)** : 절망감, 무망감, 무감각과 같이 감정이나 무거움, 마비, 거리감, 움직이지 못함과 관련된 것으로, '수용의 창' 아래쪽 가장자리 아래로 과도하게 내려가는 각성을 말한다.

④ **내적 경험(internal experience)** : 매 순간 변화하는 현재 경험의 구성요소(감각, 움직임, 오감 지각, 감정, 사고)가 미치는 전체 영향을 의미한다.

⑤ **도피(flight)** : 위협의 근원으로부터 멀어지는 움직임과 관련 있는 가동화(mobilizing) 동물방어이다.

⑥ **동물방어(animal defense)** : 대부분 동물이 위험이나 위협에 직면하여 공통으로

하는 본능적 생존 반응으로, 도움 호소(cry-for-help), 투쟁(fight), 도피(flight), 얼어붙기(freeze), 죽은 척하기(feigned death)/셧다운(shut down) 등이 있다.

⑦ **센터링 자원(centering resource)** : 각성을 조절하고 '중심에서 벗어났거나(off center)' 고통스러울 때, 자신과의 연결감을 되찾기 위해 몸의 중심부를 인식하는 소매틱 자원을 말한다.

⑧ **신경가소성(neuroplasticity)** : 주의를 기울이는 방식을 포함한 경험을 통해 새로운 신경망을 성장시키고 오래된 신경망을 없애는 뇌의 유연하고 가소적인 속성이다.

⑨ **신경망(neural network)** : 일상적인 목표 수행을 위해 뇌 혹은 신경계의 한 영역과 다른 영역을 연결하는 신경 묶음을 말한다.

⑩ **신피질(neocortex)** : 진화 과정에서 가장 최근에 발달한 뇌 부위로, 추론, 자기 인식, 추상 능력 등을 담당하는 뇌를 말하며, '생각하는 뇌'라고 부르기도 한다.

⑪ **애착(attachment)** : 유아기에서부터 시작하여 인생 전반에 걸쳐 지속하는 것으로, 타인과 유대감을 형성하려는 생물학적 욕구이다.

⑫ **얼어붙기(freeze)** : 과대각성으로 움직일 수 없는 부동화 동물방어로, 몸은 긴장되어 있고 과민한 상태이다.

⑬ **자기감(sense of self)** : 타고난 욕구와 기질로 대인 관계를 하면서 발달하며, 고정된 것(thing)이라기보다는 창발적(emergent)이고 연합적인(associative)과정으로, 특정한 순간의 내적 정체감이다.

⑭ **자율신경계(autonomic nervous system)** : 심장박동, 소화, 호흡 등과 같이 의식적으로 조절이 되지 않는 기능을 담당하는 신체 조절 체계로, 교감신경계와 부교감신경계로 이루어져 있다.

⑮ **정렬(align, alignment)** : 몸이 수직으로 곧게 세워져 있는 것으로, 어깨는 이완되어 아래로 내려가 있고, 머리는 하늘 쪽으로 곧게 뻗어 있으며 어깨 위의 한가운데에 위치하고, 가슴은 하반신 위에 편하게 놓인 상태로, 몸통은 골반에 잘 세워져 있고, 다리와 발은 바로 아래에 직립해 있는 자세를 말한다.

⑯ **트라우마(trauma)** : 과소각성 혹은 과대각성, 피질하 동물방어와 같은 본능적 생존 기제를 유도하면서 통합될 수 없는 압도적인 경험을 말한다.

⑰ 해리(dissoicate/dissociated/dissociation) : 평상시 연합되는 과정에서 무의식적으로 구획화하고 차단하고 분리하는 것으로 알아차림, 정체성, 생애사, 기억 등의 연속성이 붕괴되는 경험을 말한다.

⑱ 그라운딩(grounding) : 땅과 연결된 전기회로를 일컫는 전기 관련 용어이다. 적절히 그라운딩이 되기 전 시스템에서는 어떤 누전 전류도 안전하게 지상으로 흘러 들어갈 수 있으므로 아무런 해를 끼치지 않는다. 마찬가지로 그라운딩은 지구 또는 지면과 에너지적으로 신체적으로 연결해 몸의 에너지가 아래로 향하도록 한다. 우리는 지구의 중력장에서 살고 있고, 중력은 우리가 지구에 있도록 붙들고 있다. 그라운딩은 지구와 연결되어 있다는 감각으로, 주전자의 물이 바닥에 깔려 있듯이, 몸이 중력에 반응하여 아래로 내려와 있다는 것을 구체적으로 느끼는 감각이다.

그라운딩과 관련된 많은 표현 예를 들면, '현실적인(down to earth)', '굳건한 기반(on the ground)을 갖추고 있는', '자신의 견해를 고수하는(standing our ground, holding our ground)', '독립심 있는(standing on our own two feet)' 등이 있다. 이러한 표현들은 굳건함, 견고함 그리고 자신을 지탱할 수 있는 능력과 같은 자질을 의미한다. 이는 그라운딩 된 느낌에서 오는 힘, 안정성, 내적 안전과 확신 등을 의미한다. 그라운딩 된 사람들은 안정적이고, 신뢰할 수 있고, 현실감 있고, 균형 잡히고, 스스로 안전감을 느끼고 확신에 차있는 사람으로 표현된다.

트라우마, 불안정 애착, 고통스러운 사건들은 그라운딩 된 느낌을 잃어버리게 하는 원인이 될 수 있다. 그것은 세상 속에서 타인과 소통에 필요한 지지를 끌어내는 기본적인 안전감을 파괴한다. 또한 우리는 과도하게 그라운딩 될 수도 있다. 그런 경우 너무 단단해지고, 무거워지고, 고정되고, 움직일 수 없기 때문에, 우아하고 편안하게 움직이며 살 수 있는 유연성과 가벼움이 부족하게 된다. 가끔은 살면서 어떤 순간에 그라운딩이 되지 못했거나 과도하게 그라운딩 되기도 하지만, 둘 중 하나가 오래 가면 삶의 질은 떨어진다(감각운동 심리치료, 2021).

(2) 뇌와 정보처리

세 영역의 뇌는 통합적으로 기능하도록 설계되었지만 미성숙한 뇌를 갖고 태어나기 때문에 이 세 가지 뇌의 영역과 각 영역의 정보를 처리하는 방식간의 관계는 출생 후의 경험에 의존한다.

다음의 뇌의 세 영역을 이해하면 내담자가 왜 그렇게 생각하고 느끼고 행동하는지 이해할 수 있다.

① 파충류의 뇌(뇌간)

가장 오래된 뇌로 본능적으로 작용하면서 몸의 생존 기능을 담당한다. 신체 감각 정보처리 과정과 관련 있고 구성 요소 중의 움직임, 오감 지각, 감각을 담당한다. 머리 뒤편에 있는 파충류 뇌는 파충류에 나타나는 반사적 행동과 관련이 있으며 진화상 가장 오래된 뇌로 출생시 완전히 발달한 상태로 태어난다. 이 뇌는 생존 본능으로 세상을 이해하고 신체 감각, 심박수, 호흡, 소화, 체온 조절과 같은 기본적인 생명유지 과정을 자율적으로 조절한다.

파충류의 뇌는 우리가 잠들어 있든 깨어 있든, 생명 기능이 제대로 작동할 수 있도록 활동한다. 장기의 움직임이나 진동을 느끼거나, 달리기나 걷기와 같이 의도적이고 자발적인 움직임을 하고 있을 때도 어떤 방식으로든 관여하고 있다.

육체적 생존에 일차적 관심이 있는 파충류 뇌는 스트레스와 반응, 즉 놀람 반사에서부터 도움, 호소, 울음, 싸움, 도주, 얼어붙기, 죽은 척하기 등의 방어적 반응에 이르기까지 반사적이고 본능적인 모든 반응을 담당한다. 이 뇌는 생존뿐만 아니라 경쟁, 공격, 지배, 자원을 저장하려는 충동과 관련 있는 행동을 자극한다.

이 뇌는 기본적으로 본능적 행동을 담당하기에 신피질보다 훨씬 빠르다. 머리로 눈덩이가 날아오면 생각할 겨를도 없이 파충류 뇌는 본능적으로 몸을 피하게 만든다.

② 포유류의 뇌(변연계)

정서적 관계적 경험과 관련이 있다. 감정을 다루고 감정적 정보처리를 담당한다. 감정의 뇌 혹은 변연계(limbic brain)라고 불리는 포유류 뇌는 파충류 뇌와 신피질을 연결하며 전체 뇌의 중간에 위치한다.

포유류 뇌는 감정을 통해 세상을 이해하고 관계나 사건에 대한 감정적 반응을 담당한다. 감정은 경험을 또 다른 차원으로 이끌어 준다. 감정은 좋아하는 것과 싫어하는 것을 알게 하며, 감정적으로 의미 있는 것을 인식하게 하며, 삶과 인간관계에 감정적 풍요로움을 더해준다.

시상(thalamus)은 감각으로부터 들어오는 정보를 수용한다. 시상에 수용된 정보가 위협적이거나 위험한 단서를 포함하고 있을 때, 편도체는 자신을 보호하고 방어하기 위한 신호를 보낸다. 편도체는 두려움과 관련된 자극 뿐만 아니라 보상이나 좋은 느낌과 관련된 자극에도 신호를 보낸다. 포유류 뇌는 통증과 기쁨을 느끼는 지각에 영향을 주고 의미 있는 자극에 반응하고 전향할 수 있도록 기본적인 신호를 보낸다. 해마(hippocampus)는 중요한 정보를 기억하고 장기 기억으로 만든다.

포유류 뇌는 인간 관계에서 필수적이다. 왜냐하면 자신의 행동이 타인에게 미치는 영향과 타인의 행동이 자신에게 미치는 영향을 인식할 수 있도록 만들어 주기 때문이다. 애착 대상과 함께 공유한 즐거움의 경험은 애착 경험을 비언어적 기억으로 저장하여 미래의 관계에서도 기대감을 갖게 만든다.

③ 신피질(생각하는 뇌, 전두엽)

추론, 자기 인식, 추상화 능력을 담당하며 구성 요소 중 인지와 인지적 정보 처리 과정과 관련 있다. 신피질은 이마에서 머리 꼭대기까지 있으며 대뇌피질(cerebral cortex), 전두피질(frontal cortex)이라고도 불리며 죄반구와 우반구로 나누어져 있으며 인간의 모든 활동에 대부분 관여한다.

우뇌는 좌뇌보다 더 직관적이며 출생시에 완전히 '온라인'상태로 태어나고, 세계를 전체적인 '큰 그림'으로 인식하고, 더 창의적이며 예술적이다. 또한 비선형적이고 직관적인 방식으로 암묵적이고 상징적으로 정보를 처리한다.

좌뇌는 출생 시에는 미숙하지만 우뇌보다 더 이성적이고 어린 시절과 젊은 성인기를 지나면서 성숙하고 합리적인 방식으로 세상을 본다. 좌뇌는 논리적, 명시적, 분석적, 선형적인 방식으로 정보를 처리하며 언어 능력 대부분을 차지한다. 뇌량(corpus callosum)은 좌반구와 우반구를 연결하여 양쪽 반구의 소통과 조정 그리고 통합을 촉진한다.

신피질은 20대까지 계속 성장하기 때문에 사회적 판단, 감정 조절, 자기 인식 능력이 발달하면서 사회적, 정서적, 지적으로 더욱 안정되고 능수능란하게 된다. 이성적이고, 추론하고, 계획하고, 문제를 해결하는 등의 집행 기능에 해당하는 인지적 처리 과정은 신피질의 기능과 관련 있다(Pat Ogden. Janina Fisher, 2021).

3) 감각운동 심리치료의 핵심 원리

몸은 몸의 이야기를 들을 수 있는 사람에게 많은 이야기를 전달한다. 말로는 표현할 수 없는 비언어적 표현은 '소리 없는 공포'라고 불리는 트라우마와 아동기의 유산이나 애착 대상에 대한 잊힌 역동을 시각적으로 드러낸다. 몸의 언어는 기쁨, 슬픔, 어려움을 긴장, 움직임, 몸짓, 자세, 숨, 리듬, 운율, 표정, 감각, 생리적 각성, 걸음걸이 등 다양한 방법으로 표현한다. 트라우마와 불안정 애착의 맥락에서 발달한 암묵적이고 자동화된 신체적 습관은 새로운 의미를 만드는 능력과 현재 환경에 유연하게 대응할 수 있는 역량을 제약하고, 다가올 미래를 과거의 시각에서 해석한다.

내담자의 이야기를 듣고 감정에 반응하고 해석하는 것뿐만 아니라 내담자와 상담자의 몸, 즉 두 몸 사이(body-to-body)에 발생하는 언어 이면의 의사소통은 치료 행위에 포함되어야 한다(Pat Ogden, Janina Fisher, 2021).

이렇게 몸의 언어 그 자체를 인간 행동의 수단과 치료적 방편으로 보는 것이 핵심 원리이며 이것은 몸의 감각을 트래킹하며 과거에서 현재로 돌아오게 하여 안정화시키며 작업한다.

4) 감각운동 심리치료의 기법

(1) 몸을 트래킹한다.

내담자의 매 순간 경험의 조직화(몸)를 세밀하게 관찰함으로써 치료자는 매순간 몸에서 일어나는 변화와 디테일을 정확하게 관찰하는 것을 배운다.

① **관찰되는 미묘한 변화 일기** : 피부색 변화, 콧구멍이나 동공의 확장, 작은 긴장이나 떨림, 소름, 눈이 작아 지는 것, 미세한 움직임, 준비행동 등

② **관찰되는 명확한 변화 읽기** : 척추의 무너짐, 목을 돌리는 것, 손 올리기, 팔 밀기, 기타 큰 근육 움직임(Ogden, 2002)

(2) 접촉 진술을 한다.

내담자 몸에서 트래킹한 것을 공감적으로 명명하는 것이며 내담자의 사회적 연결 시스템을 자극하는 치료자와 내담자 사이의 연결의 감각 느낌이다.

① **연결을 어떻게 할지 중요하다** : 운율, 톤, 호기심, 흥미 등 무엇을 선택하여 연결하여 접촉할 것인가.

② **내담자의 반응과 발견을 트래킹하기** : 사회적 연결을 잃었을 때 매우 중요하다(Kurtz, 1990; Ogden, 2004).

③ **접촉 진술의 목적** : 내담자가 이해받고 있다고 느낄 수 있도록 도와준다(사회적 연결 증가). 현재 순간에 주의를 가져온다. 그래서 이는 더 깊은 마음챙김적 탐색으로 내담자가 탐색해야 할 가장 중요한 것이 무엇인지 살펴보고 신체의 어느 부분과 접촉할 것인지 선택한다(Ogden, 2005).

④ **비언어적 접촉** : 말없이도 내담자를 이해하고 있다는 것을 보여준다. 이것은 내담자의 신체를 미러링하는 것도 포함될 수 있다. - 태도, 소리(우우, 음), 신체적 근접성, 끄덕임과 머리 흔들기, 얼굴 표현, 속도, 목소리 질, 언어능력, 제스쳐, 눈 맞춤(Ogden 2002).

(3) 프레이밍 한다.

'프레이밍'은 내담자가 무엇을 탐색하고 싶은지 이름 짓는 과정으로 치료자와 내담자가 초점을 맞추는 것을 지칭하는 용어로 탐색의 시작점이라고 여겨지는 (완결하지 않은 행동의 징후 같은) 몸의 무엇인가를(움직임, 긴장, 충동, 감각)을 내담자와 협력해서 탐색한다.

① 단계 중심적 치료 목표에 적합한, 명료한 치료적 초점을 제공한다.

② 작업이 분산되는 것을 방지한다.

③ 협동과 치료적 컨테이너를 촉진한다.

④ 당신의 가정을 검토하도록 해준다.

⑤ 내담자에게 반박하고 자신에게 중요한 것이 무엇인지 제시할 기회를 준다.

⑥ 주어진 시간에 내담자가 다룰 수 있는 정보의 양을 제한하도록 돕는다.

(4) 마음챙김 질문한다.

내담자가 내면의 현재 소매틱 경험을 알아차려야만 대답할 수 있는 질문을 한다.

① **마음챙김의 정의** : '마음챙김은 특정 방식으로 의도적으로, 현재 순간에, 비판단적으로 주의를 기울이는 것'이다(Kabat-Zinn, 1994).

② 마음챙김 자각은 매 순간 무엇이든 마음의 눈 안에 일어나는 것을 수용하는 특성을 갖고 있다(Siegel, 2006).

③ **호기심은 마음챙김적 탐색의 주요한 탐색이다** : 마음챙김적 탐색은 전두엽 피질의 실행 및 관찰 기능과 연관되어 있다. 호기심 갖고 관찰하는 태도를 유지하는 능력은 경험에 압도당하는 것을 막아준다(Ogden, Minton & Pain, 2006).

④ 마음챙김은 '자기 참여'를 촉진한다(Siegel, 2007).

(5) 작은 '실험'을 창조한다.

내담자들이 '승리의 행동'을 수행하도록 돕는 새로운 행동의 마음챙김적 시도(Ogden, 2002; Kurtz, 1990, Sensorimotor Psychotherapy Official training Course재인용)

① **실험의 특징** : 호기심과 흥미를 낳는다/내담자의 모든 경험에 열려 있다/경험의 조직화에 대한 정보—치료를 위한 재료—로 여긴다/'옳거나','그른'답이 없다. 실수도 없다.

② **실험의 종류** : 내담자의 무엇인가를 느끼게 한다/단어, 구, 문장을 말한다/치료자가 무엇인가 신체적인 것을 한다/치료자가 단어, 구, 문장을 말한다(Pat Ogden, 2021).

3. 커뮤니티댄스의 이해

1) 커뮤니티댄스의 개념

커뮤니티를 기반으로 전문성을 활용하여 이루어지는 춤. 다양한 장소에서 여러 계층의 사회 구성원이 적극적 · 협력적으로 참여하고 실행가의 능력을 활용하여 상호 소통하며 만들어내는 춤이며, 이는 곧 개인과 공동체 및 사회의 가치 변화를 이끌어내는 활동을 의미한다(이온누리, 2013).

커뮤니티댄스는 커뮤니티를 기반으로 전문성을 활용하여 이루어지는 사회적 춤 활동으로, 간단히 말하자면 '나와 너' 간의 소통이라고 할 수 있다. 커뮤니티댄스가 활발히 이루어지는 영국에서 이것은 사람들이 성별, 연령, 지역, 인종, 장애 여부, 교육 정도, 경제 수준에 상관없이 사람들에게 양질의 춤 경험을 접할 기회를 부여하는 활동이라고 통용된다. 커뮤니티댄스는 참여자 자신의 접근을 통해 예술가 그리고 공동체와 소통하면서, 참여자와 그 공동체를 변화시킬 수 있는 계기를 제공하기도 한다(김채현, 2020).

커뮤니티댄스의 의미는 순수예술과 대중예술의 통합적 흐름 가운데 위치한다(도널드 후테라 Hutera, 2011).

개인과 공동체의 동시성장, 사회와 구조를 넘어 인류시민사회의 초연결에 기여하는 춤이다. 커뮤니티댄스의 가장 중요한 특징은 개별성과 공동체성을 모두 가지고 있다는 것이다. 이 시대가 두 가지를 모두 요구한다. 사회가 진보하며 개인성, 개별성이 대두되었다. 다른 말로 하면 개인을 표현하는 것이 중요한 시대가 되었다는 것이다. 춤을 추며 나를 발견하고 나를 드러내고 나의 욕구를 분명히 하고 실현, 성취, 성공한다. 개인의 성장과 성공이 공동체의 성장, 성취와 연결되는 이 시대적 요구를 모두 충족시키는데 매우 효과적인 방법론이 커뮤니티댄스이다(최보결, 2021).

대중은 이미 춤출 줄 알기에 전문성이 있는 무용가와 차이가 없다. 대중은 무용가와 평등하다. 단지 자신이 춤출 줄 안다는 사실을 자각하지 못했을 뿐이다. 따라서 무용가의 역할은 대중이 춤추는 몸을 인지하고 자각하게 도와주면 된다. 지도나 가르침이라는 상하구조에서 벗어나 모두가 춤출 줄 아는 사람들이라는 수평적 관계에서 춤추는 몸을 확인하고 질문한다. 춤 속에서 스스로 즐기고 구성하고 탐색하도록 지켜본다. 예술적 경험과 자각을 스스로 하는 것, 예술은 배워서 익히는 것이 아니라 내 안에 본래 존재했던 감각을 발견하는 것이다. 커뮤니티댄스는 이러한 발견의 지점을 적극적으로 발현토록 시행하는 새로운 방법이라고 장 뤽 낭시(Jean-Luc Nancy)가 말했다.

2) 커뮤니티댄스의 역사

커뮤니티댄스는 자본주의 발달과 제2차 세계대전 이후 냉전체제라는 정치상황과 사회 구조 속 문화, 예술과 긴밀히 연관돼 발생하고 발전해 왔다.

(1) 베트남 전쟁과 68혁명

① 1945년 제2차 세계대전이 민주주의의 승리로 끝났으나, 세계는 다시 공산주의

국가로서 성장해 가고 있으며 물질주의와 개인주의, 이기주의 성향이 점차 강해지며 인간소외, 극단적 범죄 등 사회 문제들이 증가되고 있다.

(8) 포스트모더니즘과 커뮤니티댄스

① 아방가르드 예술

㉠ 20세기 중반은 모더니즘에서 포스트모더니즘으로 넘어오는 시기였으며 이 중심에 아방가르드(Avant-garde) 예술이 자리하고 있다.

㉡ 19세기 후반부터 나타나 20세기까지 지속된 아방가르드 예술은 기존의 전통을 파괴하고 새로운 경향을 선보이는 예술을 일컫는데 흔히 모더니즘으로 포함되며 미술, 음악, 문학 등에서 다양하게 나타났다.

② 현대무용의 등장

㉠ 20세기 발레 뤼스(Ballets Russes)를 통해 안무가 · 무대장치가 · 작곡가 사이의 협력관계를 통해 이전 발레와는 색다른 양식의 공연을 만들었고, 미국에서는 발레에서 벗어난 새로운 움직임으로 이사도라 덩컨(Isadora Duncan, 1877-1927)이 창시한 현대무용(Modern dance)이 등장했다.

㉡ 현대무용은 다른 예술과 마찬가지로 초기에는 자연주의나 민족주의를 표방하였다가 점차 추상적이고 표현적인 성향으로 바뀌었으며 이 또한 형식화되면서 20세기 중반 무렵 다시 변화하기 시작했다.

③ 머스 커닝햄

머스 커닝햄(Merce Cunningham, 1919~2009)은 춤 구성과 배열에 있어서 우연성을 도입하였는데, 이 영향으로 많은 무용수들과 안무가들이 기교를 버리고 극장이 아닌 공간에서 공연했으며 춤의 반복과 즉흥, 미니멀리즘, 다양한 음악과 대사, 그리고 영화를 비롯한 복합 매체 효과들을 사용하기 시작했다.

④ 아방가르드 예술의 특징

㉠ 근대에서 현대로 넘어오면서 급변하는 사회와 맞물려 관습적인 형식을 탈피하

고 새로운 것을 추구해 나갔으며 가장 두드러지는 변화는 예술에 일상적인 것을 반영한 작품들이 나타났다는 것이다.

㉡ 19세기까지의 예술은 절대적이거나 초월적인 것, 신격화된 것으로 간주하여 일상에서 가장 멀리 벗어난 것이었으나 아방가르드를 통해 삶의 현실적인 부분들이 예술로 인정받게 되고 예술과 비예술, 예술가와 비예술가의 이분법적인 사고에서 탈피하려는 시도가 나타났다.

⑤ 포스트모더니즘 시대

아방가르드 예술이 자리잡아감에 따라 기존 예술과 마찬가지로 관습과 제도에 묶여 형식화되기 시작했고, 2차 대전 이후 자본주의와 대중문화의 성장으로 인해 아방가르드 예술은 그 방향성을 잃어버리게 되지만, 이 움직임의 영향으로 다시 새롭게 변화하고자 하는 이른바 포스트모던의 시대로 바뀌어 갔다.

⑥ 포스트모던 예술의 특징

㉠ 전반적으로 포스트모던 예술은 절대 이념의 와해, 개성 중시, 다원적 논리, 전지구화(Globalization), 소수자 배려와 같은 경향이 나타나며, 후기 자본주의 사회에서 문제가 되고 있는 인간성 상실과 정신의 빈곤을 변화와 실험이라는 복합적 예술양식으로 표현했다.

㉡ 인간의 감성과 본성, 개성 · 자율성 · 다양성 · 대중성을 중시하고 상호간의 의사소통을 추구했으며 엘리트 문화와 대중문화의 경계를 허물었다.

⑦ 포스트모던 댄스의 발전

㉠ 포스트모던 댄스(Post-modern Dance)는 머스 커닝햄의 영향으로 시작된 저드슨 댄스 시어터(Judson Dance Theatre : 1962년 7월 6일, 뉴욕의 그리니치빌리지의 저드슨 메모리얼 교회에서 〈콘서트댄스〉가 열렸으며 이본 레이너, 스티브 팩스턴, 데보라, 헤이, 데이빗 고든 등 여러 무용가들이 활동하였는데 이를 포스트모던 댄스의 시작으로 본다.)의 활약으로 발전했으며, 전문 무용가들뿐만 아니라 문외한인 미술가, 작곡가, 시인, 철학자, 영화 제작자 등 다양한 사람들로 구성됐다.

㉡ 즉흥적 음악을 선호하였고, 기존 발레와 현대무용 테크닉을 해체하여 재구성하거나 추상적 움직임으로 소통을 추구했으며 일상적인 움직임 외에도 무예나 브레이크 댄스, 디지털 영상 등과 섞어 복합적이며 실험적 춤을 전개해 나갔다.

㉡ 지역이나 국가에 얽매이지 않고 각자의 개성으로 다양한 방식을 흡수, 표현하였으며 예술가와 관객의 거리를 없애고 보다 춤의 본질에 접근하고자 했는데 이러한 움직임들이 커뮤니티댄스로 향하는 계기가 됐다(이온누리, 2013).

3) 커뮤니티댄스의 탄생 배경

(1) 커뮤니티댄스는 앞에서 살펴본 바와 같이 그 시작에 있어서 사회 · 문화적 영향을 매우 받았으며, 그 영향을 받은 예술계의 환경과도 관련이 깊다.

(2) 민주화와 도시화를 바탕으로 성장한 대중들은 가족 구성과 기능이 축소되고, 점차 개인중심주의가 만연하게 되면서 그들의 인간관계가 이익 사회화되었으며 각자만의 이익과 쾌락을 추구하는 풍조가 강하게 드러나기 시작했다.

(3) 반면에 여가를 통해 예술을 쉽게 접하게 되고 취향 또는 목적에 맞는 커뮤니티를 형성해 옛날의 공동체와는 다른 형태로 소통하며 개성 및 다양성을 인정하는 사회현상은 커뮤니티 예술활동을 증대, 발전시켰다(이온누리, 2013).

4) 커뮤니티댄스의 발전

커뮤니티댄스는 아방가르드와 포스트모더니즘의 흐름으로 점차 예술과 일상, 예술가와 일반인 사이를 구분 짓는 경계가 유연해지고 다른 장르 예술과 함께 융합하며 기존의 춤에 관한 생각과 태도들이 바뀌면서 성장하고 있다.

(1) 영국 커뮤니티댄스

영국 커뮤니티댄스 활동의 구심점은 커뮤니티댄스 재단(Foundation for Community Dance)이다. 이 재단은 1986년에 춤 촉매자(Dance Animateur)들이 설립한 것으로 무용, 보건, 사회적 포용, 교육, 장애인 전문가 등 4,600여명의 전문가들과 연결되어 있으며, 잡지 발행을 비롯하여 다양한 교육 프로그램을 운영하고 있다.

영국은 무용단체마다 커뮤니티댄스 프로그램을 운영하도록 권유하는데, 영국국립발레단은 2010년부터 대중들을 위한 다양한 무용교육프로그램을 개발해서 운영하고 있는데, 학교 연계 프로그램(School's Link Programme), 빅댄스(Big Dance), 파킨슨병을 위한 춤(Dance for PD), 건강과 웰빙을 위한 춤(Health and Wellbeing) 등이 있다(최해리, 2015).

(2) 미국 커뮤니티댄스

① 안나 할프린 (Anna Halprin; 1920~2021)

극장 너머에서 사람과 생명을 춤추게 한 무용가 안나 할프린, 그녀의 삶을 통해 커뮤니티댄스 전개 방향과 개인 예술성이 어떻게 커뮤니티댄스로 전환하여 전개되었는지를 알아본다.

현대무용가 안나 할프린은 세계적인 안무가, '치유예술로서의 춤' 개념의 창시자로 타말파연구소(표현예술 치유센타)를 설립하였다.

1960년대 포스트모더니즘 댄스를 이끌어 세계적인 무용가들을 배출한 개혁가였다.

안나 할프린은 관객과 만나 하나의 결과물로서 작품이 완성되어가는 작품의 제작과정에 비중을 높이고 공연장에서 일어나는 소통의 작업을 중요시하였다.

안나 할프린의 예술철학과 작업방식은 존 듀이의 '경험으로서의 예술 미학'을 시금석으로 듀이에게 영향을 받았고 할프린의 스승이었던 마가렛 도블러의 '창조적 경험으로서의 춤' 철학이 견고하게 쌓아올려져 실천된 예술이다. 특히 스승인 마가렛 도블러는 실용주의 교육철학을 기반으로 춤추는 사람 자신에게 일어나는 일, 여기서 도출되는 몸 자료와 정서가 춤의 기초, 창작의 원천을 이룬다는 춤철학을 안나 할프린에게 각인시켰다.

1971년 직장암 발병과 춤으로의 치유가 그녀의 삶을 바꾸다.

암이 발병하기 전 "나는 춤을 위해 살았다." 암 발병 후 "나는 삶(생명)을 위해 춤추었다"고 고백할 만큼 인생의 대전환을 겪는다. 이 개인사는 안나 할프린의 작업이 커뮤니티댄스 위주가 되는 결정적 계기가 되었다.

1978년 딸 다리아 할프린과 타말파 연구소 설립, 심리학, 치유기법, 춤, 미술, 퍼포먼스 기법 등을 통합한 치유와 교육 프로그램 '생명/예술 과정'(Life/Art Process)을 개발 진행하였다(김채현, 2019).

〈"Planetary dance" 지구 행성의 춤〉

- **의미** : A Community Dance Ritual. A Life of Dance 대자연을 배경으로 한 커뮤니티댄스 리츄얼, 인류애의 철학이 담긴 삶의 춤 축제다.
  이 춤은 자연 자체의 감화력 및 치유력과 춤의 치유력을 결합하는 형태로 진행하며 커뮤니티 치유 및 지역사회 정화를 위해 매년 봄 하루를 정해서 종일 진행되는 리츄얼이다.

- **의도** : 지구 행성춤(Planetary Dance)을 추는 모든 사람들은 자신의 이야기를 가지고 나와서 춤을 출 때마다 그 이야기를 구체적으로 '선언'한다.
  사람 사이의 평화와 지구와의 평화이며 각각의 행성춤은 사람들 각자의 주제와 의도를 춤춘다. 평화를 가져오기 위한 필요한 조건 3가지 주요 구성 요소는 'The Intention, The Score & The Performance'이다.

- **방법** : 원을 만들고 달린다(The Earth for Run) : 달릴 때는 '나는 무엇을 위해 뛴다'고 외치고 '선언'하며 원에 들어가 한 방향으로 달린다. 원에는 3개의 서클이 존재한다. 가장 큰 원은 빠르게 움직이는 그룹, 가운데는 조깅수준, 안쪽 서클은 걷는 사람들로 이루어진다. 원 가운데는 다양한 악기들이 있게 된다. 속도가 다르게 3방향으로 선택해서 달릴 수 있으며 만다라를 형성하며 나중에 춤이 된다. 마침내 그들은 북쪽, 남쪽, 동쪽, 서쪽의 네 방향 중 하나에 서게 된다.

(3) 독일 커뮤니티댄스

① 피나 바우쉬(Pina Baush, 1940–2009)

독일의 현대 무용가 피나바우쉬는 에센의 폴크방 스쿨(Folkwang School)에 진학해서 독일 표현주의 무용의 아버지라 일컬어지는 쿠르트 요스(Kurt Jooss,1901–

1979)에게 지도를 받았으며 이때 처음으로 '탄츠테아터'라는 개념의 자유로운 무용을 배우고 미국 줄리어드 스쿨 유학 후 독일로 돌아와 안무가로서 주목을 받았다.

㉠ 부퍼탈 탄츠테아터(Wuppertal Tanztheater)

피나가 이끌었던 '부퍼탈 탄츠테아터'는 육체적 형상으로서의 춤을 기본 소통 수단으로 삼아, 대사를 가미하거나 일상 소도구를 활용하여 연극적 무대를 실현하는 일종의 '극무용'이다.

피나는 완결된 개념을 가지고 안무를 짜는 대신 수많은 질문과 아이디어를 단원들에게 던짐으로써 그들의 생각을 끌어내고 이를 작품에 반영한다. '클래스'라 불리는 매일의 리허설 시간 동안 피나로부터 수십 개의 질문을 받은 무용수들은 각자의 생각과 느낌을 자신만의 방법으로 안무자 앞에서 표현하고, 그것은 곧 작품으로 승화된다.

그렇기에 부퍼탈 탄츠테아터의 무용수들은 예민한 감성과 관찰력 그리고 저마다의 확고한 세계관을 가지고 있지 않으면 살아남을 수가 없으며, 그녀가 만들어 놓았던 창작들은 현재까지 많은 무용인들에게 본보기가 되고 있다.

㉡ 피나 바우쉬 작품의 특징

"나는 인간이 어떻게 움직일 것인가보다는 무엇이 인간을 움직이게 하는가에 흥미가 있다"

그녀의 예술세계 전체를 조망하게 하는 철학이자 그녀 작업의 가장 기반이 되는 질문이었다.

어떻게 움직일지에 대한 방법보다는 근원에 중심을 둔 질문으로, 이는 무용이라는 장르가 구현했던 움직임의 정형성을 부정했다. 또한 그녀는 몸의 관습과 본성을 실험했으며, 자연이라는 환경, 사회적 조건, 그리고 휴머니즘을 바탕으로한 인간관계의 욕망을 탄츠테아터의 무대를 구성하는 핵심적인 주제로 삼았다. 피나의 작품에는 지속적인 플롯이나 특정한 캐릭터의 일관된 의미가 없고 어떤 상황이나 소품을 중심으로 간단한 대화와 행동의 에피소드, 그리고 사운드와 이미지가 변화무쌍하게 조합되어 보는 사람의 상상력과 감성을 자극한다. 그녀의 세계를 이해하는 데에는 그저 몸으로 무엇을 말하려는 건지, 이미지가 어떤 인상을 주는지를 '있는 그대로' 받아들이면 되었다.

다양한 의미나 상징을 종합해서 연출 의도를 추론하기보다 감각적으로 체험하는 시공간과 이미지를 수동적으로 받아들이는 관점에서 벗어나 자유로움을 느끼게 한다(고은지, 2019).

- **콘탁트호프(1978)** : 피나바우쉬는 두려움과 사랑의 감정을 중심 두 축으로 인간의 실존을 그려왔는데 〈콘탁트호프〉는 남녀 간의 끌림에서 비롯되는 다양한 감정을 표현한 그녀의 대표작이다.

  피나 바우쉬의 말을 빌려보면, "〈콘탁트호프(Kontakthof)〉는 사람들이 접촉을 위해 만나는 장소를 뜻한다. 소통의 순간이 열리고 닫히는 공간이다. 두려움, 욕망, 실망, 절박함을 품은 만남. 나의 〈콘탁트호프〉 무대는 첫 경험, 첫 시도, 친밀감의 표현과 그로 인해 벌어지는 일들을 다룬다."

  권위적인 무용을 평범한 이들의 일상 언어로 끌고 내려온 한 위대한 춤꾼의 실험은 춤이 인간의 삶을 어떻게 변화시킬 수 있는지를 잘 보여준다.

  이 작품은 1978년 초연된 이후 2000년에는 65세 이상의 노인들로 구성된 아마추어 댄서들이, 2008년에는 평범한 10대 댄서들이 출연해 같은 이야기를 완전히 다른 느낌으로 해석했다. 보는 예술에서 참여하는 예술로, 위대한 춤꾼의 실험이었다.

우리는 수많은 욕망과 들끓는 감정들을 품은 채 살아간다. 끝없이 사랑받고자 하는 욕망, 인정받으려는 욕망, 소통의 욕망, 몸서리 칠 만큼의 외로움과 그리움, 결핍과 충족, 기쁨과 슬픔까지, 피나바우쉬는 이를 자연물, 일상의 오브제, 그리고 사람의 몸을 결합해 발산하다 못해 폭발시키려고 했다. 거의 발악에 가까운 몸부림으로 온갖 감정들을 날것으로 끄집어냈다. 이러한 표현이 그녀에게는 숨 쉬는 것만큼이나 중요한 것처럼 보였다(고은지, 2019).

3) 커뮤니티댄스의 특성

(1) 실행가와 참여자로 구성

① 실행가 : 예술춤을 익혀 테크닉이 뛰어난 전문 예술 활동을 하는 사람

획일적이고 일방적인 가르침을 주는 강의식이 아니라 참여자들과 동등한 입장에서 서로의 이해와 공감을 통해 춤을 만들어가는 방식이다.

예술적 테크닉을 중시하는 것이 아니라 여러 의견을 수렴하고 보다 다양한 춤 표현이 가능하도록 도움을 주는 것이다.

자신의 내면을 집중하여 들여다보게 하고 이를 바탕으로 참여자들 사이에서 상호작용을 이끌어내는 것이다.

② 참여자 : 아동, 청소년, 노인, 장애인, 주부, 미혼모 등 다양한 정체성 집단

보다 적극적인 태도로 자신과 타인의 문제에 관심을 가지며 개인의 정체성을 바탕으로 커뮤니티 공동의 정체성을 확립하도록 한다.

(2) 테크닉이 요구되는 움직임에서 일상적인 신체 움직임까지 광범위하게 포함

'몸'을 가진 모든 사람들이 참여할 수 있는 것이며 어디에서든 할 수 있다. 모든 움직임으로 생각과 느낌과 감정을 보다 솔직하게 표현할 수 있기 때문에 보다 감각적이고 직접적이며 생활에 밀접한 것으로 효과가 배가 된다.

(3) 커뮤니티와 춤 사이에 상호 이해와 소통으로 만들어지는 과정

① 소통이란 의견이나 의사가 통하는 것으로 쌍방향적인 소통은 그 자체가 어렵고, 창조적이며 실험적인 활동이다.

② 커뮤니티는 개개인도 중요하지만 모인 사람들, 나와 관계를 맺는 집단으로 이루어지는 것이기 때문에 소통을 하기 위해서는 서로 자발적이며 수용적인 태도가 필요하다.

③ 각자 스스로에 대한 깨달음, 상대에 대한 이해와 배려를 전제로 한다.

제3장

힐링커뮤니티댄스의 이해

1. 힐링커뮤니티댄스의 원리와 철학

1) 몸과 춤의 이해

디지털 과학기술이 발달할수록 아날로그에 대한 결핍은 예술적 체험으로 채울 수밖에 없다. 이러한 디지털과 아날로그의 공생의 키워드로는 인간과 예술, 놀이와 관계, 소통과 공유, 나눔과 치유 그리고 소셜 네트워크이다. 또한 거대 담론과 이념보다는 일상적인 삶의 본질, 개인의 행복 추구 등이 있다. 커뮤니티댄스는 이러한 모든 것을 수용할 수 있는 대안으로서 인간성 회복을 향해 생활 속으로 뛰어들며 시대적 요구의 정점에 있다(최보결, 2011).

왜냐하면 커뮤니티댄스의 재료인 몸은 누구나 갖고 있고 몸으로 삶을 살고 세상의 중심에 '나=몸'이 있기 때문이다.

무용의 다감각적 활동과 체험은 교육적으로 다양한 방식으로 적용되어 왔다. 언어보다 더욱 직접적 상호작용의 수단으로 사용되는 다양한 동작구성은 인간경험을 확장시킨다. 내적 동작감각에 따르는 자발적 춤추기, 양식화된 춤 배우기, 동작의 시공간적 형태 만들기 등 여러 가지 방식 안에서 습관적 동작과 즉흥적 반응이 교류한다(나경아, 2011).

이렇듯 디지털과 아날로그 공생의 시대적 요구에 부합하는 실천적 몸교육 연구는 인간과 예술교육의 중요한 자원이다. 움직임 속으로의 자발적인 드러남은 "비전이 몸짓이 되는 과정"으로 지각은 움직임과 상호 교차되어 있으며, 움직임과 지각이 분리되어 나올 수 없는 지점에서 지각이 시작되고 움직임이 끝나거나 또는 움직임이 시작되는 곳에서 지각이 끝난다는 것이다(Johnstone Maxine Sheets, 1994). 이렇게 춤은 감각의 지각 작용을 기반으로 감각-느낌-감정-상상-사고-행동을 연결하여 주체로서의 움직임과 몸을 체험하고 창조적인 상태의 자기 개별화에 도달하도록 한다.

우리는 왜 춤을 추는가?

"여러분은 춤을 좋아하시나요? 춤을 추면 어떤 느낌일까요? '춤'은 무엇일까요?
춤의 재료는 우리의 몸 자신입니다. 내 자신의 내면, 감정, 느낌에 귀 기울이며 '나는 누구인가?'라는 질문과 답을 몸으로부터 듣게 되는 나의 고유한 세계를 체험하는 것이 춤입니다. 자신 속으로 뛰어드는 동시에 새로운 세계를 연결하여 통합합니다. 감추는 것이 익숙한 몸에서 드러내고 '표현하는 몸'이 '춤'이라는 인문학적 춤으로 접근합니다."

이러한 인문학적 몸과 춤의 이해를 기반으로 진행되는 커뮤니티댄스로부터 힐링커뮤니티댄스는 시작된다.

우린 몸을 잃었다. 더 정확하게 표현하자면 몸 속 깊이로부터 내밀한 감각을 잃어버렸다. 미래교육은 몸을 되찾는 회복의 과정이라고 말할 수 있다. "오늘의 삶에서 우리가 잊어버린 것은 일체의 깊이에 대한 감각이다"(김우창, 2014).

이 세계와 우리가 잃어버린 점은 무엇인가? 감각, 생각, 느낌, 표현, 몸, 움직임, 춤… 감각을 상실하면 느낌을 상실하고, 느낌을 상실하면 생각을 상실하고, 생각을 상실하면 판단을 상실하고, 판단을 상실하면 내 스스로의 의지를 상실하고, 표현, 창조도 상실하게 된다. '개성', '자기화'는 감각에 접근하지 않으면 만나기 어려운 일이다. 몸은 이 감각들이 살고 있는 집이기 때문이다.

우리는 21세기 디지털 시대에 아날로그의 감성이 더욱 필요한 '몸의 시대'를 살고 있다. 인류의 문화유산인 '몸'의 문화는 몸의 회귀로 재조명되어야 한다. 물질만능주의와 과학문명, 산업사회의 팽창으로 우리 사회에 병폐로 돌아온 문제와 위기들에 대한 처방 및 대안으로 '몸의 교육'이 필요하다. '몸'의 문화에 대한 이해는 곧 '나' 자신에 대한 이해이며, '인간'과 '삶'의 이해이기도 하다. 왜냐하면 '몸'은 자신 자체이며, 세계에 참여하고 세계를 향하는 실질적 현실이기 때문이다.

힐링커뮤니티댄스 프로그램 안에는 다음과 같은 원리가 녹여져 있다. 하나는 '몸'을 소마(Soma)의 관점으로 보는 표현과 즉흥춤 중심 현대무용이다. 다른 하나는 안나 할프린의 춤 중심 표현예술치료 철학과 원리, 방법론을 통한 커뮤니티댄스와 감각운동심리치료 소매틱에 기반한 이완과 감각 원리이다.

몸의 세계는 감정과 느낌 그리고 영혼이 살고 있는 곳이다. 수백만 년 전부터 인류의 기억과 경험, 역사가 머물러 있는 박물관과도 같다. 몸은 인류 최대의 유산이다. 이러한 몸에서 발생하는 감각을 즐기고, 몸의 경이로움에 머무르는 그 자체가 자각이며 생명이다.

그렇다면 어떻게 생명의 몸에 다다를 수 있는가? 움직임은 몸으로 가는 통로이다. 그리고 움직임 끝에 감각이 있다. 생명의 몸이라는 말은 감각이 지각된 몸, 감각이 접촉된 몸, 감각이 느껴지는 몸이다.

최초의 감각이 느껴질 때 '나의 존재, 나의 있음'이라는 자각이 일어난다. 몸이 말을 하고 몸의 말을 듣게 되며, 이것이 춤의 시작이 된다. 그래서 인간의 고유한 '자기'를 찾는 문제로 귀결된다. '자기를 찾아 가는 과정' 또는 자기 '됨', "너는 본래의 너 자신이 되어야만 한다"(김정현, 2006).

이러한 과정을 거치는 춤의 방식으로 접근한다. '우리 자신이 어떻게 그러한 존재가 되는가' 라는 의미는 자기 자신마다 고유한 춤을 추고, 자신 스스로의 몸의 형체를 찾아가고 그런 춤을 추게 된다는 것이다. 정형화된 누군가로부터 창작되어진 춤이 아니라 자신의 몸내부로부터 발견한 움직임을 표현하는 것이다. 자기화가 된 춤을 출 때에는 자아를 변화시키는 존재의 변환이 찾아오며 이것이 치유의 특성이다.

"우주의 거대한 공간 그리고 걷잡을 수 없는 원초적인 세계의 힘 가운데 놓인 인간의 삶에 대한 긴 명상"(김우창, 2014)이 춤이다. 춤은 숨겨져 있던 삶의 깊은 의미를 스스로 드러나게 한다. "순수한 감각적 지각의 차원"(김우창, 2014)인 원형적 체험은 몸속에서 이루어지며, 이것은 움직임을 통해 이루어진다. 춤은 내면의 접촉이 형성되고 움직임을 통해 다시 외부로 방출될 때 만들어진다.

춤은 자연 및 생명현상에 대한 심오한 공감에서 출발한다. 춤에 대한 체험은 세계의 전체성에 대한 원형적 느낌이다. 이것은 "몸이란 단순히 생물학적, 물리적 크기를 가진 인간의 신체를 의미하는 것이 아니라, 의식과 무의식의 활동을 통섭하고 있는 총체적인 영혼의 활동을 의미하기 때문"이다(김정현, 2006).

2) 감각소생술

무용가로서 세상의 모든 사람과 세상의 모든 움직임을 나누면서 발견하게 되고 관심을 갖게 되는 주된 주제와 이슈는 '감각 접촉과 이완'이다. 이것은 상상력, 창조성, 회복, 명상, 성찰, 존재, 만남, 공감, 통합, 감정의 이해와 수용, 트라우마 등 모든 것의 뿌리이다. 왜냐하면 감각을 만난다는 것은 최초의 자각이기 때문이다. 최초로 나를 만나는 느낌, 경험이다. 나를 이해하지 않고 타인을 이해하려 할 때 갈등과 부자연스러움과 고통이 된다. 몸의 감각을 통해 나를 이해하고 나를 만나는 경험은 삶 전반에 걸쳐 영향을 미치고 행복감과 직결된다.

인간의 뇌는 공감하고 공감 받도록 설계되어 있다. 공감의 메커니즘이 작동하기 전에 느끼기가 전제되어야 한다. 느낀다는 것은 감각을 지각한다는 것이다. 그런데 우리의 삶과 교육에서 송두리째 빠져 버린 것, 잃어버린 것이 '감각'이다. 그래서 한국임상예술학회에서 2019년 자해에 대한 이해와 예술치료 : 자해청소년을 위한 무용의 치료적 접근을 위한 '몸, 나는 공감하고 싶다-자해 청소년을 위한 무용의 치료적 접근'을 발제하면서 처음으로 '감각소생술'(최보결, 2019)이라는 명칭을 사용하였다. 감각의 회복이 모든 문제와 생명, 창조, 치유, 트라우마의 열쇠라는 것과 그 구체적인 방법론을 제시하였다.

'감각소생술'은 치유의 신체적, 정서적, 인지적, 생리학적 차원의 통합을 제공한다. 신체적, 정서적, 인지적, 생리학적 측면은 뇌의 구조와 발달과정에서 뇌간, 변연계, 전두엽의 관계와 연결된다. '감각소생술'은 인간의 심오한 잠재성과 무의식을 일깨우고 드러나게 한다.

지식은 핸드폰만 누르면 누구에게나 평등하게 전달된다. 이제 '나 자신을 아는 것, 나의 근원성과 접촉하는 것'이 가장 큰 자원이다. 4차 산업혁명 시대, 포노사피엔스, 포스트코로나 시대의 핵심 키워드는 '사람', '진정한 인간', '나는 누구인가?'를 아는 인간이 디지털 시대 미래인간의 핵심 역량이라고 유발 하라리, 최재붕 교수 등 미래학자들은 신인류를 진단하고 있다(최보결, 2019).

우리는 '나는 누구인가?'라는 인류 최대의 질문을 그동안 관념적이고 추상적인 방식으로 접근함에 따라 풀기가 어려웠다. '몸'으로 풀면 쉽고 단순하다. 이 질문은 철학자, 예술가, 수행가만이 해야 할 일이 아니다. 모든 인간의 질문이며 과제이다. 이 질문은 치료과정뿐만 아니라 인간의 삶 전반에 걸쳐 자연스럽게 연결되어야 한다. 이 질문은 어른은 물론 아동에게도 해당되며, 이에 대한 이해가 치유와 치료 작업에 중요한 핵심이다.

정신과 신체를 이원론의 관점으로 보느냐, 아니면 서로 섞여 있다는 실존주의적 몸, 현상학적 몸의 관점으로 보느냐는 서로 다른 결과를 가져올 수밖에 없다. '몸'에 답이 있다. '몸'에 길이 있다. 우린 그동안 우리가 찾는 것이 없는, 다른 곳으로 열심히 갔다. '감각소생술' 힐링커뮤니티댄스는 이제 되돌아와 '몸'으로 안내하는 네비게이션이다.

'몸'을 이해한다는 것은 '인간'을 이해한다는 것이다. '몸'은 인류의 진화과정 및 축적된 결과들의 보고이다. '몸'을 발견하는 시대는 '나'를 발견하는 시대이다. 이 표현은 인간 개인마다 다르고 다양하며, 고유하고 고귀하다는 것을 의미한다. '몸'은 개인마다 자신의 고유성을 잘 드러내게 하는 치유의 핵심적인 열쇠이다.

힐링커뮤니티댄스는 현대무용, 무용치료, 표현예술치료, 감각운동 심리치료, 커뮤니티댄스의 철학, 기법들과 함께 감각, 정서, 느낌, 감정, 신경, 호르몬, 근육, 호흡 등이 상호작용하는 생리학적인 몸의 메커니즘을 활용한 실용적인 예술치료의 한 분야이다.

힐링커뮤니티댄스 원리와 철학은 〈그림 1〉과 같다.

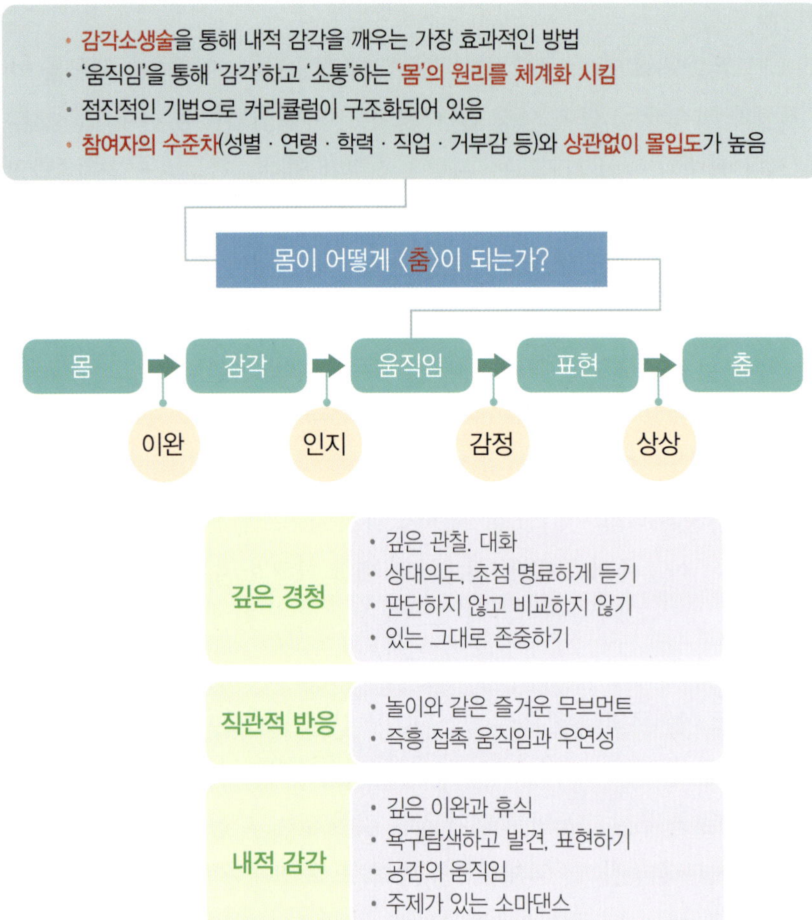

그림 1. 힐링커뮤니티댄스의 원리와 철학

(1) 재미있는 치유

인간의 뇌는 즐거움을 느낄 때 도파민, 엔돌핀, 옥시토신 등 긍정적인 호르몬들이 분비되고, 뉴런 사이에 새로운 연결망이 생기거나 더욱 견고해져 뇌기능이 활성화된다.

(2) 체험하는 치유

체험한다는 것은 스스로 느끼고 깨닫고 알아차리게 된다는 것이다. 스스로 섬세하게 느끼고 음미하고 통찰하고 영감을 얻어 정보를 재조직하고 새로운 영역을 창조할 수 있는 생생한 치유의 기회가 주어진다.

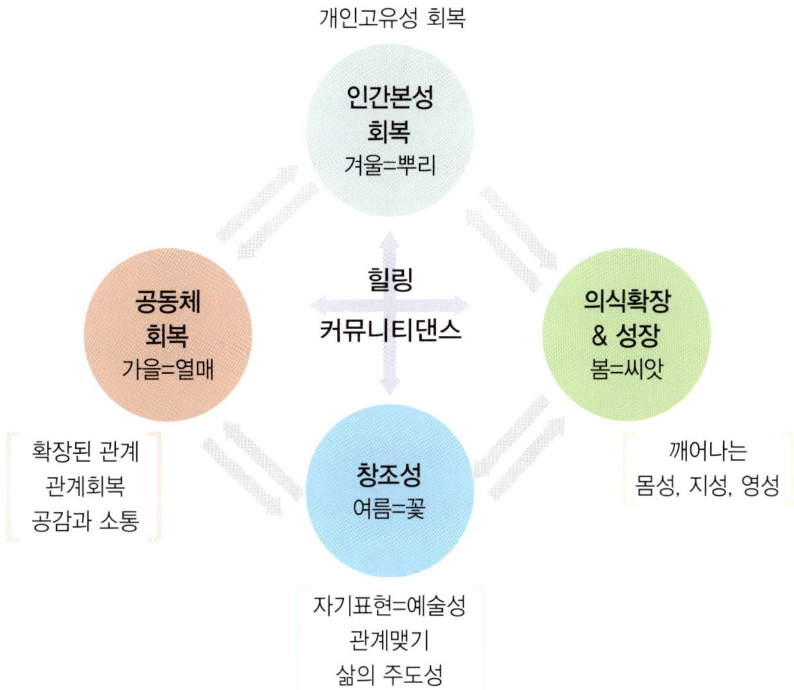

그림 2. 힐링커뮤니티댄스의 원리와 철학

(3) 행복한 치유

우리는 새로운 것을 알게 되고 치유를 경험할 때 자아존중감이 생기고 행복하다.

(4) 자기 돌봄의 치유

치유되지 않은 상태에서 창의성이 나올 수 없고, 불안과 두려움 등 과거의 고통에서 벗어나지 못하면 행복하기 어려우며 치유가 일어나기 어렵다. 지난 세대의 고통스럽고 폭력적인 기억이 가정과 사회에서 대물림되며 우리의 몸과 사고방식과 삶의 태도를 경직시키고 문제를 반복해서 만들어 내고 있다.

(5) 생태적 치유

'나'와 '세상', '삶'을 이해하는 과정이 전 치유과정에서 부각된다. 나, 너, 사회, 자연, 지구, 우주는 모두 연결되어 있다.

(6) 나의 이야기를 하고 나를 발견하고 나의 느낌과 생각을 말하는 치유

나에게 관심 갖는 치유, 나로부터 발견하는 치유과정이 필요하다. 그동안 외부세계의 지식, 정보에 관심이 많았다면 이제 내부세계, 나 자신의 정보를 찾고 발견하는 시간이다.

(7) 일상과 삶에 도움이 되는 실용적인 치유

일상은 관계의 연속이며 삶을 마주하는 자신을 만나고 오만가지 감정, 생각을 직면하는 과정이다. 치유는 개인, 공동체, 사회의 일상적 지지 기반을 높이고 긍정 에너지를 높인다.

(8) 공감능력과 이타성을 회복하는 치유

인간의 뇌는 공감하고 협력하고 배려하도록 진화하였다. 거대한 뇌가 발전시켜온 과학기술, 디지털 문명을 인류가 평등과 평화, 상생을 위해 활용하려면 신뢰와 협력의 치유와 공감이 선행되어야 한다.

3) 뼈와 파동의 춤

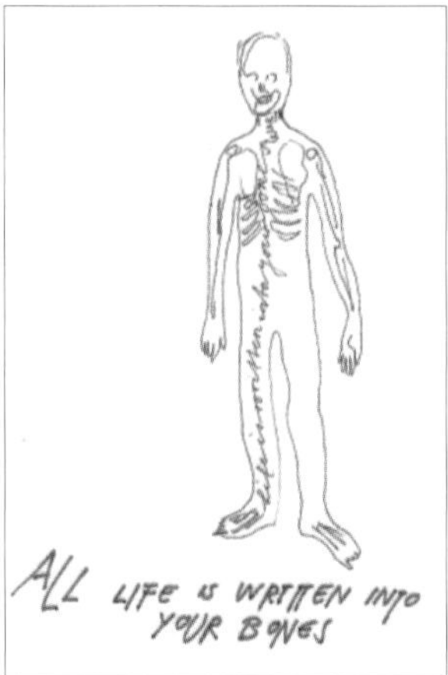

① 등뼈(척추)에서 에너지가 나온다 – 척추를 굴곡(굽히고)시킨 후 신전(늘리고)시키면 그 운동으로 말미암아 산소의 흡입이 생겨 혈액 속으로 산소의 유입량이 많아져서 척추 속에서 순환하고 있는 뇌척수 액의 순환이 활발하게 이루어지는 척

추호흡이 아주 중요한 호흡이다(민한기, 2018).

② 뼈는 감각기관이며, 등뼈의 중추근육은 개별적으로 움직이지만, 뼈는 서로 연동하여 움직인다.

③ 등뼈는 에너지의 근원일뿐 아니라 뼈가 감각기관으로 기능하는데 중추적인 역할을 한다.

④ **등뼈의 정신적인 신체 축** : 대지와 평행(현실적인 축), 하늘로 향하는 수직(초현실적인 축)

⑤ **복식호흡** : 교감신경과 부교감신경이 균형잡는다.

⑥ **좋은 호흡** : 등뼈의 형태도 중요하지만 용수철 역할을 하는 뼈의 강도도 중요하다.

⑦ **좋은 등뼈** : 엉덩이뼈가 후굴이면 요추가 변형, 갈비뼈의 하부가 위축되어 깊은 호흡을 할 수 없다.

⑧ 쇄골과 어깨뼈가 정상이어야 갈비뼈와 뼈 사이가 원활하게 확장되어 폐를 충분히 부풀릴 수 있다.

⑨ 뼈의 형태와 움직임은 호흡에 직접적인 영향 미친다.

⑩ **깊은 호흡** : 뼛 속 골수에서 만들어진 혈액이 전신의 세포와 연계된 호흡을 가능하게 한다.

⑪ 뼈중의 뼈인 등뼈까지 도달할 정도의 깊은 호흡, 그것이 '뼈호흡'이다.

⑫ 뼈에는 중력을 감지하는 센서가 있는데 발꿈치에 있는 센서가 특히 민감하다.

⑬ 전신의 뼈를 풀고 진동시키는 운동은 손에서 시작 – 물고기의 가슴지느러미가 진화해서 된 손은 인간의 감정과 깊이 결부되어 있으며 가장 인간적인 부위이다.

⑭ 뼈를 잘풀어 몸이 잘 울리도록 만들어 놓으면 음악도 더 깊이 즐길 수 있다(유자키 요시오/노경아 역, 2014).

⑮ 뼈의 진동으로부터 나오는 파동으로 몸을 정화시키고 생명을 회복한다.

⑯ 파동이 에너지의 실체이고 몸의 움직임은 에너지를 만들어 낸다.

2. 힐링커뮤니티댄스의 개요와 구조

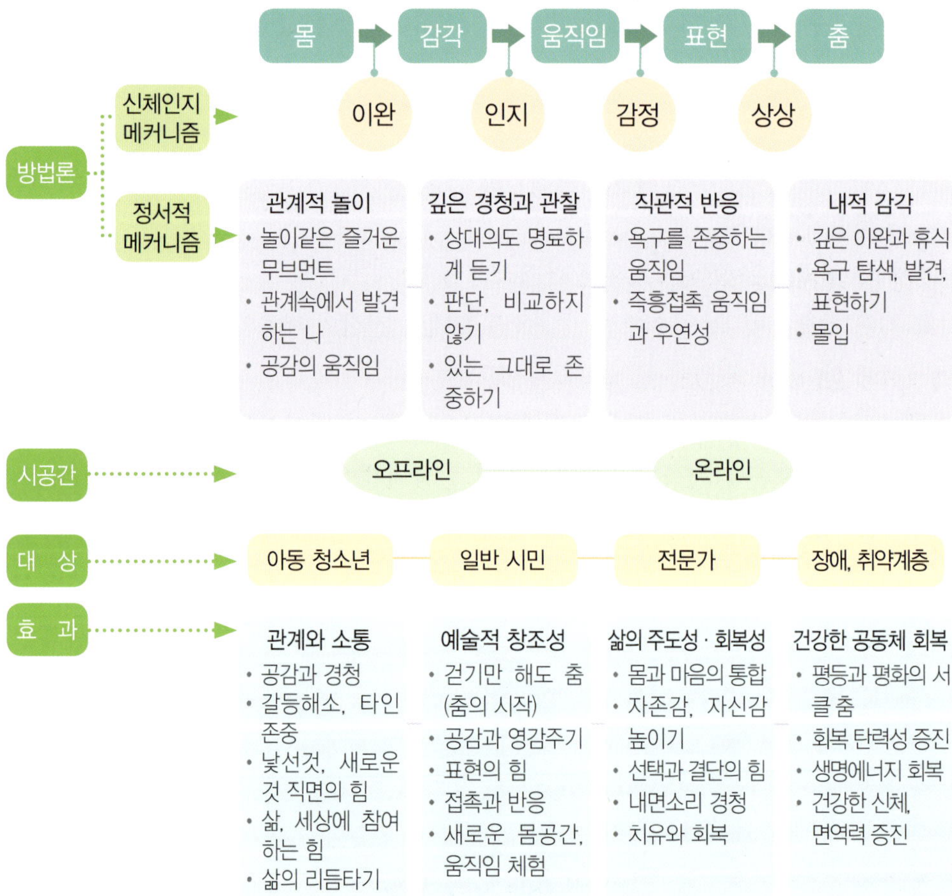

그림 3. 힐링커뮤니티댄스의 개요 모형

그림 4. 힐링커뮤니티댄스의 구조

3. 힐링커뮤니티댄스의 내용과 특성

1) 힐링커뮤니티댄스 5단계를 통한 〈12 Process〉

(1) 5단계: 발견-직면-해소-변화-성장

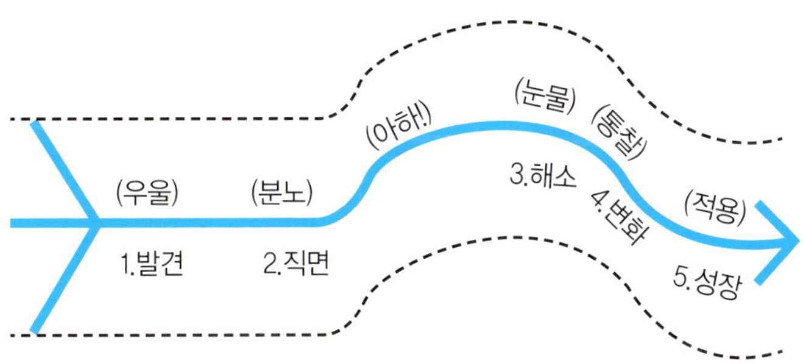

커뮤니티댄스의 치료적 접근법의 하나로 게슈탈트 심리학을 움직임에 적용하여 고안한 다리아 할프린((Daria Halprin)의 표현예술치료 5단계(발견-직면-해소-변화-성장)를 활용하여 〈12 Process〉 힐링커뮤니티댄스 프로그램을 구조화 하였다.

12단계의 무브먼트가 진행되는 과정 속에서 발견–직면–해소–변화–성장을 몸으로 체화하고 자기탐색, 치유과정이 일어나도록 고안, 설계하였다.

움직임, 표현, 춤의 예술적 접근은 언어와 추상적 표현의 한계를 넘고 보완하기 위한 가능성으로 움직임, 표현, 춤의 예술적 접근을 단순하고 쉽게 생리학적으로 구조화한 프로그램이다.

① 발견, 확인 단계

신체 이완을 통한 안정화, 라포 형성을 위한 움직임, 지금 현재의 몸에 대한 자각, 타인과의 공감을 통한 몸과 마음의 통합 과정 속에서 그라운딩 된다.

분리되고 긴장된 몸과 마음의 통합과 이완을 위한 워밍업으로 가볍고 재밌는 움직임을 통해 무장해제 시킨다. 이 때 움직임은 발부터 관절과 마디마디를 풀어 관절을 중심으로 신체 각 부분을 만나고 인지하며 몸 전체를 통합하는 구조다. 움직임과 몸의 체험이 즐겁고 재미있다는 것을 경험하게 한다.

② 직면 단계

감정과 정서에 대한 신체반응, 느껴지는 신체감각의 위치, 몸이 기억하고 있는 정서적 반응과 신체반응을 자각한다. 신체 각 부분의 움직임은 자신의 상태이며 표현의 직접적인 현상이다. 내안에 주로 차지하고 있는 주된 감정(우울, 공포, 분노, 죄책감 등의 부정적 감정)을 통해 그에 따른 신체위치와 반응을 느낀다. 통증, 무기력, 무거움, 우울, 슬픔, 답답함, 막힘, 짜증 등 어떠한 감정들이라도 환영한다. 문제라고 여기지 않고 있는 그대로를 자각하고 드러냄을 허용하고 알아차려 직면한다. 바디 파트(body Parts) 각 부분을 섬세하게 방문하여 관찰하고 스캐닝한다.

③ 해소 단계 : 과거의 기억에서 '지금 여기' 현재로의 탐색과 확장

공격성, 두려움, 의존성, 회피, 도피, 불안, 방어 등 과거의 감정과 심리적, 신체적 욕구의 왜곡과 신념 등이 몸의 움직임을 통해 밖으로 드러나게 되고 춤의 3요소인 시간, 힘, 공간과 결합하여 자신과 몸의 내적 상태를 인식하게 된다. 스스로의 움직임을 다양하게 확장하고 조절하며 표현 양식을 넓히기 위해 구체적으로 실험, 발전시킨다. 에너지의 변화를 통해 고정된 감정을 변화시킨다 .

몸의 은유를 통한 몸의 인식과 몸의 이미지 : 바디스캐닝을 통한 몸의 경계를 인식하고 접촉, 감각, 느낌을 알아차리며 이 순간에 머물 때의 충족, 흡족, 만족을 몸이 기억하고 음미한다.

④ 변화 단계

억압, 해리, 도피, 회피의 방어 기제와 압도된 감정, 공포, 분노, 수치심, 불안, 우울, 슬픔 등의 반응 다루기를 통해 과거에서 현재로 돌아오게 한다. 정서적 표현에서 몸의 소리를 자유롭게 내는 것은 매우 중요하다. 낯선 움직임, 소리를 통해 무의식을 흔들어 일으켜 움직임이 그것들을 보이도록 끌고 나온다. 끌어내기 위해 특정한 언어적 표현을 즉흥적으로 한다. 자신의 소리를 되찾아 몸의 소리 내기를 한다.

성장과 변화를 지지하고 격려하며 안전한 신뢰와 관계의 장을 만들고 신체적 자율성과 안정된 그라운딩, 센터링 상태를 향하게 한다.

⑤ 성장 단계

내안의 창조성과 자발성 및 고유성을 찾고 자신의 몸과 마음을 긍정하는 새로운 자기 발견이 이뤄진다. 내면의 소리를 듣고, 힘을 발견하게 되면서 나오는 자기만의 움직임, 정서, 표정, 제스처의 통합적인 동작과 창의적 이미지의 춤을 통해 스스로 자신에게 감동하여 자아정체성, 자존감을 회복한다.

(2) 12Process

① 몸으로 들어가기/발견(상태 : 우울)

1> 걷기-나와 공간 탐색, Stop & G0

2> 몸인사 - 몸의 은유와 표현

3> 손뼉릴레이

② 직면(상태 : 분노)

4> 털기춤 - 파동과 감정디톡스

5> 비움과 채움 - 감각소생술/자아존중감/척추 정렬

③ 해소(상태 : 눈물)

6> 리더십 & 팔로우십 – 내맡기기/그라운딩

7> 더하기 빼기 – 관계, 상호작용, 즉흥, 욕구

Change Dance – 패턴을 바꾸는 움직임, 레벨 바꾸기

④ 변화(상태 : 통찰)

8> 미러링댄스 – 거울 뉴런, 공감하는 뇌

9> 퀵드로잉과 현상학적 대화

10> 그림과 춤

⑤ 성장(상태 : 적용)

11> 써클대화

12> 씨앗 뿌리기/수확하기

힐링커뮤니티댄스 5단계를 통한 〈12 Process〉 진행내용을 〈표 1〉과 같이 구성하였다.

표 1. 힐링커뮤니티댄스 프로그램 내용

주 제	수업효과	무브먼트
몸으로 들어가기/ 발견	• 몸의 감각 깨우기 • 몸에게 자유주기 • 이완과 감각 • 그라운딩과 내맡김 • 생명에너지 생성 • 몰입과 집중 • 정화와 재정렬	• 발인사 • 몸인사 • 비움과 채움 • 털기춤 • 리더십 & 팔로우십
관계와 소통/직면	• 관계와 소통 • 공감과 경청 • 타인과 소통하기 • 거리두기 • 판단 없이 바라보기(타인존중) • 반응과 조화 • 리더십 & 팔로우십 • 낯선 것, 새로운 것 직면의 힘 • 삶, 세상에 참여하는 힘 • 위아래 없는 평등, 평화 • 삶의 리듬타기	• 이름 · 손뼉 릴레이 • 걷기춤 • 리더십 & 팔로우십 • 미러링댄스 • 접촉댄스

창조적 예술/해소	• 걷기만 해도 춤(춤의 시작) • 곡선의 리듬 • 공감과 영감주기 • 표현의 힘 • 창조적 예술성 깨우기 • 섬세한 접촉과 반응 • 새로운 몸 공간, 움직임 체험	• 더하기 빼기 • 체인지댄스 • 미러링댄스
자기주도성 (삶의 주인)/변화	• 몸과 마음의 통합 • 직관력 높이기 • 선택과 결단의 힘 • 통합의 힘 • 내면소리 경청과 욕구 알아차리기 • 치유와 회복	• 이름 · 손뼉 릴레이 • 리더십 & 팔로우십 • 더하기 빼기 • 체인지댄스 등
건강한 공동체의 회복/성장	• 평등과 평화의 써클춤 • 회복과 성장의 세레모니 • 자신, 공동체, 세상, 자연과 교감	• 평화의 춤 • 이매진 • 꼬리춤 등

구분	세부내용
감각소생술	• 우리 몸의 내적 감각(Inner-body sense) 경험하기 • 손가락, 팔꿈치, 발, 무릎, 어깨, 척추, 골반 깨우기 움직임 • 평등, 존중의 관계 맺기
비움과 채움 털기춤	• 뼈춤과 진동을 통한 뇌와 감정디톡스 • 부정적 감정, 스트레스, 화, 상처, 두려움 털어내는 세로토닌댄스
미러링댄스 1, 2, 3	• 거울 뉴런 반응을 움직임, 춤으로 체험하기 • 반응과 공감력 키우기/윈윈 마사지(Win Win Massage)
드로잉과 춤	• 움직임의 느낌을 드로잉하고 나누기와 춤추기 • 시, 자연, 오브제 등 모든 것(Everything)과 춤추기
미라클 워킹 Free Dance	• 자신감과 자랑스러움의 경험, 생명력과 활력 회복 • 화합과 공감의 춤, 공동체의 춤
Leadership & Followship	• 셀프리더십(Self leadership) 트레이닝 • 진정한 협력과 소통 체험
더하기 빼기 춤	• 정지동작을 활용한 창조적 욕구 표현 • 나의 욕구 알아차리기(Feel/Want/Need) • 망설임 없이 행동하고 직관 키우기
회복과 성장의 세레모니	• 평등과 평화의 써클 댄스와 비전 씨앗 뿌리기 • 새로운 행복한 공동의 에너지장 만들기/소감 나누기

그림 5. 힐링커뮤니티댄스의 내용

이 메뉴얼은 힐링커뮤니티댄스의 기본 활동으로 약 4시간 정도의 프로그램 진행을 목적으로 구성된다. 실전에서는 참여하는 집단의 성격과 목적에 따라 내용의 순서를 변경하거나 생략할 수도 있다.

놀이처럼 즐기면서도 이완을 경험하고, 자신의 내면을 만나고 창조성을 깨우며 아름답게 어우러지는 본성적 능력을 일깨우는 것이 활동의 주요 목적이다. 그러므로 안내자는 각 활동에 근거가 되는 원리와 효과를 간략하고 명료하게 안내하는 것이 필요하다.

대부분의 활동은 안내자가 먼저 시범을 보인다. 안내자는 모든 활동의 원리를 숙지하고 시범을 보일 때 움직이게 되는 몸의 각 부위의 명칭과 움직이는 의도를 간단명료하게 설명한다. 또 참가자들이 움직일 때 역시 몸의 각 부위의 명칭을 불러주어서 참가자들의 주의가 움직이고 있는 자신의 몸 부위에 머무를 수 있도록 돕는다.

– 힐링커뮤니티댄스 안내자는

인간의 존엄성과 본성, 생명력을 일깨우는 춤 경험을 촉진하는 역할을 하는 사람이다. 참여자(내담자)와 안내자가 피상적인 수준을 넘어선 연결과 신뢰를 바탕으로 호기심을 가지고 실험하며 상호작용할 때 목적하는 바를 경험할 수 있다. 이것은 지식이나 새로운 무언가를 일방적으로 전달하거나 혹은 보살피는 방식과는 다른 관계 맺음이다.

풍부한 삶의 경험과 인간 몸에 대한 깊은 신뢰를 바탕으로 다양한 상황에서 은유를 읽고, 직관을 발휘하여 참여자(내담자)들이 자신의 몸의 길을 따라가도록 돕는다.

– 내담자 혹은 참여자가 치유작업에서 경험하는 것

깊은 경청과 바라봄

지식, 정보가 아닌 자신의 경험 나누기

놀이와 같은 즐거운 움직임

즉흥 접촉 움직임과 우연성

욕구와 의도를 명료하게 표현하고 전달하기, 듣기

비교, 판단, 분석, 평가 없는 있는 그대로 존중하기

내적 감각, 욕구 탐색과 예술적 반응

2) 힐링커뮤니티댄스의 특성과 효과

힐링커뮤니티댄스는 인간은 머리, 이성, 논리가 아닌, 몸의 세계 전체로 사유한다는 관점을 갖는다. 우리의 몸에는 삶의 경험들, 자원과 의미들이 축적되어 있다.

일방적으로 테크닉을 전달하는 것이 아니며, 함께 나누고 체험하는 방식으로 진행된다. 워크숍은 주로 원으로 이루어진다. 안내자와 참여자(내담자)가 함께 원 안으로 들어가 평등의 구조를 만든다. 몸과 움직임을 통해 모두 스스로 자기 자신으로부터 배우고 서로가 서로에게 배우고 함께 배우고 가르치는 형태가 되며 융합하게 된다.

몸은 관념이 아니라 구체적인 현실이며, 삶의 기반이다. "나의 몸은 나의 실존을 표현한다" 기존 질서와 체계의 텍스트(Text)에 의존하는 것이 아닌 몸을 통해 생생하게 생명력 있는 감각으로부터 치유에 접근하는 비인지적 방법이다. 몸의 감각을 깊이 있게 느끼고, 움직임을 통해 감정과 생각을 발견하고 표현하는 과정이다. 일상에서 만나는 주제들을 하나하나 몸과 마음으로 탐색하고 직면하여 그것을 춤을 중심 매개로 하여 다양한 예술 형식(글, 그림, 소리)에 담아낸다.

이 과정 속에서 자신의 내면 깊이 내려가 그림자와 잠재성, 한계를 여과 없이 만나고 이해하게 되며 창조성을 깨우게 된다.

춤추는 몸은 정서, 느낌, 감정, 에너지, 의미를 주체하는 의식적 존재라고 할 수 있다. 즉 "춤추는 사람의 신체는 통합된 의식-신체로서의 총체적 성격을 갖는 역동적 에너지의 산실이고 인간의식의 가장 직접적인 체험이며, 묘사"라는 것이다(우현주, 1995).

그러므로 살아있는 주체자로서의 무용수의 몸은 "정신과 육체라는 두 실체의 집합체도 아니고, 그 통합체도 아니며, 그렇게 분리될 수 없는 그냥 우리만의 몸이다"(김용옥, 1987)라는 것에서 몸의 중요성과 춤에서의 몸의 중요성을 알 수 있다. 앞에서 언급했듯이 육화된 의식의 몸은 선의식적 앎이 있으며, 여기에 즉각적인 깨우침을 통해 즉흥으로 춤을 출 수 있는 것도 이 몸이 선의식적 깨달음이 있기 때문이다(최보결, 2006).

감각을 찬찬히 음미하고 깨우고 표현하는 치유,
잠재성을 깨우고 마음껏 활용하는 치유,

저마다의 고유한 개성을 발휘하며 다양성이 존중되는 치유,
디지털 기술을 기반으로 공간의 제약을 뛰어넘어 초연결되는 치유,
공감능력의 성장을 바탕으로 인간애, 이타심, 생명존중, 연결감을 중시하는 치유,
몸과 성에 대한 존중과 경외감을 바탕으로 하는 치유,
그 순간을 경험하게 하며 예측할 수 없는 변화를 완전한 상태로 경험하게 하여 변화에 유연하게 대처하고 적응하는 즉흥 움직임 치유,
수준 높은 유희를 창조하며 삶을 즐기는 소양을 기르는 치유 프로그램이다.

왜냐하면 춤은 내면의 흐름과 리듬, 공간을 따라 자유자재로 구성하는 경험을 하게 되기 때문이다. 동작을 따라하거나 그 순간을 경험하게 하며 예측할 수 없는 변화를 완전한 상태로 경험하게 하여 변화에 유연하게 대처하고 적응하는 즉흥 움직임으로 내면을 표출하는 과정에서 의식과 무의식 사이에서 무수한 선택과 실행이 이루어진다. 이때 내면적 조화와 대립을 경험하면서 생명의 리듬과 의미가 구성되는 과정에서 자아를 발견한다. 자신의 생각을 구체화하고 신체감각으로 전이시키는 과정에서 자기통합, 타인과의 교류가 일어나기 때문이다(나경아, 2011).

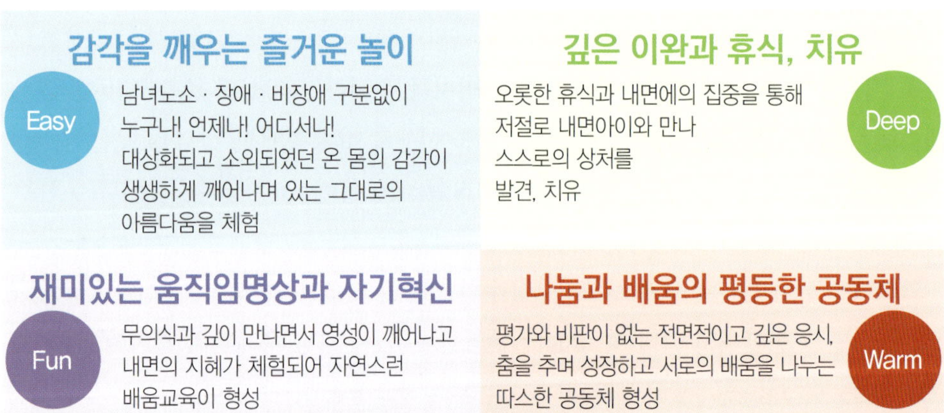

그림 6. 힐링커뮤니티댄스 특성

춤은 본질적으로 치유적 특성을 가진다. 춤은 인간과 표현과 예술, 삶 전반에 걸친 모든 것을 경계 없이 몸으로 이해하고 체화하면서 나누고 소통하게 한다.

커뮤니티댄스는 낮은 기술과 높은 감수성으로 춤추는 시민, 춤추는 세상을 만들고 그래서 일상이 기쁘고 행복해지는데 기여한다. 춤을 통해 감각을 깨워 느끼고 표현하는 과정에서 예술가가 아닌 일반 시민들도 자신만의 움직임을 스스로 찾고 만들어 일상의 삶으로 연결하여 창조적 삶을 사는 주체성을 회복할 수 있다.

20세기 이후 대량생산, 대량소비와 결부된 인간성 상실과 정신적 빈곤에서 오는 다양한 징후의 묘약으로 춤이 필요하다. 인간은 몸으로 살고, 몸은 현실 세계에서 머물면서 서로 엮어 나가는 모든 것의 중심이자 축이며 문제를 해결하는 열쇠이고 살아가는 실재성으로서 몸이 곧 춤의 재료이기 때문이다.

춤은 대립, 분노, 공격, 경쟁, 좌절, 절망, 소외, 불행한 삶으로부터 삶을 긍정하는 건강한 에너지로 변형시켜서 해소하고 성장하여 자존감과 신뢰감을 되찾아 나누고 배려하는 삶을 되찾도록 도와준다. 잃어버린 근원과 공동체적 공감을 회복하기 위해, 퇴화된 몸, 춤의 신성함을 되찾기 위해서 춤이 갖는 특성은 치유성을 담고 있다.

춤은 자신과의 직접적 만남이다. 내면 깊은 곳의 어떤 감각을 만나면 춤이 달라진다. 달라진 춤은 작은 나로부터 큰 나로의 확장을 일으킨다. 춤은 경험의 세계이며 새로운 세계를 연결하여 경험하게 한다. 남의 세계가 아닌 나의 세계를 경험하는 것이 춤이며 이것이 결국 삶으로 통한다.

그리고 물질만능주의와 과학 문명과 산업사회의 팽창으로 인한 위기와 병폐들의 처방과 대안으로 '몸의 문화'가 필요하다. 몸은 자연성으로 생명력 자체이며 문제를 풀 열쇠이다. '몸의 문화'에 대한 이해는 곧 '나' 자신에 대한 이해이며 '인간', '삶'의 이해이기도 하다. 몸은 나 자체이며 세계를 향하여, 그리고 세계에 참여하는 실질적 현실이기 때문이다.

우리 자신 안에는 이미 춤이 있다. 바로 생명력, 원형, 원시성이 춤의 형태로 드러난다. 자신의 춤을 회복하는 것은 생명력을 회복하는 것과 같다. 회복은 치유의 다른 말이기도 하다. 춤의 능동성, 자연성이 우릴 다시 살려낸다. 부작용 없는 즉각적이며 자

어라, 기회를 주어라, 그리고 기다려라, 기다리기만 하면 된다.' 그때 생각, 논리 너머의 무한한 세계, 가능성, 잠재성의 새로운 세계가 내 앞에 서게 된다.

이것이 바로 '알아차림(awareness)'이다. 움직이고 표현하고 알아차리기가 치유의 과정이다.

삶을 치유하는 춤, 삶의 방식을 바꾸는 춤

진정 자기 춤을 출 줄 아는 자각적 존재로 스스로 치유력을 가지고 이 세계를 긍정하며 웃고 놀며 가벼워진 몸으로 춤추며 사는 인간을 지향하며 인간의 본성과 생명을 있는 그대로 존중하는 생명의 문화를 복원하게 된다. 인류 보편의 춤을 통해 인류 공동체가 처한 위기, 경직과 지식정보로 무장된 혹은 과학 문명으로 살균된 사회, 인조인간과도 같은 삶에 생명력을 넣어 줄 묘약으로 기능한다.

내 몸이 나와 화해하고 소통할 때, 이것이 곧 타인, 모든 존재와의 화해, 소통으로 이어진다. 이 화해, 소통의 장을 춤으로 춘다. 몸이 섞이고 만나고 어울리며 신성하고 건강한 에너지를 만들어 내는 춤이다. 전문가가 보여 주면 보기만 하는 것이 아니라 직접 참여하고 느끼고 체험하여 그 생명의 에너지를 다시 우리의 삶으로 가지고 갈 수 있는 '삶의 방식을 바꾸는 춤'이다.

우리 일상의 삶에 창조적 삶을 가져오는 '삶을 위한 춤'이다.

변연계의 시상하부와 편도체는 정서적으로 연결되어 있는데, 편도체는 인간의 불안 경험, 시상은 의식에 도달하는 통로로 고통이나 정서적 반응으로 나타나는 감정적 행동에 중요한 역할을 한다. 또한 감정뇌는 심리적 안정뿐만 아니라 심장기능, 혈압, 호르몬, 소화계, 심지어 면역체계 등 대부분의 생리현상도 조절한다. 감정이 혼란을 겪는 것은 감정뇌의 기능에 문제가 있기 때문이다. 그런데 이런 경우 대부분은 현재의 상황과는 아무런 상관이 없이, 감정뇌에 강하게 인식된 과거의 고통스런 기억이 때로는 수십 년이 지난 후 갑작스럽게 우리의 감정과 행동을 지배할 때가 있다. 즉, 외상 후 스트레스 같은 감정에 휩쓸리면 판단, 연상 등에 혼란이 일어나 사고를 일으키거나 이해할 수 없는 행동을 하기도 하고, 마음이 편안하면 고상하고 예의 바른 행동과 학업이나 대인관계에서 좋은 과정을 보이는 것도 모두 변연계(limbic system)에 의해 감정이 조절되므로 상대적으로 대뇌피질의 기능이 활성화되기 때문에 나타나는 현상이다. 그러므로 외상 후 스트레스 피해자들에게는 바로 이 감정뇌가 과거의 경험에 지배받지 않고, 현재에 적응할 수 있도록 해주어야 한다(Schreiber, 2004).

직접 감정뇌에 작용하는 치료법이란 신체를 통하는 방법인데, 인간의 감정은 우리 신체에 대한 생리적 반응으로서 의식의 총체이다. 이 반응은 내적, 외적 환경의 요청에 대해 생리적 시스템으로서의 인간의 신체 활동을 끊임없이 감시하고 조절하는 역할을 한다. 즉, 감정 뇌는 인지 뇌보다 신체와 더 긴밀한 관계를 갖고 있기 때문에 인간 감정에 가까이 다가가기 위해서는 언어보다는 신체를 통하는 것이 더 쉽다(Schreiber, 2004).

그래서 무용동작 치료처럼 신체를 통해 정서를 직접 다루는 방법이 자가 치유 기능의 장점을 최대한 활용 할 수 있다. 왜냐하면 정서는 신체의 변화에 대한 그 사람의 지각으로 정서 경험 이전에 신체가 먼저 반응을 하며, 각각의 정서 상태는 그 자체의 독특한 감각을 가지고 있기 때문이다(김문수 외, 2008)

이 반응은 내적, 외적 환경의 요청에 대해 생리적 시스템으로서의 인간의 신체 활동을 끊임없이 감시하고 조절하는 역할을 한다. 즉, 감정뇌는 인지 뇌보다 신체와 더 긴밀한 관계를 갖고 있기 때문에 인간 감정에 가까이 다가가기 위해서는 언어보다는 신체를 통하는 것이 더 쉽다(Schreiber, 2004).

이와같이 인간감정에 가까이 다가가는 힐링커뮤니티댄스는 동작을 따라 익히고 테크닉을 배우는 춤이 아니다. '즉흥춤'을 통해 손짓, 발짓, 몸짓의 움직임으로 자기 자신을 조금씩 열며 마음과 감정을 표현하는 춤이다. 쉬울 수도 있고 어려울 수도 있다. 어려운 동작을 따라 하고 익혀야 하는 수고로움은 없으나 몸으로, 움직임으로 자신을 표현하는 것이 낯설고 당혹스러울 수 있다. 이 낯섦과 당혹감을 맞이하는 놀이이고 탐험이다.

막상 해보면 그렇게 힘들지 않다는 걸 알게 된다. '휴~ 별거 아니네, 할 만하네, 재밌네' 대부분 이렇게 느낀다. 이 경험 자체가 치유이기도 하다. 새로운 것, 불편한 것, 이상한 것을 시도해 보는 경험, 그리고 그 경험을 통해 그것이 얼마나 새로운 세계인지, 얼마나 재밌는지, 얼마나 새로운 가능성인지를 알게 되는 예술적 치유 작업이다.

제4장

힐링커뮤니티댄스의 실제

1. 힐링커뮤니티댄스 5단계 프로그램 : 감각소생술 12Process

힐링커뮤니티댄스는 다리아 할프린의 표현예술치료 5단계를 활용하여 그 세부 내용과 과정을 〈12Process〉 프로그램을 진행되는 과정 속에서 발견–직면–해소–변화–성장을 몸으로 체화하고 자기탐색, 치유과정이 일어나도록 고안, 설계하였다.

움직임, 표현, 춤의 예술적 접근은 언어와 추상적 표현의 한계를 넘고 보완하기 위한 가능성으로 움직임, 표현, 춤의 예술적 접근을 단순하고 쉽게 생리학적으로 구조화한 프로그램이다.

〈5단계 : 발견–직면–해소–변화–성장〉

〈12Process〉

1. 걷기춤 : 시간, 공간, 인간 탐색
2. 몸인사 : 몸의 은유, 표현
3. 손뼉릴레이 : 자아존중감, 라포형성
4. 털기춤 : 파동과 감정디톡스
5. 비움과 채움 : 신경가소성, 회복탄력성, 척추정렬
6. 리더십 & 팔로우십 : 내맡기기, 그라운딩
7. 더하기 빼기/체인지댄스 : 관계, 상호작용, 즉흥, 욕구/패턴을 바꾸는 움직임

8. 미러링댄스 : 거울 뉴런, 공감하는 뇌
9. 퀵드로잉과 현상학적 대화 : 신체감각의 인지와 언어화, 자각과 Embodiment
10. 그림과 춤 : 애착 패턴과 움직임/상징
11. 서클 대화 : 몸의 대화, 표현하는 몸
12. 씨앗뿌리기/수확하기 : 마음챙김과 자원 통합하기

1) 걷기와 접촉

(1) 기본 활동

① 느리게 걸으며 부드럽게 내디딘다.
② 시선은 정면을 향하고 가슴을 잘 펴고 걷는다.
③ 사람들 사이사이를 곡선으로 걷는다.
④ 무릎, 골반, 어깨를 이완하고 걸음이 춤이 되게 걷는다.
⑤ 신체 부분을 접촉하며 리드미컬 하게 걷는다.

(2) 방법론

① 바닥에 닿는 발바닥의 느낌에 귀 기울이며 부드럽게 걷는다.
② '발바닥으로 바닥에 입맞춤하듯이 걸어보세요.'
③ '춤은 발바닥에서 시작합니다.'
④ '춤꾼은 발가락에 귀를 달고 다니지' 라고 니체(Friedrich Wilhelm Nietzsche)가 말했다.

⑤ 무릎의 힘을 빼고 골반과 어깨를 살랑살랑 흔들며 걷는다.
⑥ 사람과 사람 사이로 어깨를 비껴가고 곡선을 그리며 길을 내듯이 걷는다,
⑦ 오른쪽 검지, 왼쪽 팔꿈치, 오른쪽 무릎, 왼쪽 발바닥을 다른 사람들과 접촉하면서 리듬을 타며 걷는다.
⑧ 공간을 향해 나 자신을 열며 세계로 향한다.
⑨ 춤의 3요소인 시간, 공간, 힘을 통해 인간을 탐색한다.

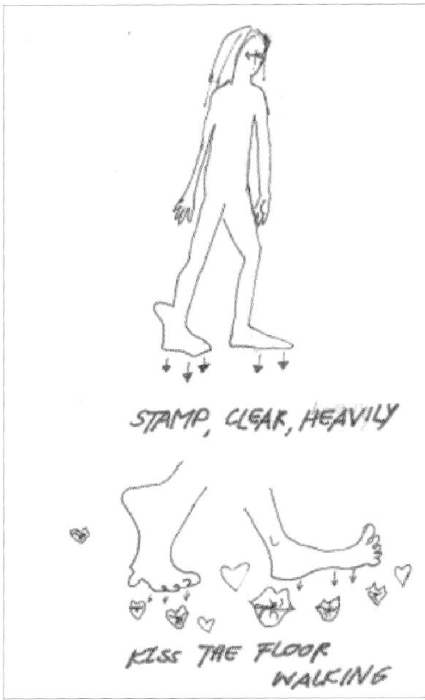

(3) 의도와 원리

① 이성중심의 머리에서 가장 먼 발바닥의 감각을 깨우며 전신의 관절을 이완하여 자연스럽게 춤이 되게 하는 원리이다.
'머리에서 몸으로 내려오라'는 프릿츠 펄스(Fritz Perls)의 철학을 움직임으로 구현한 원리이다.
② 걸으면서 나와 타인과의 거리, 나와 공간과의 감각을 지각하며 공간 전체의 에너지를 탐색하도록 한다.
③ 방향을 순간순간 선택하고 결정하는 과정을 통해 공간전체를 지각하는 능력을 키운다.

④ 타인과 신체 접촉을 통해 감각을 깨우고 상호작용하면서 공감, 소통, 연결, 심리적 이완, 친밀감, 적응력, 조화로움과 즐거움을 경험하며 그라운딩 한다.

2) 몸인사 ; 안녕춤, 발인사, 골반인사, 상체인사

(1) 기본 활동

① 손을 잡고 원으로 선다.
② 발목, 무릎, 고관절, 골반을 흔들며 '안녕' 인사한다.
③ 온전한 한걸음을 내딛는다.
④ 자신의 상태를 자기스타일로 표현한다.
⑤ 발, 골반, 상체를 표현의 움직임으로 인사하며 자신의 이름을 말한다.

(2) 방법론

① 손을 잡고 오른발을 가볍게 들어 발목을 '덜렁덜렁' 흔들면서 '안녕' 소리 내어 인사한다.
② 오른발을 앞으로 내딛고 오른발에 몸무게를 온전히 실은 후 왼발을 든다.
③ 왼 발목과 무릎, 고관절을 흔들며 '안녕' 소리 내어 인사한다.
④ 오른발을 들고 발목, 무릎, 고관절, 골반까지 '격하게' 흔들며 '안녕' 소리 내어 인사한다.
⑤ 어깨를 살짝 클릭하듯이 으쓱해 어깨와 뺨이 만나며 밝고 경쾌하게 '이런 만남 흔치 않아 흔치 않아' 소리 내어 말한다.

⑥ '소리와 움직임은 영혼의 먹이라고 합니다.'

⑦ 자기 상태를 자기스타일의 말과 움직임으로 '이런 만남 ~~~~ ~~~~' 를 리드미컬하게 이어간다.

⑧ '네 안에 있는 것을 드러내거나 표현하지 못하면 표현되지 못한 바로 그것이 너 자신을 파멸시킬 것이다'(도마복음)는 말이 있다.

⑨ 지금 이 순간 발, 골반, 상체가 하고 싶은 움직임을 자유롭게 하면서 자신의 이름을 공간에 크고 자랑스럽게 말한다.

⑩ 이때 연습하거나 계획하지 말고 무슨 움직임이 나올지 모르는 지금 이 순간의 나를 있는 그대로 마음껏 표현한다.

⑪ 진행자는 움직이는 사람을 깊이 바라보며 북을 울려 격려한다.

(3) 의도와 원리

① 동그란 원은 지위, 성별, 나이를 떠나 위아래가 없는 평등, 평화를 의미한다.

② 손목, 발목 등 '목'자가 들어가는 신체부위는 노폐물이 지나가는 좁은 통로로 긴장을 풀어 움직일 준비를 한다.

③ 움직이는 사람은 검열하지 않은 자유로운 움직임으로 몸과 마음의 주권을 회복하고, 바라보는 사람은 판단 없는 눈으로 바라보며 존재 자체로 공감한다.

④ 소리와 움직임이 통합된 무브먼트로 파동과 뇌의 상호작용을 강화한다.

⑤ 움직임을 통해 협력하는 몸을 체험하고, 리듬이 만드는 변화 속에서 낯선 것을 즐기는 경험을 한다.

3) 이름·손뼉 릴레이

(1) 기본 활동

① 척추를 펴고 원으로 앉는다.

② 자신의 이름을 옆사람에게 말한다.

③ 옆 사람의 이름을 부른다.

④ 왼손으로 오른손바닥을 쳐 옆 사람에게 시선과 손끝을 보낸다.

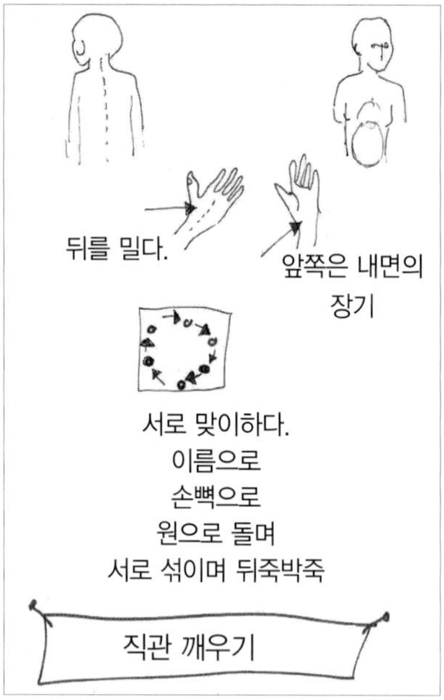

(2) 방법론

① 둥글게 모여 척추를 펴고 앉는다. 천골을 펴면 척추가 자연스럽게 펴진다.

② '천골은 생명이 시작되는 곳, 영혼이 시작되는 곳이라고 합니다.'

③ 오른쪽 사람의 눈을 보며 '나는 참 좋은 사람이야. 너도 그런 것 같아. 우리 서로 친하게 지내자' 라는 마음을 담아 자신의 이름을 말한다.

④ 한 바퀴 돌고 나면 왼쪽 사람 이름을 확인한 다음 눈을 보며 그 사람의 이름을 부른다.

⑤ 두 손바닥을 가운데로 모은 다음 힘을 빼고 왼손으로 오른손을 노크하듯 '톡' 쳐서 손끝과 시선을 옆 사람에게 보낸다.

⑥ 힘을 빼면 손끝의 가벼운 움직임만으로 척추의 회전이 일어나고 몸이 열린다. 손끝을 따라 천골부터 요추–흉추–경추–두개골이 나선형(spiral)으로 회전하고 빠르게 리듬을 타며 돈다.

⑦ 릴레이가 일정한 리듬을 타고 원활하게 흐르면, 원하는 사람은 방향을 바꾸어도 좋다.

⑧ 옆 사람이 아닌 멀리 떨어져 있는 사람에게 손끝과 시선을 보낼 수 있다.

⑨ 미리 준비하지 않고 마지막 순간까지 기다려 손끝과 시선을 받고 전달한다.

(3) 의도와 원리

① 원하는 사람에게 손끝과 시선을 명확하게 보내 의사전달을 함으로써 소통능력을 높인다.

② 방향 바꾸기를 통해 주도적으로 선택하는 힘, 자존감이 높아지고 리더십이 생긴다.

③ 이완된 몸이 되었을 때 순간의 알아차림과 명료한 몰입을 체험한다.

④ 천골 주변에 분포되어 있는 부교감 신경이 활성화되어 몸이 이완되고 기분이 좋아진다.

⑤ 빠른 속도로 반응을 주고받는 과정에서 라포형성과 몸과 마음의 통합이 이루어지고 직관의 힘이 키워진다.

⑥ 전체 속에서 반복적이며 빠른 리듬을 타면서 공동체, 관계 등 삶의 리듬을 타는 힘을 키운다.

4) 털기춤

(1) 기본 활동

① 두 발을 붙인 뒤 한발 폭만큼 벌려 11자가 되게 선다.

② 몸의 중심을 찾는다.

③ 호흡을 보내어 무릎을 연다.

④ 눈을 감고 발바닥의 진동으로 바운스 하듯이 위 아래로 턴다.

⑤ 활동을 마치고 잠시 머물며 몸에 남아있는 털기의 진동을 느껴본다.

(2) 방법론

① 오른쪽 발바닥으로 무게중심을 완전히 이동하고 다시 왼쪽으로, 앞, 뒤로 무게를 이동하며 몸의 감각과 긴장된 곳을 느껴보고, 몸의 어느 곳도 긴장되지 않고 편안하게 서 있을 수 있는 중심축을 찾아선다.

② 무릎에 의식을 두고 호흡을 보내어 무릎을 느슨하게 연다.

③ 눈을 감고 위아래로 바운스하듯이 진동이 일어나도록 잘고 미세하게 턴다.

④ 힘을 주어 근육으로 털지 않고 호흡을 발바닥으로 보내 발바닥에서 시작한 미세한 진동이 온몸으로 퍼지게 턴다.

⑤ 자연스럽고 편안하게 몸에서 나는 어떤 소리도 환영하며 뼈들이 서로 출렁거리고 몸이 흔들거리게 턴다.

⑥ 얼굴, 목, 어깨와 팔, 겨드랑이, 가슴, 배, 골반, 척추, 허벅지, 종아리 등 몸의 각 부위와 내부 장기까지 시원하게 턴다.

⑦ 온몸 구석구석을 자유롭게 털며, 켜켜이 쌓였던 마음의 때, 감정의 찌꺼기, 몸에 남아있는 부정적인 에너지를 남김없이 턴다.

⑧ 털기를 마치고 머물러 아직 남아 있는 감정의 찌꺼기, 먼지들이 빠져나가도록 기다려준다.

⑨ 호흡을 깊게 하여 몸을 정돈하고 아직 몸에 남아 있는 털기의 진동을 느껴본다.

(3) 의도와 원리

① 몸을 구성하는 206개의 뼈들을 미세하게 흔들어 그 진동이 파동을 일으켜 뼈들이 공명하고 근막을 이완하여 근막과 근막 사이의 공간을 만들고 근육 이완에 도움을 준다.

② 털이개로 먼지 털듯이, 세수하듯이 몸에 쌓여 있는 감정의 독소, 숨겨져 있는 상처, 마음의 먼지, 기억, 부정적 에너지를 털어내는 디톡스 무브먼트이다.

③ 부드러운 진동은 몸속 장기와 세포들에 전해져 노폐물을 털어내고 정화해 새로운 생명에너지를 생성한다. 마치 나뭇잎이 바람에 흔들릴 때 일어나는 진동이 나무의 뿌리로 전해져서 뿌리의 생명에너지를 가져와 열매를 맺는 원리와 같다.

④ 세로토닌 신경전달물질이 활성화되어 면역력을 높인다.

5) 비움과 채움

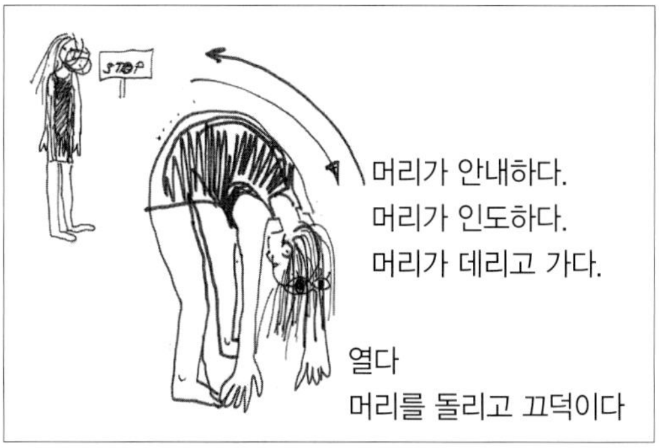

(1) 기본 활동

① 두 발을 붙인 뒤 한발 폭만큼 벌려 11자가 되게 선다.

② 중심축을 찾는다.

③ 눈을 감고 호흡과 함께 천천히 머리를 떨어뜨린다.

④ 머리의 무게를 중력에 맡기고 천천히 땅을 향해 내려간다. 내려갈 때 뒷무릎을 살짝 구부린다.

⑤ 떨어진 머리를 좌우로, 앞뒤로 살살 흔들어 준다.

⑥ 천천히 힘을 빼고 발바닥으로 바닥을 밀면 척추가 스스로 정렬하며 회복되어 세워진다.

⑦ ④~⑥ 과정을 두세 번 반복한다.

⑧ 활동을 마치고 잠시 머물며 몸에 남아 있는 느낌을 수확한다.

(2) 방법론

① 오른쪽 발바닥으로 무게중심을 완전히 이동하고 다시 왼쪽으로, 앞, 뒤로 무게를 이동하며 몸의 감각과 긴장된 곳을 느껴보고, 몸의 어느 곳도 긴장되지 않고 편하게 서 있을 수 있는 중심축을 찾아선다.

② 코로 숨을 깊이 들이마셔 두개골까지 가득 채우고 목구멍을 열어 '하아' 소리를 내며 숨을 내쉰다. 내쉴 때 정수리에서 척추를 타고 발바닥으로 시냇물이 흘러 내려가는 상상을 한다.

③ 다시 숨을 들이쉬고 이번에는 쇄골과 양어깨, 팔을 타고 양 손끝으로 시냇물이

흘려내려 가는 상상을 하며 내쉰다.

④ 얼굴 근육과 턱관절의 힘을 빼고 입을 헤~ 벌려 '헤에' 소리와 함께 풍선의 바람 빠지듯이 숨을 내쉬면서 고개를 떨어뜨린다.

⑤ 머리의 무게를 중력에 맡기고 정수리가 리더가 되어 천천히 바닥을 향해 내려간다.

⑥ 무거운 머리가 바닥을 향해 내려가면 척추가 곡선으로 열린다.

⑦ 중력에 내맡겨 팔도 어깨에 대롱대롱 매달려 있고 상체는 빨래가 널려 있는 것처럼 늘어져 있다.

⑧ 고개를 좌우로, 앞뒤로 살살 흔들어 두개골과 경추 사이에 공간을 만든다.

⑨ 발가락을 쫙펴서 바닥을 움켜쥐듯이 바닥에 밀착한다.

⑩ 땅에 뿌리를 내리듯 신뢰감을 가지고 발바닥으로 바닥을 깊이 밀면 그 반작용으로 몸이 스스로 세워진다.

⑪ 발목, 무릎, 허벅지를 통해 꼬리뼈부터 척추 하나하나가 세워지고 마지막에 가벼워진 머리가 경추위에 '턱' 얹어지는 것을 마음의 눈으로 바라본다.

⑫ 가슴과 쇄골이 잘 펴져 있는지 어깨 앞쪽과 골반도 앞을 향해 자랑스럽게 드러났는지, 숨어 있거나 움츠러든 곳은 없는지 느껴본다.

⑬ 잠시 눈을 감은 채로 머물면서 몸과 마음 안에서 일어나는 감각, 생각, 이미지, 감정 등 모든 현상을 판단 없이 허용하고 수확한다.

(3) 의도와 원리

① 내려놓는다, 비운다는 것은 생각과 판단, 사고의 중심인 머리를 쉬는 것이다. DMN(default mode network)이 활성화 된다.

② 이완되고 내맡길 때 몸은 이미 스스로 정화와 재정렬을 시작한다.

③ 몸은 삶의 경험과 태도를 담고 있으며, 특히 척추에는 신경다발과 감정선이 흐르고 있다. 척추를 이완하여 삶의 경험 중 통합되지 않거나 해소되지 않고 저장된 감정과 에너지들을 흘려보낸다.

* 신경계는 운동과 감정과 정신 활동을 지배한다(체절신경조절요법, 손인순 저).

④ 긴장과 막힘이 해소되어 이완되면 미세한 감각들이 깨어나고 곧 자신의 근원, 고유성, 창조성으로 표현되어 비로소 나의 존재는 스스로 드러낸다.

⑤ 부교감 신경이 활성화되어 침샘을 자극해 침의 분비가 증가한다.

6) 리더십 & 팔로우십

번갈아가며 경험
내가 눈을 감은채 운전하다.
(뒤로 걸으며)
내가 눈 뜬 채로 안내하다.

난 지난 날들의 경험을 춤춘다.
→ 관찰, 인지된 내용 : 느낌, 움직임

(1) 기본 활동

① 파트너와 마주 선다.

② 두 손을 맞잡고 둘 사이의 편안한 거리를 찾는다.

③ 리더는 눈을 감고 천천히 뒤로 걷는다.

④ 팔로워는 눈을 뜨고 손잡은 리더의 얼굴을 보며 따라 간다.

⑤ 팔로워는 리더가 장애물에 부딪히지 않도록 발로 커브를 튼다.

⑥ 역할을 바꾸어 진행한다.

⑦ 무브먼트가 끝나면 멈추어 선다.

⑧ 파트너와 앉아서 각자 체험에 대해 대화를 나눈다.

(2) 방법론

① 잡은 손을 살짝 흔들어 어깨나 팔의 긴장을 풀고 둘 사이의 편안한 관계의 거리를 찾는다.

② 누구라도 먼저 걷고 싶은 사람이 눈을 감고 뒤로 걷는다. 눈을 감은 사람은 리

〈체인지댄스〉

(1) 기본 활동

① 더하기 빼기춤의 마지막 동작에서 모두 정지한 상태로 시작한다.

② 박자의 변화에 맞춰 동작을 바꾸고 그대로 멈춘다.

③ 박자에 맞춰 다양하고 새로운 몸의 형태와 공간을 만난다.

(2) 방법론

① 더하기 빼기춤 후 모두 멈춘 상태에서 진행자의 안내에 맞춰 동작을 바꾸고 그대로 멈춘다.

② 박자에 맞춰 다양하게 움직이고 멈추기를 여러 번 반복한다(원, 투, 쓰리, 포, 체인지!).

③ 처음 해보는 움직임, 균형을 깨는 움직임, 안 써본 신체 부위를 다양하게 사용해 방향, 각도와 높낮이를 바꾸고 공간을 이동하며 움직인다.

④ 점점 가운데로 모이거나 다른 사람들과 조화를 이루면서 움직임에 변화를 준다.

⑤ 마지막에 모두 멈춰서 머물러 몸의 감각과 느낌을 수확한다.

(3) 의도와 원리

① 낯설고 색다른 몸의 움직임과 공간, 낯선 시간과 힘의 경험을 통해 패턴화되거나 단조로움에서 벗어나 새롭게 자신과 세상을 만나게 한다.

② 즉각적으로 시간, 공간, 힘, 움직임을 바꾸고, 다시 단호하게 정지하기를 반복

하면서 익숙하고 고정된 움직임에서 경험하지 못했던 몸의 형태와 느낌을 실험, 발견하며 선택과 결단, 실행하는 용기와 힘을 키울 수 있다.

8) 미러링댄스 1~3

(1-1) 기본 활동(미러링 1)

① 두 사람이 마주선다.

② 두 손을 맞잡고 둘 사이의 편안한 거리를 찾는다.

③ 해님, 달님을 정하고 순서는 진행자의 안내에 따른다.

④ 서로의 눈을 보며 천천히 뒤로 걷거나 앞으로만 걷는다.

⑤ 마치고 느낌을 나눈다.

(1-2) 기본 활동(미러링 2)

① 미러링 1의 ①②③과 같은 방법으로 한다.

② 리더는 뒤로 혹은 앞으로 천천히 걸으며 손과 팔을 느리게 움직인다.

③ 팔로워는 거리를 유지하고 걸으며 리더의 눈을 보고 동작을 거울처럼 따라 한다.

(1-3) 기본 활동(미러링 3)

① 미러링 1의 ①②③과 같은 방법으로 한다.

② 리더는 온몸을 사용하여 자유롭게 춤추듯 움직인다.
③ 팔로워는 리더의 움직임을 얼추 따라 한다.

(2-1) 방법론(미러링 1)

① 두 사람이 손을 잡고 눈을 보며 마주 선다.
② 잡은 손을 살짝 흔들어 어깨나 팔의 긴장을 풀고 둘 사이의 편안한 관계의 거리를 찾은 뒤 손을 놓는다.
③ 쇄골을 마주하며 "나는 이 순간 당신에게 진실해요" 하는 마음으로 눈을 본다.
④ 리더는 팔로워의 눈을 바라보며 뒤나 앞으로 천천히 걷는다.
⑤ 팔로워는 둘 사이의 공간을 유지하고 리더의 눈을 보며 거울이 되어 따라 걷는다.
⑥ 역할을 바꾸어 같은 방법으로 진행한다.
⑦ 마치고 느낌을 수확하고 나눈다.

(2-2) 방법론(미러링 2)

① 미러링 1의 ①~④와 같은 방법으로 한다.
② 리더는 팔로워의 눈을 보며 뒤로 혹은 앞으로 천천히 걸으며 손과 팔을 느리게 움직인다.
③ 팔로워는 리더의 눈을 보고 거리를 유지하며 거울이 되어 리더의 움직임을 따라 한다.
④ 역할을 바꾸어 같은 방법으로 진행한다.
⑤ 마치고 느낌을 수확하고 나눈다.

(2-3) 방법론(미러링 3)

① 미러링 1의 ①~③과 같은 방법으로 한다.
② 리더가 먼저 역동적인 음악에 맞춰 자신의 욕구에 따라 온몸을 자유롭게 움직인다.
③ 팔로워는 리더의 움직임에서 전해지는 느낌을 받아 얼추 따라 한다.
④ 역할을 바꾸어 같은 방법으로 진행한다.
⑤ 마치고 느낌을 수확하고 나눈다.

(3) 의도와 원리

① 미러링댄스는 거울 뉴런 반응을 이용한 움직임으로 뇌의 공감능력을 극대화시킨다.

② 거울 뉴런은 움직임을 관찰하기만 해도 자신이 그 행위를 직접 할 때와 똑같이 활성화된다.

* 거울 뉴런(mirror neuron)은 타인의 행동을 거울처럼 반영하는 신경 네트워크를 말한다. 이탈리아의 신경심리학자 리촐라티(G. Rizzolatti)가 1990년대에 원숭이의 이마엽에서 처음 발견하였고, 인간의 거울 뉴런은 뇌의 더욱 다양한 영역에서 복잡하게 나타난다.

③ 미러링댄스를 통해 서로가 거울이 되어 나를 보듯 상대방이 움직일 때 나를 이해하게 되고 신경들이 뇌까지 연결되어 무의식이 접촉되는 체험을 한다.

④ '천천히 움직이면서 의식화된 활동을 할 때 뇌가 다시 살아난다.' (미국 뇌과학회)

⑤ 내맡겨 움직이고 따라 할 때 뇌에서 메타인지가 일어나, 알 수 없음과 생각지 못한 것들로 재창조가 일어난다.

⑥ '지금 여기', '나와 너'에 온전히 현존하며 집중과 몰입, 무의식의 창조를 체험한다.

9) 퀵드로잉과 현상학적 글쓰기와 대화

(1) 포카혼타스가 되다.
소녀가 달린다.
너른 들판을 뛰고, 날고, 춤추며 달린다.

맑고 깊은 눈에 세상이 다 들어온다.
바위의 미소, 꽃들의 간지러움, 나무들의 소란스러움
하늘 너머의 공간까지 다 담는다.

부드러우며 시원한 바람이 이마와 뺨, 입술에 닿는다.
머리카락도 파도가 된다.
목 우물에서 길어 올려진 소리는 까르르 공기 입자와 한몸이 된다.
날갯죽지 사이엔 풍선이 담기고
매끄러운 팔꿈치는 분수가 된다.

가슴엔 뜨거운 생기가 소용돌이치며 끝없이 펴져 나가고
탄력 있는 발바닥은 스스로의 리듬으로 발을 이끈다.

내가 달린다.
세상이 달려온다.
황홀한 기쁨, 원래 우리 모두의 것인! (지○○)

(2) 춤을 춘 후

생각이 사라진 순수한 느낌을

처음에는 감사의 두손 모은 것으로 표현했는데,

그리다보니

지금 이 순간이 밝은 빛으로 따뜻하게 사방으로 퍼져 나간다.

그리고 또렸하고 깨어있는 지혜의 눈이 나를 바라보고 있다.

현존의 순간,

마음은 고요하고 평화롭다. (김○○)

(3) 목의 통증을 털어내고 싶었다.

힘이 들어가지 않은 털기를 하라는 선생님의 안내에 미세하게 털다 털다 보니 어느 순간부터 통증이 없어졌다.

힘주지 않은 가벼운 털기... 꽤 오래 털고 났는데 숨차거나 힘들지 않고 오히려 가볍다.

통증 부위가 빛이 나고 주변에서 뭔지 모르게 피어오르는 듯한 묘한 느낌이었다. (강○○)

(4) '욱'할 때의 성질머리와 게으름을 가지고 춤추다 보니 욱 성질머리가 고집이 되어 있었고 그래 그 고집도 괜찮다~ 이런 생각이 들었다. 그러면서 춤을 추며 어느 순간 서있는데 내 두 발이 온전하게 그라운딩이 되어 있는 게 느껴졌다. 그리고 춤을 추면서 단전이 따뜻해지는 느낌이 들었고 파랗고 싱싱한 씨앗의 이미지가 떠오르며 그 따뜻한 나의 단전에 가져와 심고 싶은 욕구가 일어났다. 그리고 그것이 온전히 바로 서서 피어나는 느낌이 들었다. 단전의 느낌은 따뜻한 자궁이 되어 있었고 파란 씨앗을 싱싱하게 품을 준비가 되어 있는 것 같이 느껴졌다.(한○○)

(5) 춤을 추고 났을 때 두 발이 힘들이지 않고 바닥에 그라운딩 되는 것이 느껴졌다. 마치 어떤 부드러운 자기장이 두 발바닥을 주욱 잡아당기는 듯 했다. 그러자 절로 상체가 세워지고 정수리는 하늘을 향해 열렸다.

땅 속 깊이 뿌리 내리며 그라운딩 된 발바닥 주변에서는 꽃들이 피어나고 기분 좋게 세워진 척추와 함께 무한히 펼쳐지는 나를 만났다.

날마다 털기춤을 추지만 이런 깊은 그라운딩을 경험한 것은 처음이었다.(한○○)

(6) 춤을 추고 난 후 서있는 발 밑으로 환한 빛이 계속 왔다. 내 몸이 그 빛 속으로 점점 안착이 되면서 그 환한 빛은 점점 커져 온몸으로 스며들어왔고 온몸은 정화수에 담겨진듯 형언할 수 없이 영롱해지는 느낌이었다.

마치 신비로운 깊은 산속 옹달샘이 내 온몸을 정화시키는 듯
내 발 끝으로부터 온 빛으로 밝아지고 정화된 나의 상태이다.(박○○)

10) 드로잉과 춤

심리적 움직임의 이미지화 과정은 동작 체험 후의 자기 내면에서 연상되는 그림 그리기, 동작과 그림 그리기에서 연상되는 단어를 토대로 글쓰기, 대화하기 등을 서로 관련시켜 실제 삶의 변화를 이끌어내기 위한 초기 형태의 통합적 예술모델이다. PKIP(Psychokinetic Imagery Process, 정신운동감각이미지과정) 모델은 1960년대에 할프린이 시각 예술가들과의 협동 작업으로 고안한 이후 표현예술치료를 실행하는 실천적 근간이 되었다. 이 기법은 초기의 신체동작 과정에서 일어나는 내적 체험의 이

미지와 정서를 종이에 그려보고 글로 쓰는(임용자, 2004)과정을 활용하였다.

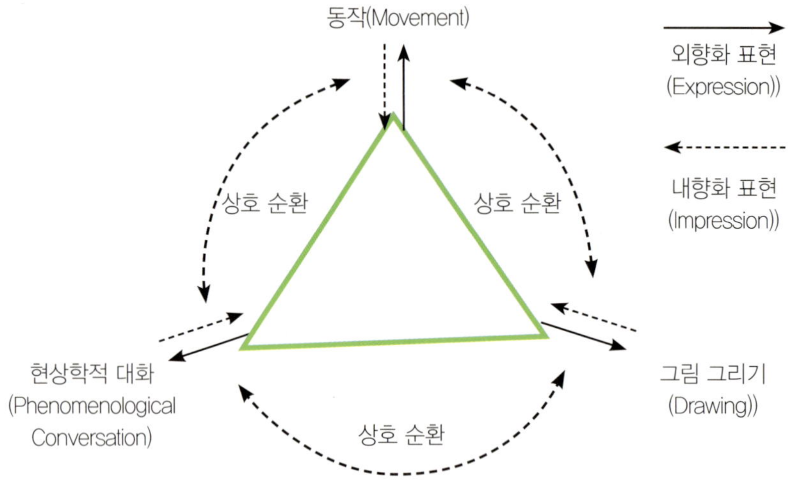

PKIP 도해

(1) 그동안의 과정을 통한 몸의 느낌, 정서, 감정, 이미지를 그림 그리고 글을 쓰고 대화를 나눈다.

(2) 서로의 그림과 키워드를 춤으로 표현하기/새로운 무브먼트, 이미지, 감정 등 새로운 이미지를 더 섬세하게 풍요롭게 과감하게 춤추기

(3) 느낌 나누기(무버 → 관찰자)/춤추면서 어땠는지, 관찰하면서 어땠는지, 언어를 풍부하게 찾아서 남기지 말고 나누기

(4) 내 파트너에게서 새로운 게 발견됐는지, 내 자신에게서 발견된 게 있는지?

(5) 팀 순서대로 듀엣 즉흥 공연, 내가 발견한 나로부터 시작해서 둘이서 춤추기

(6) 춤을 통해 체험한 것, 통찰한 것을 어떻게 나의 메시지로 연결할 수 있을까?

(7) 어떻게 이미 있는 것을 더 잘 발견할 수 있을까? 어떻게 삶으로 가져갈 것인가?

11) 서클 대화

10process를 통해 몸과 움직임이 체험 속에 상징과 은유로 나타나는 상상과 이미지의 기능은 창조성, 철학의 중심이 되는 과정이며, 내적 경험, 현존의 느낌과 의미를

통한 자기효능감이 생긴다. 움직임과 춤의 흥미로움, 호기심, 실험의 욕구, 탐색의 즐거움의 체험은 자기 몸, 자기 자신에 호기심을 갖게 하고 '생명', '삶'으로 연결, 확대하여 통찰하게 한다.

상징은 서로에게 의미 자체를 전달하는 도구이며 이를 통해서 비판적으로 우리 자신의 생각을 재검토할 수 있고, 경험의 다양한 조각들을 모아서 통합 형태로 만들 수 있다. 상징은 안전한 방법으로 내담자의 감정 영역에 들어갈 수 있게 하는데 은유적 무용의 상징은 내부 상태를 외부화시킬 수 있고 상징으로 내부 상태를 반영하고, 논의하고, 분류할 수 있다(Schmais, 1985).

현재의 중심으로 돌아오기와 세션과정의 감정 나누기, 그날의 주제를 가지고 몸의 동작과 표현을 통해 경험한 자신의 정서적 느낌과, 인지적 변화를 지금 현재의 자신으로 연결하기 위해 원 안에서 호흡과 신체이완을 하면서 지금 현재의 자신으로 돌아오게 하고 자신의 느낌과 경험을 바탕으로 한 현재의 자신을 통합할 수 있는 대화를 그룹원들과 서로 나누게 한다(류분순, 2008).

이때 대화는 현상학적 질문과 글쓰기 그리고 다음과 같은 감각모델 말하기를 통한 대화이다.

감각 모델	정서 모델	인지 모델
내가......를 볼 때 (When I see......)	나는......를 느끼고, (I feel......)	나는......을 상상한다. (I imagine......)
내가......들을 때 (When I hear......)	나는......를 느끼고, (I fee......)	나는......을 상상한다. (I imagine......)
내가......동작을 할 때 (When I move......)	나는......를 느끼고, (I feel......)	나는......을 상상한다. (I imagine......)

〈춤을 추고 난 후 몸의 느낌, 내면의 이야기 글쓰기 작업(D. Halprin, 2003)〉

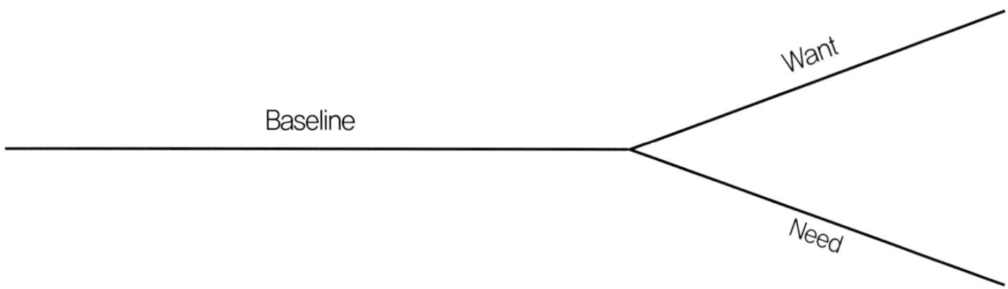

12) 씨앗뿌리기/수확하기

(1) 기본 활동

① 서로 에너지 샤워한다.
② 원으로 서서 오른손을 내밀어 옆 사람을 초대한다.
③ 왼손을 들어 씨앗 뿌리기를 한다.
④ 씨앗이 잘 자라도록 세레모니 한다.
⑤ 손을 잡고 몸을 숙여 자신에게 인사한다.
⑥ 잡은 손을 등 뒤로 내려 허리를 두른다.
⑦ 한마디씩 원 안으로 보내 수확한다.

(2) 방법론

① 에너지 샤워한다.
② 원으로 서서 오른손을 가장 부드럽고 친철하게 오른쪽 사람 배꼽 앞으로 내민다.
③ 왼손을 들어 가운데 원 안에 씨를 뿌린다. "나는 어떤 꿈을 꾸고 있는지 내 꿈의 씨앗을 뿌려보세요."
④ 왼손의 씨앗을 왼쪽 건너에 있는 사람 손바닥 위에 뿌려준다.
⑤ 씨앗을 뿌린 손 위에 왼손을 살포시 덮어 씨앗이 훼손되지 않고 잘 자라도록 손을 흔들어 축복의 마음을 보낸다.
⑥ 손을 잡고 깊숙이 고개 숙여 내 자신에게 인사한다. "감사합니다." 호흡과 함께

땅으로 숙이고 천천히 일어나 가슴을 편다.

⑦ 잡은 손을 머리 위로 들어 올려 세상으로 씨앗을 나누어 보낸다.

⑧ 더 이상 움츠러들지 않고 지금의 이 섬세함, 이 느낌을 존중하며 가족, 이웃, 세상에 나누며 펼칠 수 있길 서로 약속하며 잡은 손을 머리 넘어 등 뒤로 내린다.

⑨ 내 몸을 깊이 느껴보며 호흡을 다시 한번 원 안으로 보낸다.

⑩ 지금의 느낌(또는 오늘의 소감 등)을 한마디씩 선물처럼 원 안으로 보내고 수확한다.

(3) 의도와 원리

① 관계 맺으며 창조되는, 의도하지 않고 협력했는데 예술이 되는 경험을 한다.

② 몸이 풀리면서 이완되면 풍요로움과 가능성, 확장성이 느껴지는 내적 감각을 체험하고 안전감과 유능감을 느끼게 된다.

③ 삶의 씨앗과 꿈이 움츠러들거나 숨지 않고 세상을 향해 펼쳐 나갈 수 있는 공동체의 든든한 지지와 지원, 연결감을 경험한다.

④ 몸을 이해하는 것이 바로 나를 이해하는 것이라는 것을 깨닫게 된다.

2. Soul Movement Ritual : 내면의 춤

무브먼트 리츄얼의 세부 과정은 뼈와 관절들과 근막(myofacia)들을 유연하게 이완시키는 원리가 포함되어 있으며 이것을 실행함으로써 동작 각성과 운동감각적 지각을 활성화하여 시간, 공간, 힘과 같은 동작의 요소들을 조절하고 동작의 질적 특성과 인지적, 감정적 체험을 유도하는 것이다. 즉 이 과정에서 참가자는 자신의 움직임에 적용되는 관성, 중력, 운동량을 자각하고 동작자체의 에너지와 통제력을 얻게 된다. 마지막으로 느린 동작을 중심으로 수축과 이완의 활동과 휴식 사이의 균형을 되찾으며 근육의 움직임을 최소화하는 자연스러운 동작에서 오는 조화, 안정감, 그리고 즐거움을 느끼게 된다. 하지만 무브먼트 리츄얼은 순간적인 효과를 얻기 위한 것이 아니라 전체가 유기적으로 연결되는 일련의 과정이므로, 자신의 신체 자각 속에 무의식의 실체를 알아차리게 되었다면 우울, 분노, 긴장감과 같은 것이 근원적으로 해소될 수도 있으나, 불확실한 자기 감정을 선명하게 확인하는 선에 그칠 수도 있다. 이렇게 볼 때, 무브먼트 리츄얼은 반복할수록 자기 신체와 무의식에 대한 이해가 확장될 수 있다. Halprin(1979)은 무브먼트 리츄얼의 효과를 다음과 같이 말하고 있다.

첫째, 신체의 힘, 유연성, 행동의 범위를 증대시킨다.

둘째, 신체 움직임을 통해 정신적 외상을 방출하여 해소하고 정서적인 재정향을 도모한다.

셋째, 자신의 신체 자각을 통해 인체의 해부학적 구조를 이해하고 생활의 움직임을 개선시켜 나간다.

넷째, 정서, 감각 및 심상을 통해 내적 경험과 심신의 자각을 유도한다.

다섯째, 창조적 탐색과 움직임을 가능하게 한다.

여섯째, 신체부분의 은유적 표현과 표현예술의 기초를 마련한다.

일곱째, 자연의 사물과 이미지의 자각을 통해 신체 감각을 활성화한다.

여덟째, 개인 또는 집단의 무의식을 자기 치유로 발전시킨다(정미영, 2020).

1) 원리츄얼(Won Ritual : One, Want, Circle, Empty, Essential, Zero Point의 의미를 지님)

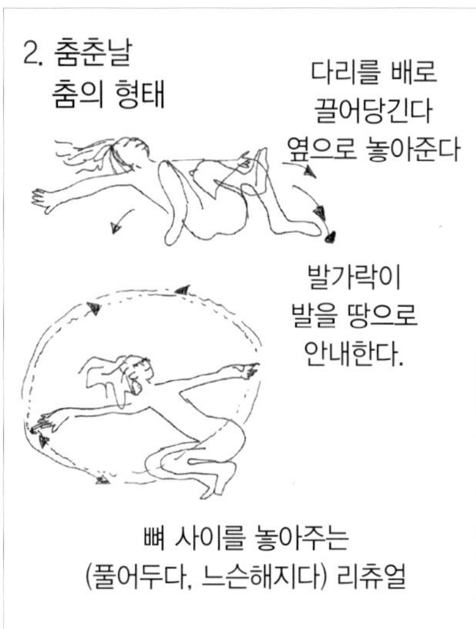

바닥에 누워 시곗바늘처럼 가운뎃손가락 끝으로 큰 원을 반복해서 그리는 단순한 무브먼트이다. 호흡과 체중을 바닥에 내 맡기고 손끝을 돌리기만 해도 모든 뼈는 연결되어 있어 팔의 회전이 천골부터 척추와 두개골을 입체적으로 회전(spiral)시키고 몸

곳곳의 림프를 열어준다. 또한 내장을 쉬게 하고 천골을 이완시켜 주며 관절과 관절 사이, 근막과 근막 사이를 이완시켜 근막에 쌓이는 스트레스를 해소시켜 주며 이완을 통한 몸의 빈(empty) 공간에 파동이 서로 공명하면서 에너지를 만들어 내어 정화와 회복이 이루어진다.

손끝의 감각에 집중함으로써 깊은 명상상태, 의식의 확장을 체험할 수 있다. 원이 점점 커져 주변으로 퍼져가서 연결감을 준다. 내맡김으로 이완된 편한 몸을 만드는 Movement이다.

(1) 기본 활동

① 하늘을 보고 바닥에 편하게 눕는다.

② 호흡을 한다.

③ 무릎을 세운다.

④ 허벅지를 복부로 가져간다.

⑤ 무릎을 연다.

⑥ 다리를 바닥에 내려놓는다.

⑦ 손가락으로 원을 그린다.

(2) 방법론

① 얼굴과 손바닥이 하늘을 보는 자세로 바닥에 편하게 눕는다.

② 이완을 돕는 호흡을 두 번 한다.

③ 누운 채 양쪽 무릎 끝에서 낚싯바늘이 잡아당긴다는 느낌으로 움직여 새끼발가락부터 바닥에 천천히 닿아 양 무릎을 세운다.

④ 양 허벅지를 천천히 복부 쪽으로 들어 올린다. 이때 발목에 힘주지 않는다.

⑤ 숨을 내쉬면서 창문을 활짝 열 듯이 무릎을 양쪽으로 툭 떨어뜨린다(형태: 아기 기저귀 찬 자세).

⑥ 오른쪽 엄지발가락이 리더가 되어 바닥에 닿고, 왼발이 따라와 두 다리가 기역자로 포개지게 한다. 고개는 왼쪽으로 돌린다.

⑦ 왼쪽 무릎이 리더가 되어 오른쪽 무릎을 슬라이딩하여 스쳐 지나가게 한다.

⑧ 왼쪽 가운뎃손가락이 리더가 되어 손가락 끝에 연필심이 달린 듯 상상을 하며

머리 위로 둥근 원을 그린다.

⑨ 원을 세 바퀴 돌린 후 팔이 겹쳐질 때 반대 방향으로 원을 그린다.

⑩ 마무리하고 싶을 때 처음 아기 자세로 돌아와 천골을 가볍게 마사지한다.

⑪ 들려있던 두 다리를 천천히 내려 처음 누운 자세로 한다.

⑫ 반대쪽 방향도 ①~⑪의 순서로 진행한다.

⑬ 일어나 앉는 자세로 온다.

(3) 의도와 원리

보결춤은 뼈의 원리로 움직이는 뼈춤이다.

원리츄얼은 엄지발가락, 무릎, 가운뎃손가락이 시작점이 되어 원으로 움직이면 다른 신체 부위들이 따라가며 뼈, 관절 사이사이, 근육과 근막까지 이완되고 내맡겨지는 몸의 원리를 이용한 움직임이다. 인체의 뼈들은 모두 연결되어 있으므로 뼈의 한 지점이 움직이면 그와 연결된 뼈들이 따라서 움직인다. 이 움직임의 원리로 근막에 쌓인 스트레스를 해소하고 신경계, 순환계, 호르몬계, 림프계의 순환을 원활하게 한다.

척추줄기를 자연스럽게 회전시키면서 풀게 하는 원리로 신경체계를 포함하고 있는 척수액을 잘 보호하고 기능을 활성화하는 작용을 한다.

① 몸으로 하는 호흡이다.

호흡이란 영양소를 연소시켜 세포를 활기차게 유지해 주는 시스템이다.

폐 속으로 들어오는 산소의 양이 늘어나고 이에 비례해 노폐물의 배출도 활발히 진행된다. 신선한 산소가 몸속 곳곳에 전달되어 신진대사가 활발해지면 세포 하나하나가 공급받은 산소와 영양소를 통해 에너지를 만드는 원리다.

원리츄얼을 하며 자연스럽게 하게 되는 호흡을 통해 들고 있던 몸을 더 바닥에 내려놓게 된다. 내맡기고 이완되어 건강하고 활기찬 몸을 만든다.

② 림프절(Lymph node)을 열어 면역력을 높이고 장기 조직에도 순환을 돕는다.

림프절(lymph node)은 림프관을 따라 간격을 두고 나타나는 작은 2차 림프기관으로 림프계를 구성하며 전신에 분포되어 있다. 림프절은 콩 모양으로 인체의 척주 앞 부위와 흉강 및 복강에 있는 큰 혈관의 주위, 장간막이나 목, 겨드랑이, 사타구니와 같이 지방세포를 지닌 결합조직이 풍부한 곳에 무리를 지어 분포하고 있다. 림프절은 체내에 침입한 항원이나 암세포 등을 제거하고 T림프구와 B림프구의 증식과 분화를 자극한다. 체내의 조직액(tissue fluid)을 회수하며, 여러 이물질이 혈액으로 유입되는 것을 방지하는 역할도 수행한다.

림프절은 혈액 순환과 같이 각 장기의 말초 조직액을 순환시킨다.

우리 몸의 머리끝부터 발끝까지 충분한 산소와 영양분을 공급하고 노폐물을 제거한다.

말초 조직액을 운반하고 체내 수분을 적정 유지, 면역 반응에 참여하여 우리 몸이 방어 기능을 잘하게 한다. 림프의 흐름을 원활하게 하는 가장 중요한 원동력은 골격근의 수축이다. 원리츄얼 무브먼트를 하는 과정에서 골격근이 크고 빠르게 수축하면서 림프의 흐름을 돕게 하고 면역력을 높이게 된다. 림프와 관련된 암, 특히 유방암 수술 후 회복에 도움이 된다.

③ 내맡기고 체화된 몸이 삶으로도 연결된다.

수축되어 있고 긴장된 몸을 내맡기고 따라가는 것을 반복하면 '내맡겨라'라고 말할 필요 없이 내맡기게 된다. 내맡기는 이치와 순리가 체화되어 그라운딩이 된다.

2) 방바닥댄스

(1) 기본 활동

① 바닥에 편안하게 눕는다.

② 신체 부분들이 연결되어 흐르도록 움직인다.

③ 움직임을 따라가며 새로운 변형이 일어나도록 한다.

④ 몸이 어떻게 움직여지는지 마음 놓고 가본다.

⑤ 동작을 멈추고 깊이 호흡한다.

(2) 방법론

① 긴장, 무게를 다 바닥으로 준다. 머리, 호흡, 뼈들도 모두 내려놓는다.

② 발, 골반, 어깨, 두개골 어느 부위든 신체의 한 지점부터 섬세하게 움직이기 시작하여 움직임이 흐름으로 나오게 한다.

③ 몸의 형태가 다양한 공간이 만들어지도록 구부려보거나, 제껴보거나, 늘려보면서 몸의 새로운 공간을 만들어본다.

④ 몸을 움직일 때 몸에서 나는 모든 소리를 허용한다.

⑤ 움직임이 계속 흐르며 새로운 변형이 일어나도록 한다.

(3) 의도와 원리

① 몸 전체를 중력에 내맡기고 신체 부분 부분이 바닥과 접촉하면서 몸의 감각을 섬세하게 느낄 수 있는 무브먼트다.

② 내 맡김과 내려놓기를 충분히 체험하는 무브먼트다.

③ 생각이 아니라 움직임으로부터 시작되는 경험과 그 움직임이 새로운 움직임을 이끌어내며 움직임으로부터 자각되는 감정이 또 다른 움직임을 불러내면서 다양한 움직임을 체험하게 한다. 그런 움직임이 무의식을 끌어낸다. 이 무의식으로부터 나의 그림자 혹은 잠재성들을 만나게 된다.

3) 미라클 워킹

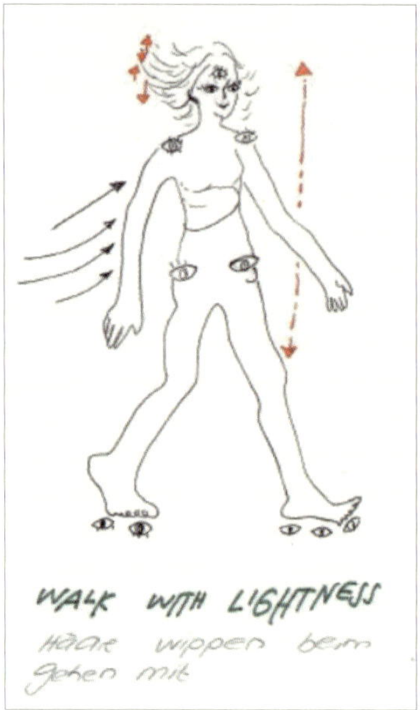

(1) 기본 활동

① 시선은 정면으로 멀리 앞을 보고 바로 선다.

② 다리나 머리가 앞서지 않고 '내 몸 전체'가 주체가 되어 걷는다.

③ 몸 어디에도 힘을 주지 않고 척추를 세우고 어깨를 쫙 펴고 걷는다.

④ 발바닥을 통째로 땅에 딛는다.

⑤ 미간과 양어깨, 서혜부에서 환한 빛이 나온다고 상상하며 걷는다.

⑥ 머리카락이 휘날리게 가볍고 경쾌하게 걷는다.

(2) 방법론

① 두 눈은 정면을 향하여 시야를 열고 미간, 양어깨, 서혜부에도 눈이 있다고 상상하며 걷는다.

② 다리가 아니라 몸 전체가 주체가 되어 걷는다.

③ 세상을 향해 내가 걸어가면 세상이 나를 향해 다가오는 체험을 하며 걷는다.

④ '내가 걸으면 길이 되고, 내가 걸으면 문이 열리고, 내가 걸으면 꽃이 피어나!'

라고 상상하며 걷는다.

⑤ 자동차의 라이트에서 빛이 나오듯이 내 몸에서 빛을 비추면서 걷는다.

(3) 의도와 원리

① 습관화된 잘못된 자세의 걸음걸이를 교정하여 바른 자세, 바른 걸음을 알려주어 건강과 젊음을 되찾게 한다.

② 다리가 앞장서는 걸음은 상체가 뒤로 밀려 딸려가므로 허리가 아프게 된다. 하지만 '몸 전체'로 걷게 되면 세상을 향해 나아가게 된다.

③ 발바닥은 감각이 지각되고 균형잡힌 걸음으로 그라운딩과 센터링을 체험하게 구조화된 무브먼트이다.

④ 경쾌하며 가벼운 걸음은 삶에 자신감, 활력, 생기를 주고 자존감을 높인다.

4) '춤 & 멈춤' "Go & Stop"

(1) 기본 활동

① 누군가가 먼저 걸으면(Go) 다 같이 따라 걷는다.

② 걷고 있을 때 누군가가 멈추면(Stop) 서서히 따라서 멈춘다.

③ 모두 다 멈췄을 때 정지(Stillness)의 고요한 상태를 느끼고 누군가 또 다시 걷기 시작한다.

④ '춤 & 멈춤', 'Go & Stop'을 각자의 리듬과 직관에 따라 자유롭게 한다.

(2) 방법론

① 이동과 균형잡기

누군가가 먼저 Go하면 다 같이 걷기 시작한다.

② 교감하고 반응하기

걷다가 멈추고 싶을 때 멈춘다. 걷고 있을 때 누군가가 멈추면 따라 멈춘다.

모두 다 멈췄을 때 Stillness의 고요한 상태를 느낀다.

③ 새로운 흐름으로 가볍게 걷기

모두 멈춤을 충분히 느꼈을 때 누군가가 다시 걷기 시작한다.

④ '춤 & 멈춤' 원하는 것을 알아차리기

'춤 & 멈춤','Go & Stop'을 자유롭게 한다. 매순간 새로운 길을 선택하고 간다. 어느 순간에 멈출지 미리 생각하지 않는다.

⑤ Stillness 상태의 생생한 느끼기

멈췄을 때의 고요함과 에너지의 밀도, 몸의 감각을 느껴본다. 멈춤도 춤이다.

(3) 의도와 원리

① 발의 감각을 깨우고 이동과 균형 잡기를 통해 움직이는 즐거움을 경험한다.
② 움직이다 멈추는 간단한 동작과 즉흥적인 자신만의 움직임을 하며 자신감과 몸의 유능감을 체험한다.
③ 이동과 정지 사이의 긴장감과 해소감을 경험한다.
④ 공간감과 시간감을 지각하고 스스로 공간과 시간을 주도적으로 선택할 수 있는 힘을 키우고 자기 효능감을 경험한다.
⑤ 춤과 멈춤을 통해 이 경험들이 어떻게 일상에서 일어나고 있는가에 대해 스스로 깨닫는 즐거움을 만든다.
⑥ 공동의 전체 에너지 속에 나의 욕구와 충동이 어떻게 조화되는지 느끼는 경험이 일상의 삶의 리듬을 창조하게 된다.

3. Creative Arts Ritual : 공동체의 춤, 광장의 춤

1) 평화의 춤

대지와 세상, 하늘, 사람과 사람이 연결돼 평화를 염원하며 추는 커뮤니티댄스

(1) 기본 활동

① 손을 잡고 원으로 서서 전주곡을 따라 오른쪽, 왼쪽으로 무게중심을 이동한다.

② 노래가 나오면 오른 손바닥으로 땅을 짚는다.

③ 일어서며 땅을 짚었던 오른손을 왼쪽 가슴에 가져와 댄다.

④ 몸을 오른쪽, 왼쪽으로 한 번씩 흔들고 왼쪽 어깨를 축으로 반시계 방향으로 오른 발부터 동서남북(네 걸음)으로 한 바퀴 돈다.

⑤ 양 손바닥으로 땅을 깊이 집었다 일어설 때 손바닥으로 발등, 다리, 배, 가슴, 목을 스캔하듯 지나 귀를 스쳐 하늘로 쭉 손을 뻗는다.

⑥ 올린 양 손을 옆으로 내릴 때 만나는 옆 사람 손을 자연스럽게 잡는다.

⑦ 손을 잡고 오른쪽 사람을 따라 오른쪽으로 일곱 걸음 걷고 여덟 걸음에서 제자리에 선다

⑧ ①번~⑦번을 계속 반복한다.

(2) 방법론

① 전주곡에 실어 보는 가벼운 평화의 리듬

리듬을 따라 가볍고 자연스럽게 오른쪽, 왼쪽으로 몸의 중심축을 바꿔 주며 몸의 힘을 뺀다.

② 땅 속 깊이 어루만지는 '미안합니다'

오른손바닥이 리더가 되어 땅속 깊이 어루만지듯 짚을 때 몸의 힘을 빼게 되면 다른 부위들이 협력하며 자연스럽게 따라 간다.

오른손바닥으로 땅을 짚을 때 전쟁과 폭력으로 땅 속에 묻힌 희생자들에 대한 위로와 미안함과 파괴된 환경에 대한 미안함으로 지구를 어루만지는 느낌으로 짚는다.

③ 심장에 담는 '용서', 이완으로 만나는 '성찰'

오른손바닥을 심장으로 가져오며 용서를 빈다.

오른쪽, 왼쪽으로 중심 이동할 때 몸의 힘을 빼면 상체는 애쓰지 않아도 바람에 흔들리듯 자연스럽게 움직인다.

동서남북 사방을 한 바퀴 돌 때는 처음에는 시선이 자신에게 머무는데 갈수록 몸이 이완되면서 사방 멀리 보며 성찰도 깊어진다.

④ 두 손바닥 깊이 스미는 '감사'와 '사랑'

두 손으로 땅을 짚으며 자신과 세상에 대한 고마움, 삶에 대한 감사와 사랑의 마음을 보낸다.

⑤ 땅과 하늘을 연결하는 "몸"

목과 얼굴까지 터치하며 손 끝이 하늘로 쭉 펴졌을 때 하늘과 땅을 연결하는 나 자신 몸을 느낀다.

⑥ 평화와 사랑을 나누며 걷는 세상

양 손끝을 멀리 세상으로 펼쳐서 내려오면 만나게 된 옆사람의 손을 잡고 걷는다. 이 걸음은 세상으로 사랑을 나누는 걸음이다.

⑦ 위 동작을 반복하며 공간의 에너지를 음미해 본다.

(3) 의도와 원리

① 한 바퀴 돌고 걷는 사이 몸이 이완되고 각 관절사이가 이완된다.

② 발바닥의 감각이 깨어나면서 척추가 정렬되고 그라운딩과 정화를 통해 평화의 에너지를 느낀다.

③ '미안합니다.' '용서하세요.' '감사합니다.' '사랑합니다.'의 의미가 담겨있는 무브먼트이다.

2) 태극꼬리춤

(1) 기본 활동

① 손을 잡고 리듬을 타며 오른쪽으로 따라 걷는다.

② 리더는 맨 앞에서 걸으며 길을 안내한다.

③ 앞 사람의 몸짓을 따라 하며 걷는다.

④ 다시 원을 만들어 원 안을 향해, 원 밖을 향해 걷는다.

(2) 방법론

① 옆 사람과 손을 잡고 리듬에 몸을 얹어 제 자리에서 걷는다.

② 리더가 앞 사람과 잡은 오른손을 놓고 원 안으로 말아 들어가며 점점 원 중심을 향해 들어가면 그 뒤를 따라 한 줄로 걸어 들어간다.

③ 원 바깥으로 나올 때는 (원 안으로)들어가는 사람의 눈을 보며 웃으며 인사한다.

④ 리더는 다른 공간으로 확장하며 새로운 길을 만들며 간다.

⑤ 리더가 왼쪽 사람의 손을 놓고 두 손으로 자유롭게 다양한 움직임을 하면 뒤를 이어 오는 사람들은 앞 사람의 움직임을 따라 하며 걷는다.
⑥ 리더는 앞 뒤 사람 손을 잡고 다시 원을 만든다.
⑦ 손을 잡고 원 안쪽으로 걸어들어 갔다 밖으로 나오면서 공간의 에너지를 느낀다.
⑧ 리듬을 타며 제 자리에서 걸으며 마무리한다.

(3) 의도와 원리

① 열고 닫는 세레모니 춤이다.
② 태극모양으로 움직이며 에너지를 응축시키고 확장하는 공동체의 춤, 지신밟기 춤이다.
③ 걷기가 춤이 되는 원리를 가지고 있다.
④ 태극 도형 속에는 우주 만물의 생성 · 소장(消長)의 이치가 숨어 있고, 조화와 상생의 원리가 함축되어 있어 공동체의 혼을 일깨운다.

*삽화를 그려준 스위스 제자 Domenica zanetti에게 감사드립니다.

참고문헌 [무용치료]

고은지(2019). 무용 문외한의 눈으로 보는 피나바우쉬. 아트 인사이트.

권옥빈(2016). 인간중심표현예술치료가 성폭력 피해 여성의 자아존중감 증진과 사회적 회피 및 불안 감소에 대한 효과. 영남대학교 석사학위논문.

김문수, 문양호, 박소현, 박순권 역(2008). 생물 심리학. 제8판. 서울: 시그마프레스.

김미선(2018). 사진을 활용한 집단표현예술심리치료가 청소년의 충동성과 자기조절에 미치는 영향. 명지대학교 석사학위논문.

김선명, 김준형(2021). 예술치료의 이론과 실제(The Theory and Practice of Arts Therapy). 계축문화사.

김용옥(1987). 동양학 어떻게 할 것인가?. 서울: 통나무.

김용량(2012). 통합 심리학 기반 무용/동작 심리치료 프로그램 개발: 성인 스트레스 감소효과. 서울여자대학교 박사학위논문.

김우창(2014). 깊은 마음의 생태학: 인간중심주의를 넘어서. 파주: 김영사.

김유선(2003). Marian Chace와 Mary Whitehouse 무용동작치료의 방법론에 관한 비교분석 연구(석사학위). 서울여자대학교 특수치료전문대학원, 서울.

김정숙(2016). 인간중심 표현예술치료가 중년기 여성의 우울, 불안, 정서인식 및 표현에 미치는 효과. 인제대학교 교육대학원 석사학위논문.

김정현(2006). 니체, 생명과 치유의 철학. 서울: 책세상.

김정희(2016). 동작중심 표현예술치료 프로그램이 대학생의 우울, 불안 및 감정표현에 미치는 효과. 창원대학교 교육학박사학위논문.

김진숙(1996). 예술심리치료의 이론과 실제. 중앙적성출판사.

김채현(2019). 뿌리깊은 나무, 샘이 깊은 물. 춤북넷.

김춘경, 이수연, 이윤주, 정종진, 최웅용(2016). 상담학사전. 서울: 학지사.

나경아(2011). 무용교육. 서울: 보고사.

나경아(2020). 무용교육의 다학제 연구에 관한 고찰. 무용과 이론, 1, 5-23.

나경아(2021). 무용건강(Dance Wellness)에 관한 교육적 관점에서의 고찰. 무용과 이론, 3, 5-18.

네이버심리학 사전.

도윤지(2010). 새터민 청소년의 문화적응 스트레스 감소를 위한 표현예술치료 프로그램 개발연구. 한양대학교 석사학위논문.

두산백과사전.

류분순(2007). 무용·동작치료학. 서울: 학지사.

류분순(2008). 무용동작 심리치료가 성폭력 피해 청소년의 외상후 스트레스, 뇌파 및 자아 정체감에 미치는 효과. 홍익대학교대학원 박사학위논문.

류분순(2017). 무용·동작 심리치료. 학지사.

박선영, 유경숙(2010). 춤테라피 이론과 실제. 학지사.

박성원(2020). 게슈탈트 심리치료의 표현예술치료 프로그램을 적용한 청소년 힐링센터 공간 계획에 관한 연구. 홍익대학교건축도시대학원 석사학위논문.

우현주(1995). 현상학적 접근을 통한 무용의 본질과 의미연구. 부산대학교 대학원 미간행 석사학위논문.

유자키 요시오/노경아(2014). 뼈운동. 담담케어.

이온누리(2012). 커뮤니티댄스(Community Dance)의 실제와 가능성 모색. 한국예술종합학교 예술전문사학위논문.

임용자(2004). 표현예술치료의 이론과 실제. 문음사.

임용자(2014). 교육과 예술의 통합적 실천 도구로서의 타말파 표현예술치료의 현상학적 관점에 관한 연구. 한국무용기록학회 Vol.32.

임용자, 유계식, 안미연(2016). 표현예술치료의 이론과 실제. 학지사.

정미영(2020). 치매 노인을 위한 BDPT 소매틱 프로그램 개발 및 효과 연구. 세종대학교 박사학위논문.

최보결(2011). 몸의 문화, 커뮤니티댄스-왜 커뮤니티댄스인가?. 한국컨텐츠학회지.

최보결(2014). 힐링과 구원, 커뮤니티댄스를 탐색하다. 한국예술종합학교 국제커뮤니티댄스심포지움.

최보결(2019). 몸, 나는 공감하고 싶다-자해 청소년을 위한 무용의 치료적 접근. 한국임상예술학회.

최보결(2019). 자해와 춤. ART THERAPY 013, 봄호.

최보결(2021). 힐링커뮤니티댄스 이해와 전망 지도자 1급 교재용.

최해리(2015). 한국커뮤니티댄스의 근원, 흐름, 확장.

크리스티안 케이서스/고은비, 김잔디 역 (2018). 인간은 어떻게 서로를 공감하는가. 바다출판사.

홍성욱, 장대익(2012). 뇌과학 경계를 넘다. 신경인문학연구회.

Curt Sachs 김매작 역(1983). 세계 무용사. 풀빛.

Daria Halprin(2003). The Expressive Body in Life, Art and Therapy. Jessica Kingsley Publishers London and Philadelphia.

Sheets-Johnston, M.(1994). The phenomenology of dance. 김말복 역(1994). 무용의 현

상학. 서울: 예전사. 원전 1966 출판.

Schreiber, D.(2004). Instinct to heal: Rodale Inc. Library of Congress Cataloging in Publication Data. U.S.A.

Pat Ogden. Kekuni Minton. Clare 김명권 외 4인 역(2019). 트라우마와 몸. 학지사.

Pat Ogden. Janina Fisher 이승호 역(2021). 트라우마와 애착을 위한 치료 개입 감각운동 심리치료. 하나출판사.

Pat Ogden.(2021). Sensorimotor Psychotherapy Official Training Course Level1). 한국신체심리치료교육원 자료집.

Thomas Hanna 최광석 역(2012). 소마틱스. 도서출판 행복에너지.

찾아보기

신비로운 마음의 연금술
미술치료 무용치료 값 28,000원

2021년 8월 18일 제1판 인쇄
2021년 8월 28일 제1판 발행

저 자 : 김선명 · 신재균 · 최보결
발행인 : 주 영 일
발행처 : **계 축 문 화 사**

서울특별시 종로구 통일로12길 16-17
우편번호 : 03029
TEL : 735-2257 · 738-9746
FAX : 723-9025
E-mail : gyechuk@hanmail.net
홈페이지 : http://gyechuk.co.kr
1973. 10. 31 등록번호 제300-1973-8호
ISBN 978-89-5629-650-0 03180